陆河县革命老区发展史

陆河县革命老区发展史编委会 编

SPM 南方出版传媒 广东人民出版社
·广州·

图书在版编目（CIP）数据

陆河县革命老区发展史 / 陆河县革命老区发展史编委会编. —广州：
广东人民出版社，2021.4
（全国革命老区县发展史丛书·广东卷）
ISBN 978-7-218-14064-3

Ⅰ.①陆… Ⅱ.①陆… Ⅲ.①陆河县—地方史 Ⅳ.①K296.54

中国版本图书馆CIP数据核字（2019）第264788号

LUHEXIAN GEMING LAOQU FAZHANSHI
陆河县革命老区发展史

陆河县革命老区发展史编委会　编　　　　　　版权所有　翻印必究

出 版 人：肖风华

责任编辑：黄洁华
装帧设计：张力平等
责任技编：吴彦斌　周星奎

出版发行：广东人民出版社
地　　址：广州市海珠区新港西路204号2号楼（邮政编码：510300）
电　　话：（020）85716809（总编室）
传　　真：（020）85716872
网　　址：http://www.gdpph.com
印　　刷：广州市浩诚印刷有限公司
开　　本：715mm×995mm　1/16
印　　张：26.5　　插　页：6　　字　数：360千
版　　次：2021年4月第1版
印　　次：2021年4月第1次印刷
定　　价：98.00元

如发现印装质量问题，影响阅读，请与出版社（020-85716808）联系调换。
售书热线：（020）85716826

广东省编纂《革命老区县发展史》丛书
指导小组

组　　长：陈开枝（广东省老区建设促进会会长）

副组长：林华景（广东省老区建设促进会常务副会长）

　　　　宋宗约（广东省农业农村厅二级巡视员、广东省老

　　　　　　　　区建设促进会副会长）

　　　　刘文炎（广东省老区建设促进会副会长）

　　　　郑木胜（广东省老区建设促进会副会长）

　　　　姚泽源（广东省老区建设促进会副会长兼秘书长）

　　　　谭世勋（广东省老区建设促进会副会长）

　　　　廖纪坤（广东省农业农村厅总经济师）

办公室

主　　任：姚泽源（兼）

副主任：韦　浩（广东省农业农村厅扶贫协作与老区建设处

　　　　　　　　处长）

　　　　柯绍华（广东省老区建设促进会副秘书长）

　　　　伍依丽（广东省老区建设促进会副秘书长）

汕尾市编纂《革命老区县发展史》丛书

指导小组

组　长：王世顶

副组长：许　古　陈永宁　马世珍

指导小组下设办公室

主　任：陈保壮

成　员：李如强　陈锦环　彭　仲

　　　　陈　发　陈慧兰　陈伟健

　　　　王冠钦

《陆河县革命老区发展史》
编纂委员会

顾　　问：陈德忠　　陈壮勇
主　　任：李招军
副主任：林　明　　林锡清　　林玉红
成　　员：彭金颂　　彭云渊　　李茂悦　　邱伟源　　叶石建
　　　　　叶美习　　邓金哲　　李招健　　黄国振　　邱伟声
　　　　　叶佐展　　罗作庭　　钟裕村　　彭国城　　杨瑞生
　　　　　林少坚　　彭敬宛

编辑部
主　　编：杨瑞生
副主编：彭国泉　　罗陈李
成　　员：林少坚　　彭敬宛　　林志宏　　刘德康　　周耀华
审　　稿：彭金颂

陆河县革命老区发展史评审小组
组　　长：彭金颂
成　　员：叶绍荐　　叶振沐　　彭文岸　　林少坚　　李招健
　　　　　叶石建　　彭国城　　胡治营　　叶佐展

在举国欢庆新中国成立 70 周年前夕，中国老区建设促进会王健会长请我为《全国革命老区县发展史》丛书作序，作为一名在老区战斗过并得到老区人民生死相助的老兵，回首往事，心潮澎湃，感慨万千，深感义不容辞，欣然应允。

中国革命老区，是以毛泽东为代表的中国共产党人在领导人民推翻帝国主义、封建主义和官僚资本主义三座大山，争取民族独立和人民解放伟大斗争中建立的革命根据地，在这片红色的土地上，诞生了无数可歌可泣的革命英雄儿女，为后人树起了一座不朽的丰碑，她是新中国的摇篮，是党和军队的根。

在艰苦卓绝的战争年代，老区人民把自己的命运与中华民族的命运紧紧地联系在一起，与中国共产党和人民军队的命运紧紧地联系在一起，他们生死相依，患难与共。我曾亲历过战争年代，并得到过老区红哥红嫂的救助，切身感受到发生在身边的一幕幕撼天动地的革命故事，在那极其艰难的条件下，老区人民倾其所有、破家支前，不怕艰难困苦，不怕流血牺牲。"最后一碗米送去做军粮，最后一尺布送去做军装，最后一件老棉袄盖在担架上，最后一个亲骨肉送去上战场"，这是当时伟大的老区人民为建立新中国做出巨大牺牲的真实写照，它将永远镌刻在中国共产党、中国人民解放军、中华人民共和国的历史丰碑上。他们的光辉业绩永载史册，他们的革命精神必将影响一代又一代的革命新人，造就一代又一代的民族脊梁。

在社会主义革命和建设时期，革命老区和老区人民响应党的号召，面对落后的面貌、脆弱的经济、恶劣的生态环境，他们本色不变，精神不丢，自力更生，艰苦奋斗，干一行爱一行。始终坚持"革命理想高于天"，自觉做共产主义远大理想的坚定信仰者和忠实实践者，勇于向恶劣的自然环境和贫穷落后宣战，他们在各条战线上为国建功立业，用平凡的双手创造了一个又一个不平凡的奇迹，彰显了老区人的崇高精神和人格力量。

在改革开放的伟大进程中，老区人民解放思想，勇于创新，发奋图强，攻坚克难，老区的经济社会建设取得了辉煌成就。特别是在改变中国的面貌、中华民族的面貌、中国人民的面貌、中国共产党的面貌的伟大实践中发挥了至关重要的作用。老区人民既是改革开放的参与者，也是改革开放的推动者。

艰苦练意志，危难见精神。老区人民在近百年的革命战争、社会主义建设和改革开放的伟大实践中，孕育形成了伟大的老区精神：爱党信党、坚定不移的理想信念；舍生忘死、无私奉献的博大胸怀；不屈不挠、敢于胜利的英雄气概；自强不息、艰苦奋斗的顽强斗志；求真务实、开拓创新的科学态度；鱼水情深、生死相依的光荣传统。这是党和人民宝贵的精神财富、丰厚的政治资源，是凝心聚力、振奋民族精神的重要法宝，也是社会主义核心价值观的重要内容。

中国老区建设促进会怀着强烈的政治责任感和历史使命感，组织全国各地老促会人员克服困难，尽心竭力编纂《全国革命老区县发展史》丛书，记录老区的光辉历史和辉煌成就，传承红色基因，弘扬老区精神，是功在当代、利及千秋的一件大事。手捧这部丛书的部分书稿，读着书中的故事，倍感亲切，深感这部丛书具有资政、育人、存史的社会功能，有着重要的时代和历史价值。它是不忘初心、牢记使命的源头活水，是赞颂共产党、讴歌老区人民的一部精品力作，是弘扬老区精神、传承红色记忆的丰厚载体，是一项继承优秀传统文化、弘扬革命文化、发展社会主义先进文化，坚定"四个自信"的宏大文化工程。它必将成为一种文化品牌，为各界人士了解老区宣传老区支持老区提供一部有价值的研究史料。希望读者朋友们能从中了解并牢记这些为党和民族的利益不断奉献的老区人民，从中得到教益，汲取人生奋斗的精神动力。

新时代赋予新使命，新起点开启新征程。让我们更加紧密地团结在以习近平同志为核心的党中央周围，坚持以习近平新时代中国特色社会主义思想为指导，增强"四个意识"，坚定"四个自信"，做到"两个维护"，弘扬老区精神，铭记苦难辉煌。为实现"两个一百年"奋斗目标，实现中华民族伟大复兴的中国梦作出新的更大的贡献！

遆治田

2019 年 4 月 11 日

　　2017 年 6 月，中国老区建设促进会组织全国各地老促会启动编纂《全国革命老区县发展史》丛书，按照"建立中国共产党、成立中华人民共和国、推进改革开放和中国特色社会主义事业"三大里程碑的历史脉络，系统书写革命老区百年历史，深入挖掘革命老区红色文化资源，这对于充实丰富中国革命史籍宝库、在新时代传承红色基因、弘扬革命精神、强固根本，对于激励人们在新的历史条件下夺取中国特色社会主义伟大胜利，实现中华民族伟大复兴的中国梦具有重要意义。

　　丛书编纂以习近平新时代中国特色社会主义思想为指导，以《中国共产党历史》《中国共产党的九十年》等重要文献为基本依据，以党的领导为核心，以老区人民为主体，以老区发展为主线，体现历史进程特征，突出时代发展特色，坚持辩证唯物主义和历史唯物主义相统一、历史真实性与内容可读性相统一的原则，书写革命老区从站起来、富起来到强起来的光辉革命史、不懈奋斗史、辉煌成就史，把老区人民的伟大贡献、伟大创造、伟大成就、伟大精神充分展示出来，形成一部具有厚重历史特征和鲜明时代特色的精品力作。这是一部培根铸魂、守正创新，既为历史立言，又为时代服务，字里行间流淌着红色血脉、催生着革命激情的传世之作。丛书的编纂出版将成为讴歌党讴歌人民讴歌时代、传播红色文化、为革命老区和老区人民树碑立传的重要载体。

　　丛书按照编年体与纪事本末体相结合、以编年体为主的编写体例确定框架结构；运用时经事纬、点面结合的方式记述史实；坚持人事结合、以事带人的原则处理人与事的关系；采取夹叙夹议、叙论结合以叙为主的方法展开内容。做到了史料与史论、历史与现实、政治与学术统一，文献性、学术性、知识性相兼容。

　　为编纂好《全国革命老区县发展史》丛书，打造红色文化品牌，中国老区建设促进会认真组织积极协调，提出政治立场鲜明、史料真实准确、思想论述深刻、历史维度厚重、时代特色突出、编写体例规范、篇目布局合理、审读把关严格、出版制作精良的编纂出版总要求，力求达到革命史籍精品的精神高度、思想深度、知识广度、语言力度，增强丛书的权威性和社会影响力。各省（区、市）、市（州、盟）、县（市、区、旗）老促会的同志，以强烈的使命感、责任感和紧迫感，勇于担当，积极作为，认真实施，组织由老促会成员、专家学者等参加的十余万人编纂队伍。编纂工作主体责任在县，省、市组织协调、有力指导、审读把关。各方面人员以高度负责的精神和科学严谨的态度，满腔热情地投入工作，为丛书编纂出版做出了重要贡献。丛书编纂工作还得到了党和国家有关部委、地方各级党委政府及有关部门的大力支持和积极参与，社会各界也给予了热情帮助。中共中央政治局原委员、中央军委原副主席、原国务委员兼国防部长迟浩田上将，对老区人民怀有深厚感情，对革命老区建设发展十分关注，欣然为《全国革命老区县发展史》丛书作总序。

　　丛书由总册和 1599 部分册（每个革命老区县编纂 1 部分册）组成，共 1600 册。鉴于丛书所记述的史实内容多、时间跨度长和编纂时间紧，不妥之处，敬请批评指正。

中国老区建设促进会

陆河县政府大楼

1988年3月29日，中共陆河县委陆河县人民政府成立大会

陆河县城全景

1988年3月29日，陆河县首届党政领导成员出席中共陆河县委、陆河县人民政府挂牌仪式

1988年3月29日，中共陆河县委、陆河县人民政府挂牌

2003年10月，原中共广东省委书记、广东省老区建设促进会理事长林若（右五）考察陆河县老区小学改危工作

2006年7月，欧广源视察灾情

2008年3月29日，陆河县建县20周年庆祝大会会场

2010年10月，李庆新书记（左一）接受中国建筑装饰协会会长马挺贵（左二）授予"中国建筑装饰之乡"牌匾和证书

2018年12月6日，省老促会陈开枝会长（前排左三）到陆河调研《海陆丰革命老区振兴发展规划》贯彻落实情况

2019年4月9日，中共中央政治局委员、广东省委书记李希（右三）到我县新田镇湖坑村开展老区苏区振兴发展专题调研

新河工业园区

比亚迪工业园区

教育园区

陆河县人民医院

陆河夜空

陆河县人民广场

陆河大道

人民南路砂坑段

湖坑红色村

北中红色村

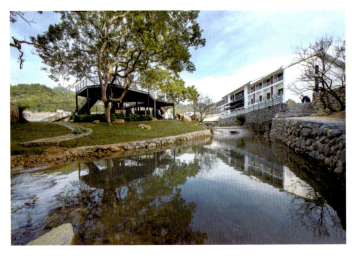

世外梅园——罗洞

华侨城·螺溪谷

国家级运动休闲特色小镇——联安村

万亩梅园——共光

陆河八景之白水飞瀑

陆河八景之观天望海

陆河八景之南屏雄狮

陆河八景之激石烽火

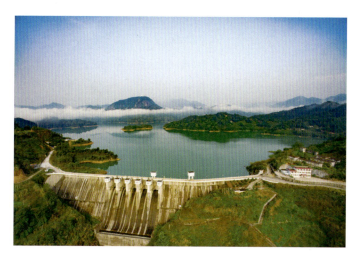

陆河八景之神象映湖

陆河八景之岭南香雪

陆河八景之许山飞龙

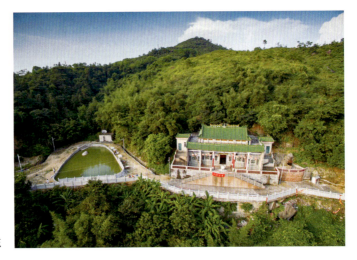

陆河八景之紫燕衔花

微信扫描二维码
您立即开展本书的
延伸阅读。

陆河县于 1988 年 1 月经国务院批准设立，地处粤东沿海与兴梅山区结合部，下辖 8 个镇和 1 个国营林场，县域总面积 1005 平方千米。陆河县是海陆丰红色革命根据地的重要组成部分，具有独特的客家风情和客家文化，被誉为"客俗桃源"。

陆河县红色革命历史悠久，是全国第一个县级苏维埃政权——海陆丰苏维埃政权的重要组成部分，是全国农民运动发源地、全国 13 块红色革命根据地之一——海陆丰红色革命根据地的重要组成部分，是核心地区和战略后方，是大革命时期中共海陆丰党政机关指挥部的所在地，是中共第五届中央委员会委员、海丰县农会会长杨其珊的故乡，是中共第十五届中央政治局委员、第九届全国人大常委会副委员长谢非的故乡。

陆河县这一名字是由谢非亲自提议，根据陆丰的陆、河田的河，定为陆河县。1988 年 2 月 10 日，中共汕尾市委决定成立陆河县建县筹备组。由叶添任组长，彭金惠、朱昌河为副组长，范特仿、叶文溪为成员。1988 年 3 月 24 日，汕尾市委、市政府批准成立中共陆河县委和陆河县人民政府，并任命叶添为县委书记，彭耀东为县政府主要负责人。建县以来，历任县委书记分别为叶添、彭耀东、王世顶、林如鑫、李庆雄、骆金堤、马智华、李庆新、林少文、陈德忠、陈壮勇；历任县长为彭耀东、余土源、彭石沛、卓志强、马智华、陈小健、林少文、许伟明、陈壮勇、罗炳新。

20世纪20年代，在中国共产党的领导下，彭湃和杨其珊领导海陆丰人民和东江人民，组织农民运动，建立农会组织，高举武装斗争的大旗，掀起了轰轰烈烈的中国工农革命怒潮，并先后于1927年5月、9月、11月以新田为策划地和武装集合出发地点，举行了全国闻名的海陆丰三次武装起义，推翻封建顽固势力和国民党反动派政府，建立全国第一个县级苏维埃政权——海陆丰苏维埃政权，创建海陆丰革命根据地，推动全国土地革命斗争向前发展。

1927年10月，南昌起义部队到达新田，在党的领导下整编为中国工农革命军第二师（中国工农红军第二师）。1928年1月，由广州起义部队整编的中国工农红军第四师与第二师胜利会师，两支部队成为海陆丰红色苏维埃政权的主力军，与海陆丰工农武装并肩战斗，为建立巩固苏维埃政权和扩大海陆丰革命根据地作出了巨大牺牲和重要贡献。新田是红二、红四师整编战斗区域，当地党组织和革命群众配合支持参战，做好后勤保障，甚至用生命保护了工农红军。1928年4月以后，海陆丰红色革命在国民党反动派的残酷镇压下转入低潮，红军四十八团和四十九团为主力的部队以新田激石溪为中心坚持了长达6年艰苦卓绝的革命斗争。1930年12月，在新田激石溪成立了海陆紫县苏维埃政权。1933年9月，中共第五届中央委员会委员杨其珊在激石溪壮烈牺牲，海陆丰红色苏维埃政权在国民党反动派的"围剿"下也暂告失败。

解放战争时期，新田镇激石溪是海陆丰人民自卫队陆丰东北大队的根据地。1948年2月，自卫队陆丰东北大队整编进中共江南地委所属的江南支队；1949年1月，又整编进中国人民解放军粤赣湘边纵队第一大队。1949年2月,河田镇和平解放。1949年3月,中国人民解放军粤赣湘边纵队和东江第一支队、江南地委进驻河田镇。河田镇成为广东东江南岸的指挥中心和江南地区干部的摇篮。同年4月,陆丰县人民政府在河田成立。

前事不忘,后事之师。1988年陆河建县以来,勤劳勇敢智慧的陆河老区人民,在历届县委、县政府的团结带领下,紧紧把握改革开放和老区新县建设的历史机遇,按照谢非提出的"建新县、走新路、树新风、创新业"要求,以"开荒牛"的精神,立志图强,艰苦创业,建设家园,克服了前进道路上的一道道难关,谱写了陆河发展的一曲曲动人篇章,使陆河这块古老而又年轻的土地发生了翻天覆地的变化。党的十八大以来,陆河县广大党员干部坚持红色传承、推动绿色发展,持续擦亮陆河革命底色和生态底色,推动客家山城"红色经济""美丽经济"提质增效,推动社会事业全面进步、社会大局和谐稳定,全县人民群众获得感、幸福感、安全感更加充实、更有保障、更可持续。

历史是一面镜子,只有了解历史,才能更好地把握今天,掌控未来。《陆河县革命老区发展史》的出版,以时间为经、事件为纬,撷取了发生在陆河这片土地上的土地革命斗争时期、抗日战争时期、解放战争时期、新中国成立后以及建县以来具有深远影响的重大事件、主要人物、辉煌成就和灿烂文化,连点成线,系统而完整地勾勒出陆河革命老区发展的演化脉络,是一本概述陆河老区发展的通俗读物。知往鉴今,以启未来。读者朋友可通过学习历史、重温历史、研究历史,从革命先烈的英雄事迹中吸取强大的精神动力,继承和发扬革命传统,使老区人民的红色基因永不褪色。

风正帆悬正当时,凝心聚力再出发。当前,在中共广东省委提出举全省之力全域参与粤港澳大湾区建设、加快构建"一核一带一区"区域发展新格局背景下，在全省支持海陆丰革命老区振兴发展、实施乡村振兴战略等重大政策红利加持下，陆河携区位优势、资源优势和后发优势，正迎来前所未有的黄金发展机遇期。让我们在习近平新时代中国特色社会主义思想的指引下，不忘初心，砥砺前行，为打造优雅陆河，实现绿色崛起，全面建成小康社会作出不懈努力！

《陆河县革命老区发展史》编委会

2019 年 3 月

微信扫描二维码 ◀◀◀
图书获取资讯
《陆河县革命老区发展史》获取资讯

第一章

区域和革命老区概况

第一节 区域概况

陆河县成立于1988年1月，地处广东省东部沿海与兴梅山区结合部，位于汕尾市东北面，东北临揭西县，西接海丰县、惠东县、紫金县，南连陆丰市，北倚五华县，东南与普宁市接壤。陆河县是中国最年轻的客家县，下辖河田、东坑、螺溪、新田、上护、水唇、河口、南万8个镇、127个村（社区）和1个国营吉溪林场，总面积1005平方千米，总人口19.91万人。陆河县具有独特的客家风情，被誉为"客俗桃源"。全县旅居海外侨胞和港澳台同胞多达24万人。

陆河县为螺河、榕江、二大水系发源地，是"中国农村水电之乡"；全县森林覆盖率73.49%，是省林业生态县；拥有全国最大的红锥林自然保护区；青梅种植面积10万余亩（1亩≈666.67平方米），是"中国青梅之乡"，拥有"陆河青梅""陆河木瓜"两个国家地理标志产品；全县8个镇中5个镇有温泉且水质良好，正在申报"中国生态养生之乡""中国温泉之乡""中国长寿之乡"。

陆河县是海陆丰革命老区重要组成部分，红色资源丰富，全县共有红色革命遗址103处，遍布全县8个镇，包括激石溪革命根据地先烈纪念园、红二师纪念亭、谢非故居等，是著名的红色旅游胜地。

陆河县客家传统文化源远流长，诗词楹联人才辈出，成功创建"中国楹联文化之乡";"河田高景"被列入国家级非物质文化遗产代表性项目名录;"陆河擂茶制作技艺""东坑地景""罗洞木偶戏"被列入省级非物质文化遗产代表性项目名录。

陆河地灵人杰,近现代涌现出一批政界、军界、商界、教育界和文化界的杰出人才。

陆河是"中国建筑装饰之乡"。全国建筑装饰百强企业中有22家由陆河人创办(其中4家是上市企业),人民大会堂金色大厅、中华世纪坛、首都机场3号航站楼均由陆河人兴办的建筑装饰企业承建装修。

第
二
节 **资源优势**

　　陆河县自然地理条件异常优越，属南亚热带季风性湿润气候，雨水充沛，空气温和，终年无雪少霜，资源丰足，享负盛名。

　　充足的林业资源。全县林地面积111.26万亩，主要树种有松、杉、相思、红锥、桉树及果树等，森林覆盖率73.49%，林地绿化率92.4%，活立木蓄积量323.42万立方米，生态公益林面积42.4万亩。辖区内拥有全国最大的红锥林自然保护区——南万省级红锥林自然保护区，保护区内有成片的被誉为古老植物活化石的桫椤，是1.6亿年前侏罗纪时代恐龙的主要食物，现存极少，十分珍贵。另外，还有火山嶂省级森林公园1个、县级森林公园6个、县级自然保护区2个、湿地公园2个、镇级森林公园6个。

　　多样的生物资源。全县有陆栖脊椎动物约500种，鸟类约300种，植物约4000种。国家一、二级重点保护动物有穿山甲、蟒蛇、虎纹蛙、娃娃鱼、白鹳、猫头鹰、老鹰、大灵猫（九节狸）、猴面鹰、褐翅鸦鹃（毛鸡）、黄嘴白鹭、石豹等。国家"三有"动物（指国家保护的有益的或者有重要经济、科学研究价值的陆生野生动物）有山猪、山羊、果子狸、鹧鸪、画眉等。国家级保护植物有沉香、红锥、桫椤、小叶罗汉松、樟树、青钩栲、巴戟、龙眼、竹柏等。

　　充沛的水力资源。陆河系榕江水系和螺河水系发源地，水系发达，水质清纯，山塘溪河星罗棋布，全部水域适合发展淡水养殖，全县流域面积983平方千米，多年平均降雨量为2267毫米，水资源总量15.02亿立方米，水资源可利用量为5.56亿立方米。目前，全县已建成小水电站98个（含南告电厂），总装机容量13.871万千瓦，多年来平均每年输送绿色能源3.46亿千瓦时，为推动社会经济快速发展起到积极作用。

丰富的矿产资源。全县矿产资源丰富多样。金属矿类有锡矿、钨矿、铜矿，非金属矿类有磷矿、热泉、高岭土、稀土、花岗岩、钾长石、石英石、铅锌矿、矿泉水等。另外，地热资源充足，素有"泉乡"之称。地表温泉遍布上护、新田、河田、螺溪、水唇等镇，布点多，水位高，蕴藏量大，发展前景良好。目前正积极申报"中国温泉之乡"，充分发挥地热资源的旅游优势，造福地方百姓。

特色的旅游资源。陆河人口以客家人为主，又地处潮汕方言区，长期演变出独特的客家风情。在民间艺术方面，既有故事、笑话、谚语、俗语、歇后语、传说、山歌等口头文学，又有腰鼓舞、秧歌舞、踩高跷、舞狮、耍龙、撑景、搬地景、木偶戏、杂技魔术、八音牌子等文化表演项目，还有国画、油画、木雕、泥塑、扎花灯、根书等民间文艺美术创作。客家饮食文化也独具特色，如擂茶、打米程、做糍粑、酿黄酒、酿豆腐、腌咸菜等，还有扎头糕等二十几种糕点小吃品种，颇负盛名。

独有的红色资源。陆河是广东省著名的革命老区，县内革命遗址共有103处，是海陆丰革命根据地的重要组成部分。其中，新田镇激石溪作为海陆丰红色革命根据地的重要基地，曾经是革命早期中共东江特委、海陆紫县委、海陆紫县苏区、红二师和陆丰县委、县苏维埃政府等革命领导机关所在地；新田圩天主堂是1925年3月和10月周恩来两次率国民革命军东征时住过的旧址，又是决定成立惠潮梅农工救党军总指挥部的地方；1949年3—9月，中国人民解放军粤赣湘边纵队、东江第一支队、中共江南地委等进驻陆河河田，河田成为江南地区党和军队的指挥中心和江南地区干部的摇篮，指挥江南地区的解放战争。

老区情况

一、革命老区的评划

在省、市的统一部署下，陆河县于建县前1958年、建县后1989年和1992年进行了三次"解放战争游击根据地和确定老区乡镇、老区县"的评划工作。

在1958年的第一次评划工作中，经广东省确定的革命老区根据地村庄143个。由于后期农村体制不断变更的原因，原陆丰县革命老区建设办公室分别于1984年和1987年两次更正村名，陆河县原有的老区村由之前的143个化解为218个，共7949户，合计人口42106人。218个村在1989年第二次补划中一并向上级请示重新确认。

在1989年的第二次补划工作中，采取个别问题个别解决的办法，对部分确实符合条件而漏划的老区村进行补划。最终陆河县确定革命老区根据地村庄202个，共19471户，合计人口106 438人。

1992年8—12月，陆河县根据广东省民政厅《关于开展评划解放战争游击根据地和确定老区乡镇、老区县工作方案》精神，开展第三次评划工作。经过多次评划，至1994年，陆河县分布在8个镇的革命老区村庄有751个，老区村庄人口211638人，占全县户籍总人口92.8%。其中第二次国内革命战争时期老区村庄610个，人口171996人，解放战争时期的游击根据地村庄141个，人口39642人。

二、各镇概况

1. 河田镇

河田镇地处陆河县中部，是全县的行政、经济、文化、科技、商贸、交通中心。辖属16个村民委员会和5个社区居民委员会，区域面积79.2平方千米，山地面积为56.7平方千米，耕地面积1.4万亩，林地面积8.8万亩。全镇户籍人口8.3万人，常住人口11.32万人。2017年，全镇实现工农业总产值11.87亿元，城乡居民医疗保险参保率达到了100%，城镇生活污水集中处理率97%，城镇生活垃圾无害化处理率98%。

河田镇地理位置优越，东距揭西县28千米，西邻海丰县50千米，北通紫金县38千米、五华县40千米，南至陆丰市46千米，沿深汕高速直达汕尾港；潮惠高速纵穿而过，贯通珠三角。自古以来都是粤东地区的著名商埠，也是粤东地区重要的资金、技术、物流、原材料、农副产品的集散地和后勤供应基地。

河田镇以火山嶂省级森林公园、鹰嘴峰、黄金坑温泉等自然风光和资源，打造绿色生态旅游品牌；以商贤家庙、蟠龙祠、九厅十八井等充满神秘色彩的古迹旧址，构建红色旅游和客家民俗文化旅游特色。擂茶、米程、糍粑、黄酒、酿豆腐等客家饮食风味独特；舞狮、耍龙、"河田高景"等民俗文化别具风格。河田以奇特秀丽的自然景观，纯朴真诚的民俗民风，热情周到的服务态度，吸引四海宾朋来河田旅游、做客，体验河田的"客俗桃源"风光。

河田镇历史悠久，人文荟萃，英才辈出，风光旖旎，绿水青山，环境优雅，文化底蕴深厚。老一辈革命家周恩来、古大存、谢非等曾在此进行长期的革命斗争，是大革命时期的陆丰县委所在地和军事指挥中心，也是中华人民共和国成立初期陆丰县人民政府所在地，素有红色之都、礼仪之邦、文明之乡的美誉。

河田镇是著名的革命老区、边远山区，同时也是国家经济重点镇、广东省中心镇、广东省民间艺术之乡、广东省群众体育先进单位、广东省平安建设先进乡镇、广东省生态建设示范镇、广东省人民满意的公务员集体和国家级非物质文化遗产——河田高景传承基地、广东省卫生县城、广东省县级文明城市提名城市。

2. 水唇镇

水唇镇地处陆河县东部，处于榕江上游，南与普宁市接壤，北与揭西县毗邻，下辖15个行政村和1个居委会，124个村民小组，总人口4.9万人，其中农业人口3.8万人；全镇区域面积121平方千米，其中山地面积14.8万亩，耕地面积1.4万亩，圩镇面积1平方千米，距县城6千米。2017年全镇国内生产总值11.71亿元，其中工业总产值3亿元，农业产值2亿元，第三产业产值6.71亿元，农民人均年纯收入9662.6元。

水唇镇自然资源丰富，瓷土质高量多易开发，据探测，总储存量2亿多立方米；水力资源可供开发水电装机容量4500千瓦；地表温泉温度高、泉量大，还有稀土、花岗石等非金属矿产资源。

水唇镇山清水秀，景色迷人，旅游资源丰富。水唇镇螺洞村有万亩梅花，万亩青梅生态水果观赏区，去螺洞村看梅花已成了珠三角的旅游新宠；拥有优秀的天然资源，如南进寨百米瀑布、南跃彩霞洞、佛道儒三教合一的圣地灵山观天嶂等；拥有省级非物质文化遗产木偶戏、高景、杂技等，客家山歌文化，还有独具建筑特色古村落"龟石上的墩仔寨"、美丽的古村落莲心湖村和船型古寨石下坝村，同时镇区正在开发县城东新区和投资5亿元的汤排温泉度假山庄，发展灵芝种植基地。

近年来，水唇镇围绕"打造旅游名镇，建设美丽水唇"的发展思路，依托实施全国农村综合性改革试点试验，借助"美丽小镇"的建设契机，通过修复滨水生态环境、完善旅游服务设施、建设客家风情小镇等措施，塑造独具水唇魅力的"梅泉林歌"形象。努力将水唇镇打造成粤东西北地区生态致富的样板、广东省知名的乡村旅游度假目的地和深惠汕绿色农产品供应基地，成为广东省偏远贫穷地区美丽小镇建设的典范。2017年，被评为广东省休闲农业和乡村旅游示范镇、广东省依法治省工作先进单位、全国12个农村综合性改革试点单位之一、广东省农村集体经济组织试点单位、广东省生态宜居示范镇。

3. 东坑镇

东坑镇位于陆河县东部，是榕江水系发源地、陆河青梅主产地、广东省技术创新（青梅）专业镇和广东省休闲农业与乡村旅游示范镇，距县城仅5千米，离潮惠高速出口（陆河东）4千米，国道235线穿镇区而过，县道092线可通普宁市，区位优越，交通便利。镇域总面积78平方千米，其中山地面积105000万亩，耕地面积8164亩，下辖13个行政村68个自然村5945户27487人。

东坑镇地处中纬度亚热带湿润季风气候区，全年温和湿润，光热充足，自然环境和气候条件适合种植青梅，镇内种植青梅面积达4万多亩，建成共光、石塔和大新3个千亩以上的青梅标准化种植示范基地，所生产的白粉梅、青竹梅颗粒大、色泽鲜、质量好、酸度高、无污染、无公害，在全国青梅市场拥有较高的知名度。

东坑镇自然生态循环系统保持良好，环境优美，民风淳朴，人文蔚秀，拥有"三园（共光万亩梅园、石塔梅园、丰田茶园）三基地（省级爱国主义教育基地、科研基地、青梅基地）二迹（渐逵轩、砻衣屋）二寺（聚云寺、尖山寺）一庙（神农庙）一古庵（石塔观音庵）"等丰富的旅游资源和地景（省级非物质文化遗产）、叛景（市级非物质文化遗产）、聚云寺庙会及神农庙会（县级非物质文化遗产）等具有民俗特色的灿烂文化。尤其是共光万亩梅园，历经几十年的精心养护及努力建设，已成远近闻名的万亩植物园。每年隆冬梅花盛开时节，都吸引全国各地大量游客前来赏梅。目前，共光万亩梅园正按照AAAA景区标准对景区设施进行精心打造，并已完善景区沿河驳岸、沿溪栈道、商铺、停车设施、民宿、农家乐和标牌标识等配套设施建设，景区建设初具规模。

4. 南万镇

南万镇位于陆河县西北部山区，与紫金、五华两县毗邻，镇域面积109平方千米，人口1.6万人，下辖14个行政村。共有山林面积16.3万亩，耕地面积0.63万亩，红锥林面积8万亩，林业用地面积14.82万亩，森林覆盖率达79.33%，属亚热带季风性气候，林业、水力资源丰富，自然景观独特，珍稀国家级动植物品种繁多，如桫椤、虎纹蛙、娃娃鱼（大鲵）等，是生态环境良好的山区镇，是含高负离子的天然大氧吧。镇区内有省级红锥林自然保护区（全国红锥树母种采集地）和市级大鲵资源自然保护区，是汕尾市首个广东省生态示范镇和广东省森林小镇。特色产业有茶叶、美人芋丝、蜂蜜等。

南万镇依托独特的自然资源优势，进行全域旅游的开发，着力打造南万花海、南万锥涛、神象映湖和岳坑红色教育基地等南万特色精品旅游项目。其中，岳坑红色教育基地于2012年被陆河县人民政府列为陆河县文物保护单位；2014年8月，中共陆河县委宣传部将其列入陆河县爱国主义教育基地。

5. 螺溪镇

螺溪镇地处陆河县北部山区，东接揭西县，北通五华县，西邻紫金县，是三县商贸物流节点。镇域面积153平方千米，下辖16个村（居）委会9271户，总人口4.2万人。全镇森林覆盖率达80%，素有"八山一水一分田"之称，是一个典型的客家山区镇。该镇是全国创建文明村镇工作先进镇、广东省固本强基示范镇、广东省文明村镇、广东省生态示范镇、广东省卫生先进镇、广东省宜居示范镇、广东省人民满意的公务员集体。

螺溪镇属亚热带季风性气候，水系发达，林木丰茂。自然旅游资源十分丰富，内有高程近200米享有"小庐山瀑布"之称的白水寨飞瀑；有立于石崖之上，翠木簇拥，俯瞰激流的迴龙寺；有广东省重点文物保护单位——正大五星祠；有自然界奇妙杰作——旱磜地下河热；有如入仙境的书村油坑李花观光基地；有隐于秀丽风光中的热水坑温泉。

全镇在外经商、务工人员达9600多人。外出人士创办国家一级企业12家、二级企业16家，每年为全镇增收9000多万元。全镇境内建成水电站13座，总装机容量达1.1万千瓦，年发电量为2723万千瓦时，年创产值1500万元。全镇农业总产值1.2亿元，农村散户种植青梅、橄榄、龙眼、香蕉等水果约640.32公顷，户均收入3900多元。基地种植733.7公顷，年创产值300多万元。毛竹种植面积1687.51公顷，是粤东地区最大的毛竹生产基地之一。

6. 上护镇

上护镇地处陆河县西南部，与河田、南万、新田、河口、东坑相接壤，圩镇距县城约15千米，分河磜和上护两个片，全镇下辖13个行政村和1个社区居委会，户籍人口共有9100多户，约3.9万人。镇域面积121平方千米，其中森林覆盖面积约12万亩，耕地面积近1.7万亩，林地面积约1.3万亩。

上护镇紧紧围绕陆河县振兴发展行动规划，确立了"发展特色农业，突出旅游经济，建设美丽的温泉之乡"的经济发展思路，大力发展特色农业和生态旅游业，带动了全镇经济社会的较快发展。目前，建立了全县最大连片香蕉基地近万亩，逐步树立了香蕉种植专业镇的品牌。富溪白叶单枞茶、洋岭优质大米、鸡坑火龙果、台湾萝卜、护东佛手、护二青梅、樟河黄榄等效益型示范基地建设继续得到巩固，逐步形成了具有上护镇特色的农业产业。

镇内四面环山，林木茂盛，山清水秀。有得天独厚、丰富的温泉和旅游资源，素有"温泉之乡"美称。温泉流量大，水色好，砂化度低，质量上乘，属碳酸钠型，富含20多种对人体有益的矿物质。据专家鉴定，为广东省200多个温泉中质量上乘的一处温泉，其对治疗疥、癣、硬皮症、"香港脚"、心肌炎、慢性关节炎等多种疾病有一定效果，浴疗多用，吸引不少旅客前来体验。镇内景区集山、水、林、泉、石等景观于一体，具有代表性的有历史悠久的燕子岩宗教旅游区、洋岭梯田观光景区、新坑水库和十三礤两个生态憩息区、瑞龙庄园生态区，是游客休闲、娱乐的好去处。

7. 河口镇

河口镇位于陆河县南部，距离县城13千米，东邻普宁市，南接陆丰市，是沿海与山区的结合部，因境内北溪河、南溪河与螺河在此交汇，故名"河口"。全镇镇域面积169平方千米，下辖19个行政村（社区），共186个自然村，户籍人口约6.1万人，有海外侨胞及港澳台同胞约3.5万人，每年外出务工、经商人士约2万人，外来人口约5000人（含园区）。河口镇历来是陆河县的交通重地，潮惠高速、国道235线、省道240线和238线穿境而过，是全国重点镇、广东省中心镇之一。

河口镇群山环抱，森林覆盖率约70%，镇内旅游资源较多，有谢非故居、昂塘时雍楼、北中"红色村庄"、陆河八景之一"南屏雄狮"、剑门森林公园、北龙梅园、田墩油柑基地等旅游景点。河口镇人杰地灵、贤能辈出，是海陆丰革命老区重要组成部分。

河口镇是陆河县县域产业集聚基地和经济增长极之一，中信陆河南部新城、新河工业园区比亚迪厂、中国建筑装饰之乡陆河县装饰材料生产基地都坐落在河口镇。近年来，河口镇紧紧围绕县委"园区工业、基地农业、生态旅游、美丽城乡、活力陆河"发展战略，推进河口镇高端化差异化规模化发展，依托陆河比亚迪新能源汽车、陆河装饰材料生产基地的园区经济和田墩油柑、北中沉香、剑门青梅等种植及加工的基地农业，努力打造养老休闲、工业园区、基地农业三大核心产业的宜居宜业宜游全国重点镇。

8. 新田镇

新田镇位于陆河县西南端，与海丰、陆丰、惠东、紫金等四市县八乡镇为邻，下辖13个村委会和1个居委会，现有人口约4.2万人，镇域面积达182平方千米（含国营吉溪林场），其中耕地面积1240公顷，山地面积1.1万公顷，全镇地势北向南倾斜，属丘陵地，新田河横贯境内，年均气温22℃，年均降雨量2200毫米，是海陆丰红色革命根据地的重要组成部分，具有独特的客家风情。

新田镇的基础设施齐全，交通、通信、供水、用电方便。全镇所有通行政村道路实现了硬底化建设，有出境公路4条，其中包括新开通的潮惠高速公路。圩镇周围约13千米主要道路已安装新型LED路灯。此外，全镇有1所初级中学，11所小学，九年义务教育全面普及，教育教学基础设施完善。

广东省"菜篮子工程"生宝水果基地、联新村共拓火龙果种植基地、湖坑村牛大力（药材）种植基地、激石溪单枞茶种植基地、集祥养蜂合作社的广东省养蜂协会标准化示范蜂场以及广东大地之元农业开发有限公司、陆河县恒锋纺织股份有限公司、陆河融汇投资有限公司、陆宝生态农业科技发展有限公司、南方铸造厂、嘉盛木业等一大批经济实体，都已在新田镇这片创业沃土上生根发芽、茁壮成长。

新田镇保护、挖掘和利用绿色生态资源、红色历史资源，整合柑橘、火龙果、水果型木瓜、百香果、茶叶、中华蜜蜂养殖等特色产业，延伸发展链条，奋力建设社会主义新农村，打造湖坑、激石溪"红色村"，创建联安村国家级运动休闲特色小镇，开发红色游、绿色生态游、农业观光游等特色旅游产业，逐步发展成为粤东地区综合型城镇。

第二章

大革命与土地革命战争时期

第
一
节
农民运动的兴起

一、响应五四运动和开展新文化运动

1919年，北京学生发起"外争主权，内除国贼"的五四爱国运动，并迅速席卷全国，在中国革命史上开创了新的时代，形成一股新的革命潮流。陆丰亦不例外地受到新潮流的冲刷。

在此之前，陆丰有部分人参加过孙中山领导的辛亥革命，他们都是些不满清王朝统治的知识青年和农民。1911年10月，陆丰同盟会组织的领导人罗觉庵（水唇镇人）、曾享平、马桐轩、叶德修等人，以农民抗清组织三点会的遗留势力为骨干，在大安、河口、博美、甲子等地组成各路民军，先后攻占了碣石卫城和陆丰县城，夺取了陆丰的统治权。

五四爱国运动还推进了新文化运动的进一步发展。陆丰知识青年在新思潮影响下，迫切要求变革现实。1920年以郑重、彭翊寰、李云阶等进步分子为首，发起组织了陆丰社会促进社。

陆丰新文化运动代表人物有郑重和彭翊寰。彭翊寰是水唇镇护砼村人。他1912年毕业于广东省高等学堂（5年制），当年大学毕业者凤毛麟角，但他放弃仕途，情愿铁肩担教育，于同年任陆丰县立第一高等小学校长，执着追求振兴陆丰的教育事业。彭翊寰十分重视学生的智育德育，谆谆勉励诸生，要"猛着祖鞭，以求深造"，"以立身者报社会，以报社会者报国家"。他担任陆丰县立第一高等小学校长9年间，教学逐年革新，受教育的学生遍及全县。1921年，彭翊寰任陆丰县教育局局长。在《陆丰教育状况及进行之计划》一文中，彭翊寰论及陆丰教育滞后的多方面原因，他特别指出，"顾自兴学以来，所有县知事（即县长），或铜臭之徒，或脑筋陈腐，只知唆剥民脂，对诸民政，多存五日京兆之心，因循敷衍……"彭翊寰任教育局局长4年间，采取了一系列措施，卓有成效地发展了陆丰教育文化事业。据上文据统计，全县仅两年时间，"学校数由40余所增至110余所，学生数由二千余，增至六千余"。彭翊寰特别致力于筹设平民夜校，他在办学计划中写道："贫穷子弟，为人佣工，或助理耕作，年长失学，已无再学之机会，故宜设贫民学校以为补救，令各处国民学校或高小附设，酌补津贴。"1922年，彭翊寰与省里联系，促成陆丰与海丰合办陆安师范。事成后，陆丰有不少学生去海丰就读该师范学校。1924年秋，他主动协助县长创办陆丰县立中学。陆丰从此有了中学。除在乡村增办小学外，还在附城创办了通俗图书馆1所，阅报社2所，大安、碣石、河口也各有阅报社1所，县城、碣石有平民学校多所。可见，此时的陆丰国民教育、文化设施已呈长足发展之势。

在革命思潮的影响下，当五四运动爱国热潮席卷全国时，陆丰县城的青年教师和学生，迅速起来响应。召开全县学生代表大会，成立县学生联合会，通过了进一步发展爱国运动和号召群众举报与抵制日货等决议，影响全省。

二、彭湃与陆丰农民运动

中国现代革命史上的大规模农民运动发端于海陆丰，其组织者和领导者是伟大的共产主义者——彭湃。早在日本留学时，彭湃接受了马克思主义及其思想方法后，就十分重视对农民问题的研究，并亲自到农村调查、观察，还参加了留学生建设者同盟组织的农运斗争。

彭湃回到海丰后，先是任海丰县教育局局长，但不久便因公开宣传马克思主义，受到了反动势力攻击而被免职。接着，他主办了《赤心周刊》，继续宣传马克思主义。1922年6月中旬，彭湃顶住社会和家庭压力，从自己的地主家庭走出，深入到农民群众之中，以一颗赤诚之心，经历了千辛万苦，终于感动了有苦无处诉的贫苦农民，于7月29日成立了"六人农会"。10月25日，赤山约农会成立。彭湃在海丰开展农民运动中，发现杨其珊在海丰底层劳苦大众中有很高威望。当年，杨其珊在梅陇海丰一带开设拳馆28家，行医济世，深得底层劳苦大众的敬爱。彭湃和杨其珊两人走到了一起，马克思主义与中国传统的"除恶扬善立正义"走到了一起。此后，海丰农民运动便迅猛发展。1923年元旦，海丰总农会正式成立，彭湃为总会长，杨其珊为副会长，成为全国第一个县级农会。

陆丰、海丰两县由于地理、历史、政治、经济和文化上联系较密切，两县人民对彼此发生的事情都很关注。当海丰点燃了农民运动烈火，其火种自然随风飘散到陆丰。附城区的西南部乡村与海丰的可塘区相连，西北部的新田区与公平区接壤，平日这些毗邻地区的人们来往密切，投圩赶集、走亲访友都成为传播消息的渠道。彭湃舍家财，办农会，很快成为海丰人的特大新闻。边界的农民自发到海丰了解农会情况，他们或直接访问农会，或要求加入农会。

陆丰西北部的新田区参城的杨其珊堂弟杨子明、泥瓦匠罗子和、鱼贩张荣华、激石溪烧炭工范照南、仙草径的船工肖河源等人，探知老朋友杨其珊已是彭湃办农会的助手，便先后去海丰找杨其珊介绍加入农会。杨其珊是新田参城人，后迁居海丰，海丰总农会成立时被选为副会长，他对陆丰西北地区农民起来组织农会有很大影响。经过互相串联，新田区的参城、新围、仙草径、激石溪，河口区的黄牛寮、黄枝塘、硬土，大安区的黄塘等乡村，在1923年元旦前后，都陆续建立了农会。新田参城农会是陆丰最早成立的农会。参城农会的成员有杨子明、罗子和、肖河源、叶春合、范照南。

经彭湃、杨其珊的发动，海陆丰农会发展迅速，彭、杨号召海陆丰所有彭姓和杨姓都加入农会，陆河是彭姓的主要聚集居住地，当年陆丰西北的所有彭姓人氏都加入农会，各村都成立农会，在陆丰西北的客家山区大部分村庄都成立了农会组织。

陆丰早期组织的基层农会，全由海丰农会领导，依照海丰农会的章程，参会自愿，一个会员代表一户，入会费二毫钱，作为农会费用。所以，当1923年元旦海丰总农会成立时，陆丰各地基层农会都派出了代表前往海丰县城参加成立大会。

1923年4月初，彭湃、杨其珊来到陆丰组织农会。陆丰农民运动有了一定基础，彭湃又得到曾同在海丰中学读书的老同学郑重等的大力支持。彭湃通过介绍结识了许多陆丰人，物色了不少热心农民运动的同志。在他们的帮助下，彭湃、杨其珊选择陆丰县城旧圩六驿林氏祖祠，建立了陆丰县总农会筹备会。彭湃任筹备会会长，郑重任副会长。

彭湃、杨其珊不畏艰苦深入农民之中发动农民，为从事农民运动的积极分子树立了榜样，他们学习彭湃，深入底层，使陆丰的农民运动很快得到发展，到筹备会登记入会的农民络绎不绝。在彭湃等人的努力下，陆丰成立县总农会的条件已经成熟。

6月23日，在彭湃、杨其珊主持下，陆丰农民代表大会在县城林氏宗祠隆重召开。大会通过了彭湃起草的农会章程，具体

1923年，彭湃、杨其珊在陆丰组织农民成立陆丰县总农会旧址（图片来源：《陆丰革命史》）

内容与海丰总农会相同。农会民主选举出陆丰县总农会执行委员9人，彭湃兼任会长，郑重任副会长。农会公章为圆形，表示与官府的四方印有区别。

陆丰总农会成立时，会员有7000户，每户以5人计，共有人口3.5万人，是继海丰总农会之后成立的又一个县级农会，也是全国的第二个县级农会。

陆丰新田区较早开始反封建斗争。该区地处陆丰西北部，是与海丰、惠阳、紫金三县交界的山区。范围包括新田、联安、上护、激石溪、罗庚坝等地，人口1万人，耕地很少，平均每人约1亩地。而且耕地80%以上为邻近地方（含邻县）的地主和公堂（会）所占有。农民中贫农占90%，尤以佃农占多数，非常贫苦，反抗情绪很强。新田姓氏复杂，宗族势力较薄弱，农民所受压迫多来自外地。这些都是促使农民组织起来，开展斗争的有利条件。当时，在他们的领头人肖河源、杨子明、范照南的领导下，初以更寮、闲馆为主要活动据点，而后组织起农会，形成队伍，开展斗争。如仙草径农会进行了三次反贪官污吏的斗争，并取得了胜利。有一姓柯的征粮官来征粮，对农民多方敲诈勒索，仙草径农会便发动群众搜集他的劣迹，联名向县政府控告，县公署迫于证据确凿，不得不撤了他的差，使农民第一次出了一口气。一次，一位农民死了一头猪，新田区还派人来收猪税，群众对死了猪还要交税不满，农会便因势利导，动员民众群起支持死猪户拒绝缴纳，收税者眼见群情激愤，吓得落荒而逃。再一件，年终有部分农民酿了一些酒自用，新田区派人逼勒交税，农会又发动群众到县里控告，县公署的征税条例并无此条款，这场官司又打赢了。

陆丰的基层农会有不少像新田那样，涌现了一批农运积极分子，采取合法的斗争形式，显示了集体力量，得到广大农民积极的拥护，逼使政府和反动势力有所收敛。有了农会农民不再是一盘散沙了。

第二节 在大革命洪流中激荡

一、支援国民革命军东征与农民运动的复兴发展

（一）农人原有的秘密组织

1924年1月以后，陆丰原先农运积极分子为了继续坚持斗争，组织了"十人团"或"贫人党"等秘密组织。陆丰甲子等地的农民秘密组织叫"十人团"，新田等地农民秘密组织叫"贫人党"，名称虽不同，但都是10人为一团体。农民基础较好的地方，一个乡往往有几个这样的秘密组织。参加的成员要经过严格的挑选，还要履行手续和举行仪式。其仪式有斩鸡头、喝血酒和宣誓等，借以强固团体观念。新田区贫人党的入党仪式是每人各拿一支点燃的香，整齐地站着，齐声宣读誓词，然后在自己的名字下面用香火烧一个小洞，接着将香甩灭，以示决心。各个组织的誓词不尽相同，如有的誓词为"忠心义气，大吉大昌，负心背义，五雷打死半路亡"。各个组织都有领导人和严格的纪律，活动都很秘密，即使夫妻父子之间也不能泄密。彼此间的联系有暗号，一般用手势进行联系，以证明对方是否系同志。这种农民秘密组织，从它的誓词及仪式看，都带有浓厚的旧式农民组织和迷信色彩。但是在军阀统治的黑暗社会里，农民为了反抗强权，他们沿袭旧的秘密结社形

式，以保持团体秘密和成员的忠诚。它符合当时农民的觉悟水平和斗争环境，有利于积聚力量，也容易遮掩敌人的耳目。

在杨其珊的领导下，十人团、贫人党的活动以农村中农民经常聚集的闲馆为主要场所，串联群众与骨干联络，同时也利用这种场所传播各种消息，以引起群众的反抗情绪。十人团、贫人党比较普遍及有效的做法是发动群众，以种种办法抗交粮饷、捐税。有的地方则抗交地租或与地主、吊田作斗争。他们户帮户、邻帮邻，大家说话，软硬兼施。这些组织还设哨监视军阀部队的动态，收集情报，与海丰的十人团总团联系，向在广州的彭湃汇报情况。农民秘密组织因为能与彭湃保持联系，得到彭湃的指导，因而大大增强了对革命的信心。当时，海陆丰山区的贫苦农民流传许多表达希望的山歌，其中一首歌词是："通天乌暗通天云，艰苦挑炭暂不论，总信有日天开眼，阿湃回头来拨云。"

彭湃对农民秘密组织寄予很大希望，他写给团中央负责人的信中说："农人尚有秘密组织存在，藉堪告慰。"

（二）支援国民革命军东征

1925年1月，广东革命政府为统一和巩固广东革命根据地，确定了进行东征、讨伐陈炯明的决策。

此时，彭湃根据国民党和中共广东区委的有关指示，与在广州的海陆丰同志就如何配合和支援东征军作了研究与部署。其中主要有：组织东征军先遣队，为东征军作向导；事先派遣干部回海陆丰，发动农民策应；联系农民秘密组织，为革命军收集情报，以作内应。

1925年1月30日，东征军分三路进攻盘踞东江的陈炯明军阀部队，其中右路军进军淡水、平山、海丰、陆丰，直取潮汕。

右路军，以粤军司令许崇智为总指挥，有周恩来等一批共产党员、共青团员参与领导和指挥。周恩来以黄埔军校政治部主任的资格兼任军校前方政治部主任，主持军校教导团两个团的政治工作，对官佐士兵进行思想政治教育，保证了军队的纪律严明，对群众秋毫无犯。彭湃参加东征军指挥部工作，并积极协助周恩来。

东征军于2月1日自广州沿广九线向石龙前进；2月27日，东征军进抵海丰县城；3月1日，东征军张民达部克复陆丰县城。

3月2日，周恩来率黄埔军校教导团及校本部官兵到达新田，校本部官佐宿于新田圩天主堂，并指导农会开展工作。3月3日，周恩来及校本部官兵宿营水唇镇黄塘村。吴振民在新田文祠开办训练基地，从各地招收农军先进学员，将其集中在新田训练。

新田圩天主堂旧址（图片来源：《陆河文史》第二辑）

东征军在陆丰追击敌军期间，杨其珊组织农民积极配合东征军歼灭残敌。当敌军洪兆麟部由海丰向新田、河田，揭阳的河婆撤退时，农民群众知道他们是被击溃的败兵，纷纷拿起刀枪拦截。敌军刚到达新田，杨其珊、杨子明、叶春合组织当地农民秘密团体贫人党组织发动农民群众四处登山呐喊，或三五成群放冷枪骚扰，夜晚又在山上烧起一堆堆篝火虚张声势，使敌军心惊胆战，四面楚歌。有一次败军百余人正待吃饭，听见枪声便立即仓皇逃窜。一些掉队的小股敌军则被农民缴了枪。2月28日，东征军追击敌军到达新田，群众立刻向东征军报告敌情，还到处设茶水站，送慰劳品表示热烈欢迎，有位老农将家中贮存的糯米酒也拿出来慰劳。第二天，东征军向河田进发，农民积极充当挑夫。紧接着后续部队又到达新田，宿参城及新围村，农民积极配合东征军作战。

2月28日、3月4日，东征军先后离开海陆丰，分兵前进。东征历时2个月，整个粤东即惠、潮、梅地区全部克复。

（三）农会组织的恢复与发展

东征军到达海陆丰，第一件大事就是恢复农会。作为东征军指挥员的周恩来，对重兴海陆丰农民运动起了十分重要的作用。周恩来时任中共广东省委军事部部长、黄埔军校前方政治部主任，后又经国民党中央委派为东江党务组织主任，担负主持东江地区的党务和地方行政的工作。他在海陆丰期间，杨其珊带领海陆丰"十人团""贫人党"踊跃支援东征军，给他留下了良好印象。他指示共产党员、青年团员和其他革命分子来海陆丰开展各种工作，特别重视组建与训练农民自卫军，保卫农民利益。

1925年3月，彭湃建立了中共海陆丰支部，任支部书记；4

月，中共海陆丰支部扩大为以彭湃为书记的海陆丰特别支部，杨其珊加入中国共产党。虽然党组织是秘密的，但农民信任彭湃，实际上也信任了共产党。以彭湃为首的海陆丰共产党组织，领导党员、团员和进步分子带头积极贯彻以扶助农工为主要内容的国民革命政策。

东征取得胜利后，农民心目中最大的事情，无过于恢复农会。于是，陆丰农会于1925年3月初宣布恢复，4月初召开各区农民代表大会，4月12日成立县农会，由庄梦祥、郑重、张威、黄振新、林水其、陈谷荪、黄依依、吴祖荣、杨子明等人担任执行委员，以庄梦祥为委员长。

在此期间，激石溪、罗庚坝、上护、河口、河田、螺溪、水唇等地相继成立农会，在陆丰县农会的领导下，4月间，新田区农会成立，杨子明、肖河源、张荣华、范照南、罗子和、叶春合当选为区农会领导干部，会址设在天主堂。河口区农会委员长为朱作鸣、特派员朱荣。河田区农会委员长为彭翠香（先）、彭培轩（后），特派员朱荣（先）、张绍良（后）。

（四）组建农民自卫军

彭湃等人总结了前期农运的经验教训，意识到农民运动必须与武装斗争相结合。彭湃这时特别强调："当此镇压反革命之时，农民非有武装不成，而且农民协会之根本亦非农民武装不成。"

为此，1925年5月初，中共海陆丰特支调李劳工到河田、新田负责组建农民自卫军，成立了陆丰农军总队，李劳工任总队长，这是在新田区诞生的第一支农民自卫军。

根据农会决定，县农会先后在各区设立常备农军小队。其人数视各区大小，从几个人至十人不等。他们拥有武器，执行维持乡村革命秩序、指导乡农军训练及传达、勤务的任务。随着1926年农民运动走向高潮，农民自卫军后备队的武装队伍越来越大，全县有四五千人。1926年上半年，在陆丰农运开展得较好的新田区，武装队伍就有近600人，约占全区人口的5%。该区的参城乡人口约1200人，有农军80人；新围乡人口400人，有农军30余人；仙草径乡人口500多人，有农军40余人。此外，还有罗庚坝农军50余人，上护农军120余人，河田农军50余人，水屑东坑农军100余人。这些乡的农军均占总人口的7%以上。

农民武装从无到有，组成了县常备武装、区常备武装和乡村不脱产的武装队伍。这些农民武装队伍的武器装备，有多方面的来源。有的由革命政府直接拨给；有的由东征军从缴获敌人的武器中分得；有的是农军收缴当地反动分子及敌军散落下来的。

5月中旬，新田、河口集中了农军300多人，围攻拒不交枪的横陇大地主刘锦芳。河口农军围攻昂塘村军阀余孽，也缴枪不少。

农会还通过发动群众，从农民内部收集各种武器来武装区乡农军。区农军多使用钢枪或"土六八"单响枪，而大量不脱产的乡农军的武器，则以火药枪、尖串、大刀为主，也有少量从军阀地主那里收缴来的钢枪与"土六八"枪。有些乡农军还拥有土炮——百子铳、枱枪、过山龙等。除收缴的武器外，有些区乡农会，还用土法制造了若干武器。

（五）在农会中建立党团组织，领导农民运动

第二次东征后，海陆丰党组织得到了更大的发展。农会、农民自卫军以及其他群团的骨干分子都先后加入共产党。一部分共青团员转为共产党员（有少数人仍保持党员和团员两重身份）。

至1925年秋，海陆丰两县的党员人数达到700余名。在广东5个地委中，海陆丰地委的党员人数居首位。海陆丰地委根据中共中央1926年6月修改通过的党章，决定改原部委为区委，陆丰分别在附城、东南、西北设立3个部委，部委上属地委，对下领导各支部。共产党组织成为团结各种革命力量的核心，赢得农民和其他阶层的信赖。共产党员被称为"不要命的苦力"。

陆丰初定，农会恢复和其他革命运动的蓬勃开展，使广大群众欢欣鼓舞，群众性的活动也多了起来，各种工作都呈现欣欣向荣的势头。

1925年11月，新田杨子明、罗子和、张荣华、肖河源、叶春合、范照南等人在杨其珊的介绍下，加入中国共产党，并成立新田党支部，杨子明、蔡鸿举先后任支部书记，河田支部也相应成立，书记是彭英其，党员有彭旭文、彭伯环、余声。

二、推翻地主豪绅统治的斗争

（一）普遍建立农会组织

广东的农民运动从海陆丰揭开序幕。1925年5月1日，广东省第一次农民代表大会在广州召开。陆丰县农民协会选派了朱作民（河口人）等人赴省参加代表大会。杨其珊作为代表海丰县的三人之一参加，并当选为广东省农民协会的执委。

1926年8月5日，陆丰召开全县第二次农民代表大会，讨论通过了扩大农会组织，扩大农民武装力量，剿灭逆党，推翻地主豪绅的统治，以及全面开展减租、兴办农村教育等决议。大会选举产生了庄梦祥、吴祖荣、陈国荪、张威、陈兆禧、林佛助等9人组成的陆丰县第二届农民协会执行委员会。陆河县河田区农会委员长为彭翠香（先）、彭培轩（后），特派委员朱荣、张绍良；河口区农会委员长为朱作鸣，特派委员朱荣；新田区农会委员长为范照南，特派委员蔡举鸿、杨子明。

（二）打倒一切土豪劣绅

1925年农民运动恢复后，在农会中，参加者大多是农村的自耕农、半自耕农、佃农、雇农、贫农。据查，陆河新田区参城乡，在全乡240多户中，贫农占了220多户，他们都参加了农会。各区农村中贫农阶层人数最多，过去受压迫剥削也最甚。他们现在加入了农会，便成为农村中最广泛的革命力量，可以说，没有贫农便没有农民运动，便没有农村的大革命。

以贫农为主要成分的农会普遍组织和发展起来，必然与农村的地主豪绅阶级的利益发生矛盾与冲突，而且，随着农村民主大革命的深入，必然要激化农村统治权的争夺。因为土豪劣绅是地主阶级、军阀、贪官污吏及一切反革命派的代表，乡村政治实权历来都掌握在他们手里。这些土豪劣绅平日恃其财势，横行乡里，收租盘剥；或是勾结官府，包庇盗贼，盘踞团局，把持乡政，包揽词讼，侵吞公款，奸淫妇女，鱼肉人民；更与贪官污吏狼狈为奸，拉夫勒诈，暴敛横征，包烟聚赌，无恶不作。

两次东征的胜利，大大削弱了农村的封建势力，特别是对地方政权实行了改造，使农村的地主、土豪劣绅失去了靠山。随着东征的胜利，农会在恢复之初，立即组织农民自卫军，打击和肃清陈炯明的残余势力，收缴各地武器，瓦解地主武装。

由于农会得到广大民众的拥护，权力也愈来愈大，土豪劣绅自然不会甘心交出政治权力。于是不少地方的土豪劣绅、不法地主或勾结军阀余孽进行武装骚扰，或造谣惑众，总之千方百计破坏农会。对此，陆丰县、区农会区别不同的情况，对这些人采取了清算公产账目、罚款、公布罪状、质问、示威、传讯、拘捕、禁闭、送县判罪等行动。过去不可一世的土豪劣绅十分恐慌，有的跑到东南亚等邻国，有的逃到香港、广州、汕头，或到邻县躲起来。一般耆乡、族长之辈，没有明显的罪恶与劣迹，没有受到制裁，但也借口"乡里的事由年轻人去办"，不敢抛头露面了。

（三）摧毁地主豪绅组织的假农会

农民运动有如急风暴雨，土豪劣绅与不法地主受到了极大冲击，他们不甘自愿退出历史舞台。他们见从外部破坏摧残农会难入手，因为农会是整体的、势力正日益强大，于是吸取了教训，改变了策略，进行拉拢农民中少数不良分子，利用事端造谣惑众，把水搅浑，或蒙蔽一部分农民组织假农会，与真正的农会对峙，在农民内部制造分裂，以达到破坏农民运动的目的。

组织假农会，是地主豪绅从内部破坏农民运动的最狡猾最恶毒的一招。他们利用农民普遍视参加农会为荣耀，都希望获得减租的心理和要求，以及利用部分后进农民的宗族姓氏观念，指使他们的爪牙与农会争夺群众，也挂起农会的招牌，引诱他们参加假农会。这样，既可以蒙混过关，又可以通过他们的爪牙继续维护其统治地位。此类假农会在陆丰几个区都有发现，尤以新田、河口区最为典型。

新田区屯寨乡，第一次东征后曾成立乡协会。1926年初，以丘仅文为首的地主豪绅指派爪牙篡夺了农会领导权，并在农会中建立"三点会"，诱骗农民斩鸡头、饮血酒，插香盟誓，要会员绝对服从指挥。于是屯寨乡农会的性质变为地主控制的"黄色农会"。接着，他们又利用宗族观念，勾结附近几个乡的封建势力，公然也挂起"新田区农民协会"的牌子，会址也设在新田圩，与合法的区农会唱起对台戏，并宣传加入他们农会的同样可以减租，还派人到县公署备案。陆丰县农民协会发现敌人的阴谋，即通过县公署将来人扣押。他们的阴谋败露后，便不顾一切地组织歹徒袭击区农会，并雇用无赖之徒当打手，在屯寨四周筑木栅、挖壕沟，挂起黄旗，公开与革命势力相对抗。在这种情况下，县、区农会决定武力镇压。3月中旬，海陆丰农民自卫军驻陆丰中队开往新田，与区、乡农军一起包围屯寨。敌方开枪顽抗，遂遭农军反击，被击毙10余人，其余狼狈逃走。县农军对受骗的农民进行了抚慰教育，使他们回到自己的农会里继续参加革命。

河口区的农民运动亦是比较普及的。区农会的领导人朱作民、张子炎在农民中很有威信。1926年春，朱姓地主豪绅为了报复区农会对他们的专政，便指使爪牙朱绍龙等人，攻击区农会领导人，煽动了部分农会会员与区农会分家，另行挂起"河口区农民协会"招牌，还指使歹徒捣毁区农会会馆。如此猖狂的行为，激起河口区农会会员万分愤怒，区、乡农军于是约期集中到河口圩，捕获朱绍龙，摧毁假农会。

三、争取经济解放的斗争

（一）实行减租减息

组织农会，实行减租，是海陆丰农民运动的重要目标。二次东征后，逆军的残余武装被消灭，各地封建堡垒也被摧毁，减租运动在全县普遍开展。

陆丰在实行减租前，由县农会制发减租证给会员，并把上述

1926年，广东陆丰县农民协会会员减租证
（图片来源：《陆丰革命史》）

具体规定印在会员减租证背面，会员凭证减租，规定不准地主夺佃，以保证农民之耕作权。农会坚决执行了减租的政策，使全县大部分地方都按照减租三成进行。

除减租外，还同时废除了其他各种封建剥削。高利贷是农民在经济上受地主剥削最惨毒的手段之一，也是一种最普遍的现象。农民向地主借债，明知必受盘剥，难以偿还，但农民往往为了救饿救急，仍然不得不忍受刺骨之痛而走上借债一途。陆丰县农会取缔了高利贷，限制了借债利息，还规定农民典当给当铺的物件，得免息赎回。

（二）取消苛捐杂税，救济贫困农民粮食

在陈炯明军阀政权统治下，各种苛捐杂税名目不下数十种。这些庞杂的捐税，名曰维持地方行政，保护人民治安，实则中饱私囊，给人民以极大的负担和痛苦。广大农民都有减免苛捐杂税的强烈要求。

所以，农民运动复兴后，实行减租，废除苛捐杂税，成为农会在经济上减轻农民痛苦的两个最主要的口号。

第二次东征后，海陆丰农民自卫军大队发展壮大。加上共产党组织较为健全，农会普遍发动各阶层的人民群众，革命空气浓厚，这一切直接影响着吏治。各级官吏在各民众团体"严酷的监督"下，不得不"暗认晦气"。各种捐税，如果得不到农会的支持，就不能自如地征收。1926年12月，陆丰县公署10多名官员到上护乡收粮，狐假虎威，勒索脚皮钱，还逼粮封屋，引起群众的愤怒，被当地农军50多人包围起来，并缴了械，全部人等被拘送到新田区农会，经教育后才释放。

连年不断的风灾、水灾，使得农业歉收，粮食奇缺，救济平民百姓的粮食困厄成为地方上的一件大事。农会始终关心着

平民的生活，不断敦促政府采取措施救济灾民，帮助老百姓渡过难关。

四、对付反革命逆流的准备

（一）消灭反革命残余武装

1926年海陆丰农民运动的形势与其他地方相比，虽是"风景这边独好"，但也并非风平浪静，反革命残余势力时常骚扰，使农会和农军不得不用很大的精力去征剿。

通过两次东征，军阀陈炯明的主力已被歼灭，东江和海陆丰地区解除了最大的祸患。然而陈炯明的余孽仍在乡间潜伏，只要有机会他们便会纠集土匪流氓，利用手中武器，进行破坏，扰乱治安。1926年下半年，广东国民党右派在各地挑起反共反工农运动的事件，又激发了他们的野心，并把野心变成行动。农会和农军义不容辞地负起了剿灭反革命残余势力，巩固海陆丰革命阵地的重担。

陈炯明在陆丰（现属陆河一带）的余党罗觉庵、罗一东、杨作梅、谢少庭等纠集一起，与在香港的陈炯明互相勾结，组织所谓"讨赤军"，以西山、黄塘、剑门坑、上砂等乡封建堡垒为据点，妄图攻夺海陆丰，扰乱东江，破坏国民革命军北伐。陆丰县农民协会和有关方面曾为此电请国民政府出兵进剿，但始终未见行动。西北区各乡农军特别是五云乡的农军与上砂的反动势力进行了不懈斗争，曾经几次攻打，均未能获胜。西北地区的祸患未能消除。因此，中共海陆丰地委决定依靠海陆丰本身的革命力量，由吴振民、余创之率领农军大举进行清剿。

1926年3月12日，县农会派出农军拘捕屯寨乡"黄色农会"

头子丘子波、刘春风，缴枪40余支，宣布取消该农会组织。

1926年3月中旬，海陆丰农军驻陆丰的中队，配合驻防陆丰县城的革命一部，前来新田镇压反动势力，激石溪、参城二乡农军数十人与革命军会合，充任向导。分两路包围屯寨乡，反动头子和他们的武装支持不住，狼狈逃走，反动堡垒被攻破。革命军和农军对受骗的农民进行了抚慰教育，屯寨、径口、灰寨等乡农民，又在农会的领导下，参加了革命斗争。

新田区的农民在七八个月的时间内，枪毙了两个罪恶昭著的豪绅，粉碎了官僚地主组织"黄色农会"的阴谋。扫荡了屯寨的反动堡垒，有如暴风骤雨，把封建势力打得落花流水。激烈的阶级斗争，发动和教育了广大的农民群众，他们中90%以上都团结在农会旗帜之下。

1926年9月中旬，激石溪、万东农军200多人，配合五华古大存农军，攻打登峰地主武装，激战一天。

1926年10月初，激石溪、万东农军200多人，配合紫金庄田农军，攻打庄田"福善楼"地主，缴枪50多支，谷400余担（1担＝50千克）。

自1926年11月开始，海陆丰农民自卫军大队在陆丰西北（现属陆河一带）各区乡农军配合下，首先攻打西南镇西山乡，歼灭了那里的地主武装。11月中旬，移师北上，大队及区乡农军2000多人于25日分三路进击河口镇剑门坑。农军敢死队奋勇突破敌人防线，下午3时夺取了敌人的据点。盘踞剑门坑的"讨赤军"头目罗一东、杨作梅等突围逃窜。农军乘胜扫除了罗觉庵的老巢水唇镇黄塘乡。残敌败退，逃窜上砂，与那里的反动武装联合起来，妄图凭险顽抗。

海陆丰农民自卫军为攻取上砂，除了动员陆丰县自身的力量外，还与五华县古大存、古公鲁所率领的农军密切配合，两路农军共3000多人，分四路进攻，对上砂形成数十里的包围圈，对它施加了强大的压力。起初，农军开展政治攻势，提出条件令其投降，但敌人拒绝接受。12月21日，围剿上砂的农军发起了总攻，一时鼓角齐鸣，震天动地。但见农军久攻未下，弹药将尽，大队长吴振民非常焦急，突然，班长陈茂从战壕里跃起，大吼一声"冲呀"。一个班的战士直冲上去，大队的冲锋号响了，敌人慌了手脚，纷纷逃命，农军缴获了20多支枪，攻破了从下砂通往上砂的第一道防线。有位绰号"雷公"的班长，在战场上，当机立断，勇不可当，受到大队长吴振民的嘉勉，并被《海陆丰日报》头版报道。敌人的防线被突破后，就漏洞百出，纷纷败退。当天中午，五云洞农军占领黄布、伯公坳等地；新田、河口、螺溪农军冲垮书村防线，向上砂中心地区进逼；五华农军夺取上礤，分路从溜砂、黄布等地突进；农军主力也扫除了敌人集中力量据守的径心防线，直捣上砂圩，迫使敌军举起白旗投降，缴获敌人300多支步枪。农军剿灭上砂的反动武装后，海陆丰"讨赤军"失去了最后的立足点，反革命武装基本肃清，上砂乡也插上农会的旗帜。

（二）农民自卫军革命战斗力的提高

海陆丰农民自卫军大队（亦称海丰农民自卫军大队），1926年春经广东省政府核准编制与供给，设2个中队，代替驻防军分驻海丰、陆丰两县，维持社会治安。该农军其实是中共海陆丰地委直接领导的海陆丰两县农军中的一支常备队伍。在全省，像这样的常备与正规的农军大队，亦唯此一支。海陆丰农民运动的发展与巩固实有赖于这支队伍。

在陆河县有西北中队队长杨奠禧，新田中队队长范照南，河口中队队长朱作鸣，叶彩中队队长叶彩，农军总人数1000人以上。其中参城农军70多人，罗庚坝农军50余人，新围农军30余人，激石溪农军70多人，上护农军120多人，东坑农军50多人，水唇农军120多人，螺溪农军120多人。

1926年冬，鉴于蒋介石右派集团反共面目日益暴露，海陆丰地委决定一方面加派军事人员到农村去训练不脱产的乡村农军，另一方面设立农军教练所（又称学生模范队），招收学员，以扩大常备农军队伍，提高其战斗力，应付可能发生的反革命逆流。农军教练所于1926年冬开始招收学生，共150名（其中陆丰籍50余人）。在新田圩文祠，1927年1月5日，教练所开课，学习期限初定6个月，由农军大队长吴振民兼所长，于昆任教务长，陈如愚、陈一更等担任教官。全部学员编为一个中队，下分三个小队。据参加者回忆，这一期的训练非常严格，亦富有成效。"正式开学后，全体学员首先要剃光头……接着穿起有补丁的旧军服，脚穿草鞋，突然变成和尚头济公脚的大兵。""我们的训练所学习进度快而紧张，纪律严明，经一个月的徒手训练后，就发枪弹。我们用的枪械，全是广东兵工厂制造的'六八'步枪。"

海陆丰地委在教练所设立了党的特别支部，非常注重在学员中发展党员。至1927年4月初，这个百多人的教练所，已有党员90余人。教练所受训学员还未结业，便发生了"四一二"反革命政变，这批学员便被正式编为一个中队，在地委和农军大队指挥下，以高昂的斗志投入了武装起义。

五、海陆丰第一次武装起义

（一）第一次武装起义

中共海陆丰地委一直保持高度警惕的剧烈斗争终于发生了。

1927年4月20日，农军大队长吴振民接到国民党广东省特别委员会的电报，要吴振民率部"清党"，海陆丰地委和农军大队这才知道反革命政变已经发生。

接着，中共海陆丰地委不断获得消息，蒋介石已于4月12日在上海发动反革命政变，大肆屠杀共产党员和革命群众。广东军阀也紧步后尘，4月15日，广州全城戒严，实行大搜捕，被捕杀的共产党员和革命群众有成千人。紧接着，汕头、惠州等地国民党反动派军队也实行大搜捕。

海陆丰面临剧变形势，在紧急关头，作为无产阶级先锋队伍，海陆丰地委及其所领导的农军首先要解决的一个重要问题是：为什么而斗争？为谁而斗争？

解决这上述问题后，中共海陆丰地委积极地进行了讨蒋前的各项准备：

一是在地委领导下成立武装起义的机构。地委先把党的组织掩蔽起来，撤入杨其珊的家乡新田参城乡，组织好秘密交通。海陆丰地委负责全面领导，"另组织特委以主持此次斗争"。决定成立海陆丰救党委员会（取挽救国共合作的国民党之意）作为公开的指挥机关；并由两县各界团体成立海陆丰救党运动大同盟，主持宣传发动工作。

二是加强武装力量。将农民自卫军改称为工农救党军。常备部队原有2个中队，再把农军教练所尚未毕业的150名学员编为1个中队，这样常备部队便有3个中队共400余人，另各乡村1000余名农军是有枪支可以调动作战的，其余是持粉枪或铁器（尖串、梭镖）的。工人方面也成立了一些武装，并积极找寻武器。

三是做好扩大宣传的准备。先组织好宣传队，印制好大量的传单、标语及各种布告，准备起义后开展宣传，还印制告敌军士兵的小传单，待敌军到来时散发。

四是准备粮食及作为各项分工。积极储备粮食，决定没收地主或大商人的米谷，必要时没收银号（钱庄）的现金。暴动的侦察工作由党组织负责，破坏工作由特委命令各处国民党党部去做，军事行动归工农救党军大队指挥。

杨其珊、张善铭、吴振民先于1927年4月下旬到紫金指导刘琴西举行"四二六"武装起义，夺取紫金县城。

海陆丰地委周密考虑了上述情况，于是决定在4月30日夜间发动讨蒋起义，次日庆祝五一劳动节，宣布县人民政府成立。

4月30日深夜，随着杨其珊、吴振民、张善铭、陈仓、张威等领导在新田镇参城村发动第一次海陆丰武装起义。海陆丰两县及各区的武装起义同时爆发了。

起义前，海陆丰地委在新田参城杨氏宗祠召开军事会议，参加的领导人有杨其珊、吴振民、张善铭、陈仓、张威、范照南、杨子明。随即在参城南门坪集合参城农军、新围农军、激石溪农军、仙草径农军，共200多人。起义军分三路进发，第一路攻打屯寨地主豪绅，第二路攻打径口地主豪绅，第三路攻打新田圩地主豪绅。5月1日，在新田圩举办庆祝大会，四五千人参加。

起义部队攻占了海陆丰县城7天，建立海陆丰县级临时人民政府。5月4日，起义部队与河口、河田农军攻打黄塘反动军阀罗觉庵部。

1927年5月9日，国民党惠州驻军十八师胡谦派刘炳一个团进攻海陆丰。吴振民带领县自卫队和新田、河口、激石溪、罗庚坝农军到海丰分水坳防御战斗失败。5月中旬，吴振民率领海陆丰农军大队撤退到新田。6月5日，刘炳部扰新田，当天撤走。

在陆丰，县长李秀藩是国民党左派人士，支持海陆丰地委的讨蒋行动。4月30日晚由海陆丰地委宣传部部长李国珍（曾任陆丰县教育局局长）与李秀藩，共同宴请县公署及各机关官员，席间李国珍揭发蒋介石与广东反动派罪行，宣布海陆丰讨蒋起义，然后由李秀藩下令县公署的武装队伍与警察放下武器。此时驻陆丰县城的工农救党军常备中队也已分头包围了游击队与警察署，收缴了全部枪支，并暂扣押了各官员。陆丰各区工农救党军同时起义包围区公署，收缴枪支，逮捕反动官吏及地主豪绅。

（二）抗击入侵的国民党反动派敌军

1927年5月1日举行的海陆丰起义，是中国共产党领导下较早的以革命武装反抗反革命武装的斗争。这次起义具有非常鲜明的特点：中共海陆丰地委坚决地贯彻中共广东区委扩大会议的决议，从各个方面充分做好应付国民党右派反革命政变的准备，尤其"极力预备整个大暴动的力量"；起义有中国共产党独立领导的、战斗力比较强的常备武装，以及数量颇大的不脱产农民武装队伍；起义胜利后建立了以共产党为领导的、吸收国民党左派和各界代表人士参加的各阶级的县人民政府，初步形成了新形势下的统一战线；同时，意识到向外发展是当时最重要的问题，认为"当时的责任是在暴动的继续和扩大"，为此积极联合邻县起来斗争。这次起义一举占领海丰、陆丰两县城，及两县全部区乡，证明海陆丰的革命基础确实是非常雄厚的。

不过，由于当时广东反动当局势力强大。5月初的一周间，海陆丰邻近几个县的起义渐次失败。7日，海陆丰地委得到情报，惠州、汕头两地的国民党右派驻军将进攻海陆丰。海陆丰地委决定先迎战惠州之敌，派大队长吴振民率农军常备大队和新田、河口、激石溪、罗庚坝农军在海丰县境前线（惠阳到海陆丰要道、分水坳）设置防御工事。且有两县近千乡村农民武装调往前线准备配合战斗。早在发动起义时，广大党员和武装人员就做好了防御敌人进攻的思想准备，所以大家的战斗热情非常高涨。

5月9日早晨，来犯的敌军一团千余人开始向防守的农军攻击。农军占领的分水坳形势险要，敌军不能完全展开，几次冲锋都被农军击退。战斗至下午2时，终因牺牲几十人及弹药不济，大队长吴振民不得不下令撤退。5月中旬农军反攻海丰城未果，吴振民只好率部退到陆丰河田，随又移师新田。

（三）彭湃、杨其珊当选为中共第五届中央委员会委员

中国共产党第五次全国代表大会于1927年4月27日至5月9日在当时的革命中心武汉召开，出席大会的有陈独秀、瞿秋白、蔡和森、李维汉、毛泽东、张国焘、彭湃、李立三等82人，代表全国57967名党员。由于海陆丰的彭湃、杨其珊领导的农民运动，敢于在极端的白色恐怖下向国民党反动派进行第一亮剑行动，海陆丰的彭湃和杨其珊当选为中央委员，杨其珊当时未出席"五大"会议。

（四）惠潮梅农工救党军转战湘赣

1927年5月中旬，海陆丰农军大队撤退到陆丰新田。到达新田后，农军大队在新田、河口两区招募了几十名乡村农军入伍补充。5月中旬，杨石魂、李芳岐（李运昌）率领普宁、潮阳、揭阳、惠来等县的农军200多人从海陆丰撤退到新田。在新田镇新田圩文祠，部分领导召开了军事会议，参加人员有海陆丰农军大队长吴振民、海陆丰地委代表余创之、汕头地委委员杨石魂及省农会潮梅海陆丰办事处主任林甦（彭湃赴武汉后代任此

职）、办事处农军部主任李芳岐，以及潮汕部分县负责人方临川、陈魁亚、林国英等。根据海陆丰地委书记张善铭的建议，会议决定成立"惠潮梅农工救党军"，由吴振民担任总指挥，杨石魂任党代表，下辖两个团，第一团以海陆丰农军组成，团长和党代表由吴振民兼任；第二团以潮汕农军为主，加上部分海陆丰农军，团长钟鼓，党代表李芳岐。会议还决定成立中共前方特别委员会，由吴振民、杨石魂、林甦、余创之、李芳岐等5人组成。这次会议讨论了如何继续斗争问题，大家认为，敌人已有3个团进入海陆丰，且一定要找农军决战，因彼此力量悬殊，惠潮梅工农救党军决定5月21日往五华发展。

离开陆丰新田时，吴振民总指挥检阅了惠潮梅农军两个团，共五六百人，400余支枪，另有卫生队10余人（由海丰平民医院的医务人员组成），还有一批党务人员与工农运动干部。战士们与前来送行的父老乡亲告别。虽然不舍，但战士们为了革命，不得不离开乡井。有一军事干部当时写诗一首："慷慨离乡去，从容赴战场，血花开主义，情泪湿衣裳。"表达了这时的真情实感。

队伍离开新田，经河田越过葵头嶂，到五华，再向兴宁进发，越过湘赣边境到达江西寻乌县城，休整一星期后，向信丰进发，在上饶抓了伪县长，再到达湖南汝城，8月28日在汝城与国民党军第十六军和土匪激战，吴振民壮烈牺牲，部队化整为零，部分海陆丰战士回乡。

高举土地革命大旗创建第一个苏维埃政权

一、海陆丰第二次武装起义

1927年8月1日，南昌起义爆发。这是中国共产党为挽救中国革命作出的第一声响亮回答。

8月中旬，南昌起义军南下广东、准备重建广东革命根据地的消息传到海陆丰，使正在抗租斗争中的农民受到了极大的鼓舞。

9月初，传闻南昌起义军即将入粤，为接应起义军，并为把握住海陆丰的大好时机，中共海陆丰地委、暴委决定举行第二次武装起义，"以全力驱逐或者收缴海陆丰反革命的武装"[①]。并总结了前段斗争，在各乡村一起发动。

为此，海陆丰地委决定在海丰原有区乡农军的基础上，挑选精干组建两个大队，在杨其珊的领导下，由林道文和杨望率领，分别在西北和东南两大地区活动。在陆丰，以新田、河口、大安的区乡精干农军为主，并由黄雍联系紫金炮子的农军20余人，集结新田参城村，成立一个大队，队伍由刘琴西、张威负责指挥。刘琴西、张威两人曾在1925年担任陆丰县长、代县长，在陆丰民众中有很高威望。这次两县组建的常备队，称

---

① 叶左能、邱海洲，中共陆丰市委党史研究室、中共陆河县委党史研究室编：《陆丰革命史（1919—1949）》，中共中央党校出版社，2003，第129页。

为工农讨逆军，不过民众仍按习惯称其为农军。

在新的革命形势下，杨其珊和海陆丰党组织决定举行第二次武装起义，夺取政权。

1927年9月3日，海陆丰县委在新田参城杨氏祠堂召开军事会议，参会领导人有杨其珊、张善铭、林铁史、黄雍、张威、刘琴西、范照南、杨子明，随即在新田参城南门坪集合紫金农军、新田农军、河口农军、上护农军攻打大安圩。7日在大安温屋祠新田出发的农军与大安农军汇合。8日，攻占陆丰县城东海镇杨作梅保安队，收缴陆丰县城地主豪绅财物和镰子寨谢龙章反动头子财物30多船，运回激石溪山区储备。

起义胜利后建立海陆丰临时革命政府，占领海陆丰县城10天。9月12日，新田区召开群众大会，庆祝第二次武装起义胜利。12日，温伯洲、杨作梅部400多人进攻新田，次日凌晨被击溃。1927年9月25日，敌军陈学顺一个团配合保安队进攻海陆丰县城。25日，海陆丰县委、海丰县临时革命政府撤到朝面山，陆丰县临时革命政府撤到新田参城村。

9月25日，陆丰临时革命政府迁至新田区参城村，主席团成员有郑邦英、杨子明、郑重、张威、林铁史、吴祖荣、陈兆禧、黄依侬、黄德光、张绍良、许国良、胡汉奎、彭英其、朱作鸣、范照南、刘友仁。

9月末至10月初，按省委指示撤销了海陆丰暴委，在朝面山成立了东江革命委员会（简称"东江革委"），黄雍任主席。东江革委为临时政权性质的机关，公开行使职权，领导管辖区为海丰、陆丰两县及惠阳、紫金部分山区。

海陆丰县委从长远考虑，认为"要造个形势险要的根据地"①作为武装割据广大农村的后方据点，把领导机关设在这里，并在这里储存物资作为农军的后方防地，使农军进退有据。为此，县委选择了朝面山、激石溪、中峒这一带三县边界相邻的险要地区。

激石溪属陆丰新田区，朝面山属海丰公平区，中峒属惠阳高潭区。这些地方山峦重叠，涧深路陡，林木茂密，有海拔千米左右的高山数座。群众流传歌谣云："有女莫嫁激石溪，出门三步嘴沾泥""中峒岩石，离天三尺，人去低头，马去脱鞍"②，可见地形之险要。朝面山、中峒、激石溪连接一块，形狭长，长30多千米，宽约15千米。朝面山往前是中峒，翻过一座山是激石溪，中峒、激石溪通紫金的炮子，激石溪往北通五华的龙村。炮子、龙村分别是紫金、五华农运基础较好的地区。朝面山、中峒、激石溪三个乡当年总人口3000余人，其中激石溪有1800余人。居民以种地为业，历来受本区及外区的地主剥削，反抗压迫剥削的意识较强。海陆丰县委择定这块山区后，在占领海丰、陆丰两县城期间，把没收的大批物资都运到这里储藏。

选择朝面山、激石溪、中峒为农军后方阵地，表明海陆丰的党组织经过几个月的实践，逐步形成了割据广大农村，包围圩镇，夺取县城的战略设想，并做好了建设后方，以作为应付出现恶劣情况时的退却之处的两手准备。

① 叶左能、邱海洲，中共陆丰市委党史研究室、中共陆河县委党史研究室编：《陆丰革命史（1919—1949）》，中共中央党校出版社，2003，第136页。
② 同上书，第139页。

（一）南昌起义部队与海陆丰农民运动的结合

1927年8月初，南昌起义部队按中共中央的原定计划南下广东。

海陆丰第二次起义是为接应南昌起义军而举行的。在此之前，中共中央于8月22日致信南方局转广东省委："东江须立即开始广大的暴动，发表政治口号为叶贺内应。"[①]在广东省委领导下，海陆丰县委加紧了农村暴动，如9月8日、17日占领了陆丰、海丰两县城，分别成立了临时革命政府。

然而，在起义军入潮汕之前，两广军阀李济深、黄绍竑已调集重兵，分几路压来，局势十分严重。更兼起义军南下广东后经沿途几次激战，再加上酷暑行军，部队减员，而缴获的武器很多，以至出现枪多人少的情况。为补充兵力，周恩来和前委派刘立道前往海陆丰，拟招兵2000人，并请中共海陆丰县委支持招兵费用。

刘立道毕业于黄埔军校，曾受派遣到海陆丰教练农军，对海陆丰的情况比较熟悉。他于10月2日赶到海丰黄羌圩，见到海陆丰县委书记张善铭，陈述了前方情况和前委的紧急要求。海陆丰县委和东江革委认为招兵是关系到南昌起义军成败的大事，便当即决定"招足3000人"（他们原定2000人），同时拿出1万元的招兵费用。海陆丰人民的革命热情十分高涨，他们日盼夜盼南昌起义军能顺利地进入粤东，并相信对于"海陆丰是有很大帮助的"。当参军的号召发出后，各区农民便纷纷响应，星夜赶来报名的有千余人。4日一早，张威、范照南、杨子

---

① 叶左能、邱海洲，中共陆丰市委党史研究室、中共陆河县委党史研究室编：《陆丰革命史（1919—1949）》，中共中央党校出版社，2003，第139页。

明、肖河源在新田文祠招募的400多名新兵与海丰刘立道和林道文带领第一批参加农民700多人,经河田赶到揭阳河婆圩。与此同时,海陆丰县委、东江革委组织了30个挑夫,挑着银元经普宁赶赴汕头,从经济上支援起义军。并按照原定计划加紧准备进攻陆丰城。

可是,战争是瞬息万变的,就在刘立道受命离开潮汕前往海陆丰招兵的时候,驻汕的叶、贺主力开赴揭阳,9月28日在揭阳山湖地区与敌军激战,此役双方伤亡严重。起义军29日撤出战斗,得知三河坝与潮州均失守,便于10月1日改道集中于揭阳炮台。行军途中,彭湃告诉贺龙:"我接到农民协会报告,海陆丰30万农民已经起来响应我们。"在山湖战斗同日,留驻汕头市的起义军部队受到日、美、英等帝国主义国家10艘炮舰的陆战队登陆袭击。起义军在工农武装的配合下击退了敌人。但汕头已无法固守,9月29日晚,前委、革委遂决定放弃潮汕退守海陆丰。于是当晚撤出了汕头市,10月1日到达炮台,在这里与从山湖退下来的部队会合。之后于第二天抵普宁流沙。

10月3日下午,前委书记周恩来在流沙天主教堂主持召开起义军领导人的最后决策会议。参加会议的有贺龙、叶挺、刘伯承、恽代英、彭湃、李立三、聂荣臻、张国焘、谭平山、郭沫若、贺昌、徐特立、吴玉章、周逸群、廖乾吾,国民党左派人士张曙时、彭泽民、陈公培。汕头市委书记杨石魂也参加了会议。会上主要是周恩来作报告。他这时正在发疟疾,高烧40℃,脸色显得铁青。他在报告中首先检讨了起义军打了败仗的原因,随后提出向海陆丰撤退,今后要做长期的革命斗争。

与此同时,杨其珊、张威在接到省里要配合接应南昌起义军入海陆丰通知后,即令各地农会和中共组织密切配合各项工作,在普宁莲花山战役被冲散的前委、革委领导人员,或三五人，或几十人临时组合，或由长官收集散兵，大部分人经惠来葵潭进入陆丰东南部，在农村中找到中共组织或农民协会，由向导带领他们先后到达陆丰甲子港、湖东港。

6日，董朗、董正荣率部抵达陆丰博美区内湖乡，与前往联系的海陆丰县委负责人郑志云、张威接上头。次日，海陆丰县委负责人陪同队伍并挑选当地熟悉陆丰西北山区的杨子明、肖河源为向导，绕开陆丰县城，经大安、河口，傍晚时分到达新田区参城乡。该区农民协会立即组织群众做饭，热情接待，并于当晚派人陪同部队行走5千米左右到达农军后方防地激石溪三江口。

董朗、董正荣率部抵激石溪后，海陆丰县委和东江革委连夜通知新田各乡和海丰公平黄羌分区邻近激石溪的各乡，派人于次日到激石溪慰问起义军。

关于这段事实，当年的重要文献《海陆丰苏维埃》写道："后来与党部接了头，知道是可靠的残部，方把该部一千三四百人经陆丰附城、大安、新田，越过敌人几处防地而到农军的防地赤（激）石溪……他们实在太狼狈了，军衣已烂了，军毡、雨笠、草鞋几乎全没有，天复下雨且冷若严冬，加以战败之兵睡眠给养的缺乏，致精神异常疲乏……当时的情形重要的是要维持军心，暂时避免作战。农民对他们仍然是很好，他们到来之第二天，附近各乡农民纷纷派出代表来慰劳，并挑许多花生、萝卜、猪……去慰劳他们，一天之内集中500担谷（没收的及农民抽来的）以作粮食。我们并即解款替他们发饷、发雨笠、草鞋、面巾等，没收的布匹也有用了，于是即为他们做军服。他们病的伤的数百人，我们也有医生和药品。"

在当地的调查材料也可作文献记载的佐证。1960年，中共陆丰县委编史修志委员会曾派叶左能到激石溪召开老革命人员座谈会，关于起义军到达激石溪休整的事有如下记录："10月7日，起义军一千三百多人到达激石溪三江口……农民对起义军很欢迎，不少农民把病弱的士兵安顿在自己家里，杀鸡、煮鸡蛋、做米粿给他们吃，亲切照料他们。""我们讲客家话，他们讲普通话，凑合能听懂一点。上级有郑志云、张威等在这里主持劳军。新田各乡的农会收集了群众的很多慰劳品，送到三江口范屋祠。上级还叫人不知是从朝面山还是中岽挑来几担银圆，给每个战士发饷，并且雇了许多缝衣师傅、理发师傅给战士做衣服、理发。""起义军里面有支军乐队，那些新玩意山里人未见过；还有卫生队，可能有十几个女兵，被老太婆成天拉来扯去，请她们吃客家茶。"

南昌起义军在这里休整数天，然后转移到海陆丰县委、东江革委的所在地朝面山休整，并在朝面山进行第一次改编，10月下旬又在中岽进行第二次改编。

董朗、董正荣两部都属二十四师。二十四师的前身是国民革命军第四军独立团（通称叶挺独立团），于1925年在广东肇庆组建，团长叶挺。该团集中了不少中共党员、共青团员，最英勇最能打硬仗，在北伐战争中被誉为"铁军"。1927年扩为二十四师，随后扩为十一军。由叶挺任军长兼二十四师师长。董朗原先便是叶挺独立团的参谋，扩为二十四师时，担任七十团团长。他是四川人，1920年在上海从事工人运动，后参加中国共产党，1924年受组织派遣到广东黄埔军校第一期学习，毕业后任军校教导团排长，1925年两次参加东征，两次随军到过海陆丰。他英勇地参加了南昌起义，当部队在莲花山遭受严重损失的情况下，仍然掩护前委、革委部分领导人员撤赴甲子，并根据前委决定与海陆丰农民结合。董朗、董正荣所率部队共约官兵1200人，有步枪800支左右，短枪40余支，机关枪4挺，手提机关枪2支，手榴弹4个，子弹每枪约50发。对于这支失败后临时组合起来的队伍，军心稳定后，首先必须进行整编，统一指挥体系。

整编军队首先一个是打什么旗帜的问题。二十四师原是国共合作的国民革命军，打的是青天白日旗。对此，海陆丰县委根据中共广东省委8月间发出的《关于暴动后各县市工作大纲（决议案）》，决定取消部队原来名称，改称工农革命军，撤掉青天白日旗，竖中国共产党党旗为军旗，表明它是中国共产党独立领导的队伍。初时，考虑到"如改称某团，恐目标太大"①，乃将这支部队命名为工农革命军第一大队。这是中国共产党领导的第一支工农革命军。

中共中央南方局、广东省委对起义军二十四师进入海陆丰的情况，及由朱德、陈毅率领的另一部分起义军在大埔三河坝撤出，经饶平进入粤北的情况都表示十分关注，及时向中央报告了部队的现状。10月下旬，中共广东省委派颜昌颐来到海陆丰山区。他与海陆丰县委、东江革委负责人共同研究了对南昌起义军二十四师余部正式改编问题。按省委意见，部队番号定为工农革命军第二师，考虑到现有人数不足一个师的编制，决定暂先组建一个团，即工农革命军第二师第四团，由董朗任团长，颜昌颐任党代表，团部下辖第一营、第二营。张宝光任第一营营长，刘立道任第二营营长。团、营、连干部均由中共党员担任，在营级建立党支部，积极发展党员。

---

① 叶左能、邱海洲，中共陆丰市委党史研究室、中共陆河县委党史研究室编：《陆丰革命史（1919—1949）》，中共中央党校出版社，2003，第152页。

（二）海陆丰第三次武装起义

海陆丰的中共组织，与全国地区级党组织相比较而言，是一支党员队伍特别大，又经过实际斗争锻炼的地方组织，因而，在"四一二""七一五"两次反革命政变发生时，便显示出特别能战斗，有胆识、有力量的独特优点。1927年10月下旬，有着丰富实践经验和较强政治敏感性的海陆丰县委，便敏锐地觉察到一个重要的时机就要到来了，它判断："伟大的十月革命纪念到来了，尤其是在这时广东张（发奎）李（济深）的冲突，已由暗斗而开始明争了。"①海陆丰的农民应该"一面为纪念这伟大的革命，同时为利用军阀冲突，也即统治阶级崩溃的时机"②，再次进行武装起义。

此时正值秋收之际，地主必将向佃农催租，为数颇众的佃农必然要为保护自己的利益而斗争。

尤其是，起义军二十四师残部已改编为工农革命军第二师第四团，并经过休整，战斗力大为提高。海陆丰县委认为："农村中增加了这一大批的武装，在我们看来是了不起的。党员及群众都以为海陆丰农民能够以自己的力量两次夺取了海陆丰，现在当然更可以暴动。"③

于是，中共海陆丰县委根据彭湃的指示，决定把握住时机，举行第三次武装起义。

首先将海丰、陆丰的主力农军分别组建为工农革命军团队。10月20日前后，海丰团队部成立，团队长林道文；陆丰

① 叶左能、邱海洲，中共陆丰市委党史研究室、中共陆河县委党史研究室编：《陆丰革命史（1919—1949）》，中共中央党校出版社，2003，第153页。
② 同上。
③ 同上书，第154页。

团队部在新田区参城成立，团队长谭国非（省委派的军事干部）。团队部除领导直属常备武装外，区乡农军亦归县团队部指挥。

1927年11月3日，海陆丰县委新田参城杨氏宗祠召开军事会议，参加的领导人有杨其珊、张善铭、董朗、颜昌颐、范照南。会议决定的主要内容是：起义日期定为11月7日。动员所有农民武装，组织起来暴动。凡持有步枪的农军，用以攻打地主民团、保安队，攻占各圩镇以及围攻县城。只有粉枪的农民武装，主要任务是捕杀各乡村的地主、土豪劣绅。

作战步骤是，先占领各区，围杀各区反动分子，然后进逼县城。海丰方面，以梅陇、赤石农军占领梅陇圩，公平农军进占公平圩，东南农军联合大队，进占青坑，进逼汕尾；陆丰方面，以西北各区农军占领河口及大安圩，东南各区占据金厢圩，围攻碣石城；在敌人逃跑的各路口，事先派农军截击，注意在县城内做好内应工作。第四团除一连留守后方外，均出面帮助农军作战，并以他们为主力，尽量歼灭地主民团、保安队。

此时，驻在海陆丰的敌军陈学顺团，已感到处境危险，惶惶不可终日。11月1日清晨，陈学顺率领部队匆匆撤往惠阳吉隆。在海丰城的400多名保安队员，除部分作鸟兽散外，其余的分两路逃跑，一部往陆丰，一部往捷胜暂避。

海陆丰县委、二师特委获悉敌军集中，预备逃走的情况后，遂决定将起义日期提前，命令第四团及两县工农革命军团队，按原定的部署即刻举行起义。

在陆丰，第四团第二营按原部署开至陆丰县城附近神冲村。其时，陆丰农军团队先后收复了大安、金厢、博美、湖东等圩镇，割据了广大农村。11月3日，新田、河口、紫金、上护、河田等数百陆丰农军，先在新田参城集结，于次日凌晨开赴大安，与大安农军会合。11月5日早晨，陆丰工农革命军团队与第四团第二营同时从两个方面向陆丰县城攻击。守在城内龙山的两支保安队虽有400左右人枪，但如惊弓之鸟，经不起几番冲锋，戴可雄保安队便往碣石城败走，杨作梅保安队则退向八万，然后沿陆丰与惠来边界山区逃向黄塘、上沙一带。陆丰于是又回到人民怀抱。

纵观海陆丰第三次起义的胜利，是共产党抓住了军阀内讧的时机，加上农民革命情绪的高涨，反对统治势力的动摇和崩溃，与豪绅地主阶级之危惧共同推动的。

二、创建苏维埃政权

（一）彭湃、杨其珊和海陆丰苏维埃

1927年10月末，彭湃在香港得知海陆丰出现革命新形势的消息，迅即乘船在汕尾登岸，回到海丰。他对再次举行海陆丰起义进行了具体部署，并参加了中共海陆丰县委会议，着手筹备海陆丰两县召开工农兵代表大会。筹备会确定了召开代表大会的指导思想和要求。"第一，使工农兵及一切贫苦的民众与各代表更明白的了解土地革命和苏维埃政权的意义。第二，使一切代表可以尽量地发表关于土地革命的意见，所以代表所说的话，就是只一句，也都把它记录下来以供参考。第三，使一切民众及代表明白这次没收土地，夺取政权现在还不能说是胜利和永久的巩固。只有更加积极的前进，更坚决的斗争，促进各地农民暴动一直到全广东全中国的工农兵都起来，没收土地，夺取政权，建立工农兵苏维埃政权，才有胜利的保障，才有巩固的基础。即使反动势力的反攻，我们绝不因之而恐惧灰

心，只有英勇的斗争，只有坚固的团结，只有不怕死的战斗，才能取得最后的胜利。第四，使民众和代表更明白只有共产党才是彻头彻尾为工农贫苦民众而奋斗，只有共产党才是真正领导工农贫苦民众作英勇的斗争，只有共产党才是真正代表工农贫苦民众的利益，一切工农贫苦民众只有团结在共产党的旗帜之下才能得到永久的胜利和解除一切的锁链。"①并确定"在这几点原则上面，定出各种具体的报告及决议案"②。

就如何产生全县工农兵代表问题，即代表的分配与选举办法，彭湃、杨其珊与海陆丰县委依据1922年以来组织农会、工会团体及1927年两度建立临时县政权的实践经验，并参考9月间省委《暴动后的工作大纲》，决定了工农兵代表大会组织法规："1．县农工兵代表人数定300人，农民代表占百分之六十，工人代表占百分之三十，士兵代表占百分之十。工农兵的代表是由全县职业团体及兵营选出，代表人数之多寡分配于各区、乡产生出来。2．区政府即是区农民协会，其组织法及选举都照农民协会办法。3．市苏维埃代表会（海陆县城两个，汕尾一个）人数150人，成分是工人占百分之六十，农民占百分之三十（这些农民是指离城市五里以内者），驻防士兵百分之十。4．乡政府即是乡农协……"③随后又作了具体补充：农民代表由农会按照各区人数之多寡分配名额，由各区农民代表会互选出来。工人则以职业种类及人数多寡分配代表数额，由会员直接选举出来。兵士是由集中驻防的农军和第四团分配代表人数，直接选举出来。会议最后决定，限海陆丰于5日内召集工

① 叶左能、邱海洲，中共陆丰市委党史研究室、中共陆河县委党史研究室编：《陆丰革命史（1919—1949）》，中共中央党校出版社，2003，第162页。

② 同上书，第163页。

③ 同上。

农兵代表大会。

1927年11月13日，在中共中央临时政治局委员彭湃和中共第五届中央委员会委员杨其珊的领导下，陆丰全县工农兵代表大会在陆丰县城孔庙隆重开幕。300名工农兵代表参加会议，嘉宾有第四团团长董朗、海丰县农民协会代表、海丰县总工会代表等，第四团的军乐队10余人也列席了开幕会议。军乐队奏起了雄壮的《国际歌》，使大会大为增色。许多代表生平第一次看见铜管乐器，非常兴奋。杨其珊主持会议，会议在张威致开幕词后，彭湃作了政治报告。彭湃纵论世界、中国广东和海陆丰的政治形势，热烈期望陆丰广大工农兵群众联合起来，建设自己的政权，实行土地革命，砸毁一切反动枷锁。然后，各位来宾先后致辞。出席会议的代表们受到极大的鼓舞，围绕着各项提案纷纷发言，逐一通过了没收土地、镇压反革命、改善工农兵生活等多项决议。接着，采取差额选举办法，选举张威、庄梦祥、吴鉴良、彭英其、陈国荪、范照南、杨子明、张绍良、林兆禧等15人为陆丰县苏维埃政府委员，组成陆丰县苏维埃政府。接着选举苏维埃政府裁判委员，组成裁判委员会。代表大会会期3天，于15日下午胜利闭幕。

11月16日上午，陆丰各界民众在龙山中学的操场上举行了庆祝陆丰县苏维埃政府成立大会。宣布陆丰县苏维埃政府正式成立。

河田区苏维埃政府主席彭培轩，委员彭云山、陈照南。河口区苏维埃政府主席朱作鸣，委员张子炎、李石安、林君杰。新田区苏维埃政府主席范照南，委员杨子明、肖河源、叶君宰。新（田）河（口）（田）区苏维埃政府主席杨其珊，委员范照南、杨子明、朱作鸣。

（二）海陆丰苏维埃政权的各项建设

1. 实行土地革命

海陆丰苏维埃政权成立后首要任务是实行土地革命。这场革命已成为广大农民的迫切要求。

彭湃在陆丰、海丰的全县工农兵代表大会上一再宣传必须实行土地革命的道理。在两县工农兵代表大会上，分别顺利通过了《没收土地决议案》。海陆丰两县苏维埃政府设立土地委员会，专门负责领导实施没收分配土地的工作。在县之下，区设土地科，乡农会设土地委员会或由农会直接领导。分田之前，区、乡派出人员，将区域内应该参加分配的人数进行核实，重新丈量土地，作出分配方案。然后以较大的自然村为单位，召集各户代表商讨，插上红旗，准备分配。分田时县土地委员会或区土地科派出工作人员，主持各乡村的土地分配。

土地革命从1927年11月展开，至1928年2月止，陆丰县已分配土地约占40%。其中新田、金厢等区做得较好。没有分配的地区，土地使用权在原租耕地主田地的农民手里。没有分配土地之前，农民已完全得到秋收的收获。分配土地后，农民既得土地耕种，又解脱一切债务契约的锁链，于是个个兴高采烈，欢欣鼓舞，俨然过新年一样。

农民自觉把自己的命运同苏维埃政权的成败连在一起，积极生产，热烈拥护苏维埃政府，支持工农军队肃清残余敌人、巩固与扩大根据地的斗争。海陆丰的土地革命在全国开了一个先例。中共中央和广东省委为此号召全国和广东各地向海陆丰学习。

2. 巩固军事占领

南昌起义军千余人到达海陆丰后，顺利地进行整编，这与海陆丰的革命基础，与海陆丰中共组织的重视有极大关系。在全民武装方针的指引下，在原有的基础上，各方面的群众都武装起来，海陆丰组建了如下各种武装组织：

县、区赤卫队。1927年9月，为实行抗租及发动第三次起义，海丰、陆丰分别把原来常备的农民自卫军改编为工农革命军团队部，陆丰团队长谭国非。县苏维埃政府成立后，按工农兵代表大会的决议，县、区、乡的工农武装一律改称赤卫队。陆丰县赤卫队长许国良。县常备赤卫队（习惯称县团队），陆丰有300人左右，部分用五响钢枪。县赤卫队有统率训练各区赤卫队之责。区的常备赤卫队人数不等，以该区的人口、经济而定，有的区建一个中队，有的区建一个小队，新田区中队最多时有64人。中队设正副队长，小队设小队长1人，各区常备赤卫队设党代表1人。枪支大多是土造单响枪及火药枪，亦有五响钢枪。区常备赤卫队的供给标准视该区经济收入而定，有困难的区平时只留少数人值勤，集中训练与出差打仗时才全供给。

乡村赤卫队。这是一支一手拿锄头，一手拿武器的不脱产队伍，原称农民自卫军，苏维埃政权下改称赤卫队，并得到很大发展，当时全乡农民年在18岁以上，45岁以下者，均为赤卫队员，乡由乡队部指挥。因此，乡村赤卫队是一支庞大的队伍。陆丰的赤卫队员数，据后来调查有1万多人。有的乡农民协会还为赤卫队置备了伙食担子，及队员随身携带的水杯等日用品。

工人赤卫队。在陆丰县城及较大的圩镇以手工业工人、店员为主组织起来，由总工会和区工会办事处指挥。他们也参加战斗。

少年先锋队。由共产主义青年团负责组织，"凡16岁以上25岁以下之少年"，都加入少年先锋队，"训练为侦探、响应及有作战之任务"。两县都有少年先锋队总部，"各有数千组织"，"内部编制与普通军队相同。每与反动派作斗争少年先锋队也很勇敢的参加"①。

妇女粉枪团。两县都有部分区把16岁以上26岁以下的妇女组织起来加以训练，成为一支"草鞋竹笠，荷装束带"，"装束与男子同"，"遐迩周知的武装组织"②。各区中年以上的农妇，均加入农会，陆丰亦有3000余人的组织，至每次攻击反动派也均有农妇参加，非常勇敢，在陆丰，新田、附城、金厢发展较好。

儿童团。由共青团负责组织和领导的。县设有总队部。他们也学习军事，进行训练，"以红棍代替童子团，亦精神奕奕，颇为可观"③。儿童团在监视地主和反革命分子活动方面起过很好的作用。

海陆丰全民武装的实践，为"工农武装割据"的思想提供了重要的经验。这个实践早在1927年冬至次年春展开，可见它在中国共产党领导的武装斗争史上具有首创性。

工农武装的发展壮大，对于保卫苏维埃政权，铲除境内残余势力发挥了重大作用。当时尚有海丰的戴可雄保安队百余人，而海丰附城马思遝民团几十人逃入陆丰碣石城，与原在碣石城的陈子和民团会合；杨作梅保安队二三百人则在陆丰河田、河口一带流窜；另外还有从汕尾逃到海丰捷胜城的民团百人，以及隐藏在农村中的反革命分子。他们威胁着海陆丰局势的稳定。因此，第二师第四团马不停蹄地配合地方工农武装先后向这几支民团保安队发动进攻，农民武装亦在土地革命过程中采取镇反行动。在海陆丰苏维埃政权成立的过程中，历经三大战役：攻打碣石城，进攻捷胜城，攻打杨作梅保安队。在三

---

① 叶左能、邱海洲，中共陆丰市委党史研究室、中共陆河县委党史研究室编：《陆丰革命史（1919—1949）》，中共中央党校出版社，2003，第175页。

② 同上。

③ 同上。

次战役中，当年陆河的赤卫队都参加，其中攻打杨作梅保安队的战场主要在现今陆河县境内。

杨作梅保安队，曾于1926年在剑门坑、黄塘被吴振民领导的海陆丰农民自卫军大队击败，溃不成军，后又招兵买马，特别是在1927年10月初南昌起义军一部进入陆丰激石溪前，起义军中个别军官动摇，带领百余人欲投降国民党军，受杨作梅之骗而被收编。杨作梅有了200多人枪后，便在河口一带流窜，"摧残农民特甚，该地农民已曾自动的（不靠农军）去打他，虽不得胜利，也不损失，而西北农民之勇敢，已经表现出来"。①

同年12月初，省委积极准备广州起义，指示海陆丰向惠州发展。以彭湃为首的东江特委认为"杨作梅未能消灭以前，向西发展是有后顾之虑的"。东江特委为此"组织一个攻打杨作梅的委员会"，决定"多派得力同志去领导西北部的农民尽量起来参加行动，并以四团一营去帮助"。"并宣传杨作梅营垒间的士兵（十一军去投降的）使其投降我们。"②西北部的河口、河田、新田等区农民闻讯十分踊跃。河口区委挑选各乡的农军组织一支敢死队，并准备了火攻的煤油、柴草及后勤物资。各区参战的农军亦编为四个队。

杨作梅保安队据守的地点，一在河口圩，一在河口圩与昂塘村之间的米筛岭山坡，一在昂塘村。杨作梅与昂塘村的反动地主叶少乾勾结，把占地2500平方米，高两层，共90间厅房的钢筋水泥建筑的大洋楼作为主要据点。

1927年11月18日早晨，一声炮响，进攻队伍直指河口圩，

---

① 叶左能、邱海洲，中共陆丰市委党史研究室、中共陆河县委党史研究室编：《陆丰革命史（1919—1949）》，中共中央党校出版社，2003，第180页。
② 同上。

作战的主力是第二师第四团的一个营。敌人在河口圩内的工事都被扫除后，便败向米筛岭。敌人在米筛岭构筑有战壕、木栅，又有机枪设防。面对险情，农军敢死队毫不畏惧，他们一手抱着浸湿的稻草捆或棉絮，一手抱着火药包或煤油桶，在第四团的火力掩护下直冲米筛岭。顷刻间木栅、大寮起火，各路农军在呐喊声中占领了敌人阵地，保安队仓皇逃入昂塘大洋楼。这时候，工农武装包围了大洋楼，采取了政治攻势。据这次战役的总指挥谭国辉事后回忆说："我们此次在河口战斗，得有很好的教训，收有好的效果。此地敌人士兵多系四军、十一军被反动的官长带去的。我们宣传的方法，在斗争前，即武装到敌人驻守的村庄去贴标语，如'你们都是几千里来到此地，替资本家拼命是值不得''我们都是工人、农民，替工农谋利益的，你们快到我们这边来'等标语。这样的宣传攻势很有效，他们果然停火，派代表出来，跟四团的代表谈判投降条件。此事被杨作梅知道了，马上把他们好枪缴去，关在房子里，另换保安队出来打仗。后来保安队支持不住，又叫原先被收编过去的士兵出来。这时他们说：'我们昨日要出去打你不准，现在我们不出去打了。'杨作梅知道难以支持，便在19日晚带了十余人开后门潜逃，被四团的步哨发现打死八九人，杨作梅仅以身免。"次早，"楼内士兵即收缴保安队的枪械投降我们，先后缴步枪百余杆，好枪有四十支，其中机关枪二挺……投降兵士优待之"。此役总指挥谭国辉腿部受伤，随后被护送去香港就医。

（三）中国共产党在海陆丰的组织建立与发展

中国共产党在海陆丰地区的活动较早。1922年，陆丰有一位姓郑的青年在日本留学期间参加共产党，并介绍海丰留日学生柯麟入党。3月初，中共海陆丰支部成立，同月，共产主义青年团分别在海丰、陆丰成立特别支部；4月1日，改中共海陆丰支部为中共海陆丰特别支部；10月29日，改中共海陆丰特别支部为中共海陆丰地方委员会。1925年11月，新田杨子明、罗子和、张荣华、肖河源、范照南、叶春合等人，在杨其珊的介绍下，加入中国共产党，并成立新田党支部。共青团海陆丰地方委员会亦于1926年3月成立。1926年秋，党组织在海丰9个区每区设部委，陆丰设特别部委，随后分设3个部委，属海陆丰地委管辖。1927年春，海陆丰有共产党员4000人（其中海丰3000人，陆丰1000人），总数占全省近半。海陆丰党的强大力量，为推动农民运动进入高潮，为1927年4月下旬海陆丰声讨蒋介石叛变国民革命的武装起义，提供了组织保证。

当时陆河县中共组织情况如下：河田区委书记孙德慈，委员陈汉枢、彭英其。河口区委书记林铁史，委员朱荣、卢世阳。新田区委书记杨子明、丘子荣，委员肖河源、范照南。

随着党员人数的增多，县委注意到建立健全严密的各级组织的重要性，要求党内生活制度化并有严格的纪律。1927年秋至次年春曾在海陆丰战斗过半年的第二师参谋长王备在《关于海陆丰苏维埃政府成立之前后及其影响的报告》中提到海陆丰党的建设："当时对于党务训练方面，亦甚注意，东江特委在海丰办过两次党校，选择东江各县工农分子受训练，海陆丰亦曾开办两次训练班，专于训练海陆丰各区支部书记或干事人才者。"[①]对此各级组织一般都能坚持做到。曾在陆丰工作几个月的省委派遣干部谭国辉，在1928年1月3日《关于东江党的组织

---

① 叶左能、邱海洲，中共陆丰市委党史研究室、中共陆河县委党史研究室编：《陆丰革命史（1919—1949）》，中共中央党校出版社，2003，第196页。

和工作谈话》中说："在海陆丰各支部的会议，能经常开，经常会是每周一次，有时临时发生，常一星期开会数次。"①并且注意加强党的思想建设，分别举办了支部书记、区委书记训练班，以及部分党员参加中共东江党校学习。共产党各级领导向学员讲授马克思主义和党的基本知识，分析当前的严重形势，要求大家积极投入斗争。

三、海陆丰红色苏维埃革命向外发展

（一）中国工农红军第四师与中国工农红军第二师胜利会师

海陆丰第三次起义是利用粤、桂两派军阀在广东即将爆发混战的间隙而举行的。两派军阀进行混战亦为广州起义提供了可乘之机。

1927年12月11日凌晨，在中共广东省委书记张太雷和叶挺、周文雍、叶剑英等领导下，举行了广州起义。当天上午，广州苏维埃政府宣告成立。在海陆丰的彭湃被选为人民土地委员。

广州起义发生后，消息传到海陆丰，广大军民欣喜若狂，立即举行了庆祝广州暴动武装大会。

广州起义部队15日退却到花县（今广州市花都区）县城。在花县，教导团和警卫团余部与先期撤退到这里的黄埔军校特务营余部会合，并于12月16日举行了党的会议，讨论部队的改编和今后行动问题。此时，3支起义部队合起来共有1000余人，枪1100余支。大部分是军官教导团学生，其余200人系警卫团和

①　叶左能、邱海洲，中共陆丰市委党史研究室、中共陆河县委党史研究室编：《陆丰革命史（1919—1949）》，中共中央党校出版社，2003，第196页和

特务营官兵。会议决定将这支部队编为一个师，部队命名为工农红军第四师（简称"红四师"）。下辖3个团，即十、十一、十二团。推选叶镛为师长，袁裕（袁国平）为师参谋长。十团团长为白鑫，十一团团长为赵希杰，十二团团长为饶寿柏。

1928年1月5日，红四师终于抵达海丰。东江特委在海丰红场召开了隆重的欢迎大会，彭湃发表了热情洋溢的讲话。徐向前后来回忆彭湃时说："我印象最深的有两点：一是广州起义失败了不算什么，革命难免有挫折、有失败，失败了再干，革命一定会胜利。二是共产党领导穷人闹革命，要坚决消灭地主军阀，保护穷人利益……他的富于鼓动性的讲话，博得了一阵阵的热烈掌声。接着，红二师和红四师又胜利会合。"[①]

从此，红二、红四师在东江特委的领导下，并肩战斗，为巩固和发展海陆丰革命根据地进行了英勇斗争。

（二）在革命暴动中扩大根据地

在年关暴动计划中，东江特委决定红二师向紫金、五华发展，从而为紫金年关暴动提供了重要的外部条件。紫金的第三区包括炮子、洋头等乡村，地理位置与海陆丰及西北部相接壤，革命基础比较好。虽然军阀混战影响紫金，但红二师仍按计划于1928年1月18日进攻南岭。南岭农民武装及距离南岭较近的陆丰新田区、海丰公平区及高潭区的赤卫队踊跃上阵参战，攻破南岭和黄布地主堡垒，使第三区与海陆丰革命根据地连接在一起，达到了扩大革命根据地的目的。

在陆（丰）五（华）边区，陆丰的北部与五华县接壤，该

---

① 叶左能、邱海洲，中共陆丰市委党史研究室、中共陆河县委党史研究室编：《陆丰革命史（1919—1949）》，中共中央党校出版社，2003，第200页。

县素与沿海的海陆丰地区交往频繁。1924年在广州读书的古大存等人加入共产党。1925年国民革命军第一次东征后，古大存以省农会特派员身份回五华从事农民运动。古大存后来回忆此前五华农运与海陆丰的关系时风趣地说："五华的农民运动是农民到海陆丰挑盐头（食盐）挑回来的。"

海陆丰苏维埃政府的成立，为五华工农群众树立了榜样，并受到极大振奋，他们还专门组织参观团到海丰参观。以古大存为团长的五华参观团于1928年12月22日到海丰。参观团回到五华后，马不停蹄地分别到各区宣传建立苏维埃政权推进土地革命和年关暴动等，并首先在农民运动基础较好的第八区筹建区苏维埃政府。

1928年1月，五华工农革命军和区乡赤卫队在罗庚坝、横陂、安流、塘湖等处掀起群众性暴动。其中塘湖与陆丰的螺溪、上砂交界，敌我双方都势在必争。塘湖的官僚地主钟问陶勾结华阳、太坪的反动地主组织"讨赤团"，在塘湖构筑炮楼，并与陆丰上砂反动地主庄照楼等密切勾结，然后向五华县农会下战书，气焰十分嚣张。古大存接到战书立即召开军事会议，决定集中工农武装2000多人进攻塘湖。经3天激战，摧毁敌人5座碉堡，攻下塘湖圩。钟问陶见大势已去，难挽败局，便乘黑夜向上砂逃窜。

五华第八区苏维埃政府的成立，及胜利攻占塘湖，使五华与紫金的炮子、陆丰（今陆河）的螺溪联结起来，使海陆丰与五华、紫金、惠阳的高潭连成一片。

但是随着粤桂两派军阀战争的发展，桂军力争五华，并委任陈耀寰为海陆丰保安队主任，支持河婆与上砂联防，这些都直接影响着五华与陆丰边界的据守。

陈耀寰收编戴可雄、杨作梅两部后，在增援白旗会叛乱途中，行至博美时被红四师击败，退守与河婆相邻的黄塘乡。甲子城破时，陈子和民团亦逃到黄塘归顺陈耀寰。这样在以陈耀寰为主任的海陆丰保安队统辖下，便有戴可雄、杨作梅、陈子和3支民团保安队，人枪350余。他们勾结上砂反动势力，煽动串联邻近上砂乡的黄塘、许山下、欧田等小村庄地主豪绅组织民团。反动派签约结盟，抵抗共产党，便直接威胁河田区，波及五华与陆丰边界。红二师攻下紫金南岭后，稍作休整，一部分奉命奔赴陆丰河田。当时，林铁史主持陆丰西北工作，他发动新田、河口、河田等区数千农民赤卫队配合红军。2月10日，他们分数路进攻黄塘，陈耀寰的保安队大败，逃入上砂。次日攻下黄布寨，又克许山下。2月16日，红二师进攻欧田民团。上砂乡自治会派民团百余人增援。第二天黎明，红军发起冲锋，数千农民遍野而来，螺溪全乡红旗四起，赤卫队断其后路，欧田遂破，上砂民团择小路狼狈逃回。

四、国民党军队向海陆丰红色政权的进攻

（一）反"围剿"斗争

在海陆丰劳动人民欢度第一个翻身的春节、向外扩展根据地捷报频传的时候，亦是国民党反动派竭力制造声势，准备进攻海陆丰的时候。

粤桂两派军阀混战在1928年2月23日结束，战胜的桂系李济深、陈铭枢迅即部署兵力进攻海陆丰革命根据地。其兵力部署分四路：第一路是陈济棠的十一师经揭阳河婆进攻陆丰西北部；第二路是第五军副军长兼师长邓彦华的十六师经惠阳进攻海丰；第三路是黄旭初的第六师经五华、紫金进攻海、陆、紫边界地区；第四路是海军所部中山、民主、广庚、飞鹰4艘军舰

在汕尾、捷胜、碣石一带海域巡逻助战。

在"围剿"海陆丰的数路敌军中，以东路的敌军十一师行动最为迅速。陈济棠在焦岭接到电令后，便由副师长余汉谋率领3个团，即三十一、三十二团和补充团，共3000余人，取道梅县、五华的安流，于2月25日到达河婆。

2月26日，敌军十一师先头部队以戴可雄、杨作梅、陈子和等保安队为前导向河田进犯。水唇农会闻讯，马上动员几百名赤卫队集中莲心湖，进入阵地。当敌军途经莲心湖时，赤卫队奋起截击，同时驰报东坑农会。东坑农会立即动员赤卫队1000余人赴援，队伍行至柏树、横岭阁时，恰遇天下大雨，所有火药枪的火药尽湿，无法作战，只得中途退回。水唇赤卫队与敌军激战几小时，终因敌众和装备优良，无法抵御而撤退。此役水唇赤卫队伤亡20余人。同日下午，敌军进占河田圩。次日，敌军大部队到达河田。

陆丰县委在25日才接到东江特委的信，知道敌军已部署进攻海陆丰，并且已接近海陆丰边界的严重情况。在东江特委委员、县委书记杨望的主持下，立即按东江特委来信指示各区召集保卫海陆丰苏维埃的武装大会，要求坚壁清野，号召脱产及不脱产的赤卫队队员积极参加反击敌人的斗争，同时做了必要的安排。东江特委亦改变了原来的兵力部署，急调红四师在普宁的6个连到陆丰。26日敌军占领河田，因交通情报有误，县委认为是戴可雄、杨作梅等保安队骚扰，故令县工农革命军团队2个连于28日凌晨前往收复河田，未料与大股敌军在河田黄沙坑遭遇，进行了激烈的战斗。因敌众我寡，革命军不敌，遂往河口撤退。敌军跟着到河口。"河口农民正陆续前来集会，忽见逆军追至，故胆寒星散，无法指挥抵抗，二连亦向新田退去。"敌军抵河口后，即日下午1时向大安进发。河口区委曾函告大安区委，信尚未到达，敌军已抵大安。时值大安区委在大安圩召开全区农民保卫苏维埃政权武装大会，区委书记正在讲话。敌军大队人马突然而来，与会者顿时惊慌，四散奔逃，当场被敌军击毙10余人。是夜，敌军在大安宿营。

河田、大安是陆丰西北门户，两地已失，陆丰县城危急。但此时陆丰县委仍未证实敌情，接探报"敌人只有三四百人"。陆丰县委在28日晚向东江特委作了电话汇报。特委认为"大安是陆丰农运比较有基础的地方，而且红军在陆丰者有六连之众"，"故电令陆丰县委，即号召大安赤卫队及红军六连于29日早晨，向大安敌人总围攻"[1]。陆丰县委同时调集一区民众及少年先锋队与红军一起前往参战。

2月29日，红四师6个连及农民武装从县城出发开赴大安，在距离大安数里的洗鱼溪与敌军十一师三十二团遭遇，双方展开激战。激战5个小时，敌人二倍于我们，因敌众我寡不敌，敌死者四五十人。二师参谋长王备1928年5月26日给中央报告说："此役红军共阵亡及被俘虏者共百余人，枪亦百支左右。"撤出战斗后，红四师"本欲转道新田，再帮农民反攻，奈不能通过公平（公平已于是日为逆军占领），于是与八区（海丰青草）赤卫队等退至海丰之可塘、青坑"[2]。

3月10日，红二师一个连配合陆丰西北特委组织的西北各区赤卫队700余人反攻河口，因螺河突发大水，不能渡河而未果。

3月中旬，敌第七军第六师师长黄旭初率部进驻五华，同时派一个团进驻紫金龙窝，于18日分兵两路进占炮子圩、洋

---

① 叶左能、邱海洲，中共陆丰市委党史研究室、中共陆河县委党史研究室编：《陆丰革命史（1919—1949）》，中共中央党校出版社，2003，第222页。
② 同上书，第223页。

头圩。红二师一部与紫金工农革命军在公孙嶂进行了抵抗。红二师被迫退往南岭，敌军跟踪而来。红军战败于南岭，退至礤头坳（属紫金）。炮子、高潭、公平、新田的赤卫队配合红军在礤头坳与进犯敌军激战。此役双方都有重大伤亡，因力量悬殊，红军与农民赤卫队被迫撤出战斗。紫金与惠阳的高潭及海陆丰的边界防线被攻破。

3月20日，红二师在礤头坳失利后经激石溪撤到陆丰河田区东坑乡。敌师长余汉谋迅即派遣三十二团团长香翰屏率3个营分四路前往东坑乡，于21日拂晓向东坑的红二师发动围攻，企图一举歼灭红军。红二师奋起迎击，凭其英勇善战，与强敌激战一昼夜，然后主动撤出，越过陆丰与惠来的边界山区，于次日到达惠来与红四师会合。

（二）反"围剿"第二阶段的斗争

红二、红四师自3月离开海陆丰，转战潮普惠，初时尚能取得两次攻下惠来县城的胜利，随着敌军大举进攻，惠来县城复失，后又失惠来据点兵营村。接着红二师失败于普宁，红四师失败于潮阳，两师的兵员大受损失。

4月初，东江特委在普宁、惠来边界的盐岭召开了特委和红二、红四师领导人紧急联席会议，讨论红军今后发展方向及其他问题。会议最后通过"打回海陆丰的决议"①。

在盐岭紧急会议后，红二、红四师奉命向盐岭集中。4月8日，敌军十一师补充团从惠来搜索到盐岭，与红二、红四师遭遇。红二、红四师仓促应战，几经苦战，牺牲了数十名官兵才

---

① 叶左能、邱海洲，中共陆丰市委党史研究室、中共陆河县委党史研究室编：《陆丰革命史（1919—1949）》，中共中央党校出版社，2003，第232页。

冲出重围。其中红二、红四师有600余人由董朗、叶镛、徐向前等率领，经惠（来）陆（丰）边方向撤往海陆丰。

在陆丰县委正式恢复之前，临时县委委员杨其珊、范照南等在西北地区已做了不少工作。如"团结（收容）逃难出来的武装农民并整顿乡赤卫队向民团保安队进攻，恢复乡村政权"等等，这些措施"成效颇大"。当时，临时县委根据敌军十一师他调，敌军十六师四十七团刚到陆丰接防，国民党区政权尚未巩固的情况，决定依靠在西北山区的红二师发动军事攻势，并期望借此解决红军的供给问题。

5月12日，红二师董朗师长亲自指挥部队200余人，在新田、河口500余名农民赤卫队配合下，进攻新田圩，与刚到的敌军一个营激战了4小时，击毙敌军连长、排长各1人及士兵多人，后因子弹缺少而撤退。此役"影响各区亦不少"。接着趁敌军调防，新田空虚，红军一个连及赤卫队于5月18日占领新田，在新田圩恢复了新田区苏维埃政府。5月24日，临时县委委员杨其珊、林铁史、范照南、朱作鸣等在新田召集西北地区民众武装八九千人，加上海丰公平的农民赤卫队，一起配合红二师百余人进攻大安区西山五六个乡的地主堡垒，那里是国民党陆丰县长曾享平的老巢。此役打垮了当地的地主民团，没收物资颇多，5月26日，临时县委又集中从河口逃出来的民众与新田赤卫队四五百人，配合红二师200余人直捣河口圩，毙民团保安队20余人，缴枪20余支，并得米、鱼等20余担。

为营造革命声势，陆丰临时县委与红二师师委决定进攻陆丰西北的政治中心河田圩。6月5日，组织新田、河口两区农民赤卫队600余人，配合红二师200余人，兵分两路，深夜行军，在天刚亮时突然发动攻击。河田圩驻有民团、保安队，区公署周围筑有木栅，挖有战壕，堆积沙包。他们没料到红军如从天降，工事被冲破，也来不及抵抗，敌军被击毙10余人，其余或俯首就擒，或四散奔逃。这次战役救出被捕革命人员和群众20余人，缴获囤积的军用粮食物资一大批，捣毁敌巢后，红军和赤卫队退回上护乡。

红四师自反攻海丰城失利后，被迫分散在海丰西北山区埔仔洞等地打游击。6月17日，师长叶镛被捕，旋被反动派杀害，时年仅29岁。叶镛被捕牺牲后，由徐向前接任红四师师长。

退守陆丰激石溪山区的红二师，时有"实力共步枪及短枪400余支，人数500余人"①，但粮食困难，子弹也无法补充。为摆脱困境，红二师党委与陆丰临时县委联席会议决定向陆丰东南部发展，冀望打通潮普惠，与东江特委取得联系。红二师于6月14日行动，突破敌军封锁线，进攻葫芦輋、八万等地反动民团，歼灭了部分敌人，缴获甚多。16日到达陂沟，翌日向大坪发展。敌军闻讯后也快速行动，迅即向陂沟、大坪取包围之势。这时，陆丰与惠来、普宁的边界又有敌人重兵把守，冲破封锁线去潮普惠已不可能，于是只得转道回激石溪。红二师此行损失甚大，除留在陂沟40余人枪，失枪60余支，人数损失了十分之一，尤其是士气大受损失。

陆丰原有工农革命军团队部，下属有3个大队，后来又缩编为3个连（不包括各区常备赤卫队）。敌人入境后，因形势险恶，粮食供给困难，至6月下旬大部分被迫分散，"东南有200余支枪，西北有300余支枪"②。

反动派在红军和工农武装屡次反攻达不到目的之后，反

---

① 叶左能、邱海洲，中共陆丰市委党史研究室、中共陆河县委党史研究室编：《陆丰革命史（1919—1949）》，中共中央党校出版社，2003，第233页。
② 同上书，第234页。

动气焰日益嚣张，竭力推行他们的"围剿"政策，制造白色恐怖，各方面打击革命势力。敌十六师的胆子也大了，敢于分兵驻守各区。陆丰驻有十六师四十七团，分驻东南6个区，每区2排，新田区1连，大安区1连，县城1营，另有杨作梅保安队100余人，县公署游击队50余人，各区均有地主民团和警察等四五十人。

海陆丰以反攻海丰城为标志的第二阶段反"围剿"斗争，总的来说是步履艰辛，前景暗淡。革命斗争进入了最困难的时期。

各区及大乡村的地主民团，大都是6月以后拼凑起来的。他们兴高采烈地庆祝国民党"清党成功"，在县长兼民团指挥长的支持下，他们全力配合国民党军队"围剿"行动，滥杀民众，报其"一箭之仇"。

国民党政府为巩固其基层统治，强制实行保甲制度，即10户为1甲，10甲为1保，设保长、甲长，保、甲连坐，1户"犯罪"，1甲同科。他们企图用保甲连坐制，杜绝共产党员进入农村活动。

敌军在配合地方反动政府实行编练民团，实行保甲制的同时，反复进行"清乡"。"他们一围乡，便派了很多兵，分成四五路，围数十乡，使乡民走东无路，走西也无路，故农民被掳及被毒打的很多。围乡时除了烧屋、抢猪、掠牛，及运粮食杂物之外，还大施奸淫，农妇老者年60，少者年12，都常闻被轮奸。"[1]

敌军搜山亦不遗余力，陆丰的几座大山，"都给他们搜索过，比较小的（山）更不待说了。他们搜山尚不止一二次，常

---

[1] 叶左能、邱海洲，中共陆丰市委党史研究室、中共陆河县委党史研究室编：《陆丰革命史（1919—1949）》，中共中央党校出版社，2003，第234页。

搜了几日，重搜四五次，但敌人此种动作，常不能杀得红军及工作人员，而兵士则异常跋涉"。①

经过敌军入境以来4个月的"围剿"，陆丰革命基础较好的乡村与革命人员都遭到了严重的摧残。陆丰县委1928年7月初给省委的报告说："桂系军阀及逆党豪绅地主对革命乡村大施其屠杀，日夜派队围捕牵牛掠猪奸淫，无所不至，烧山搜索更为厉害，西北之河口、新田、大安各区革命乡村均变为塘地瓦砾场，野草蔓延毫无人烟，田园荒芜，六畜断绝。以东南较逊耳。计被杀者，东南及附城有千余人之多，西北千余人，统计全县在3000人以上，我们同志占200余人，猪牛五谷六畜、犁耙、水车、家常日用具，均掠得一空，壮者、少者、老而能行者，都是负儿、担物、牵牛，成群向较安全之地逃命，日日爬山过岭，啼哭于途。便是藏往深山茅居穴处，风雨交迫，饭食不饱，实惨不忍言。""城市经济亦受其影响，米价比前（在我们政权底下）贵倍半，其余生活必需品也比前腾贵。"②

在敌人多方面的进攻下，陆丰共产党的基层组织遭到严重损失。金厢、南塘区委畏缩逃跑，甲子区委离开工作地，但还能指导工作，附城区委书记张汉广、许崇兴，河田区委书记孙德慈，河口区委书记王天策，均在五六月间被捕牺牲。此前牺牲的还有县委委员叶燕桐、范如。其余各区区委跑到新田区靠杨其珊，经杨其珊和县委督促后，均回原地坚持斗争。因为区委牺牲或逃匿，党支部缺乏指导，兼之反动派制造白色恐怖日益严重，以致许多支部解体，大部分党员失去作用。不过烈

---

① 叶左能、邱海洲，中共陆丰市委党史研究室、中共陆河县委党史研究室编：《陆丰革命史（1919—1949）》，中共中央党校出版社，2003，第236页。
② 同上。

火见真金者亦有之，在4个月的对敌斗争中牺牲的党员有200余人，新吸收的党员有200余人。

6月间，由海丰县委发起，正式成立了海陆惠紫暴动委员会，作为公开的指挥机关，推选杨望为暴动委员会主席，领导四县的夏收暴动，决定于夏收期间在各地农村发起抗租斗争。

夏收暴动是为了保护农民利益而进行的斗争，但在敌我力量如此悬殊之下，必然难能有较好的成效。创建海陆丰革命根据地的领导者彭湃，自从1928年2月去惠来、普宁之后便留在大南山，指导潮普惠的革命斗争，由于国民党集中强大兵力"围剿"革命根据地，故环境日益恶劣。创建大南山革命根据地与激石溪革命根据地相互响应，大南山革命根据地包括当时陆丰的船埠、大坪、黄沙、南阳（1950年解放后，划归普宁），在国民党反动派的极端"围剿"下，彭湃于1928年七八月间，回

激石溪红军医院旧址（图片来源：《陆丰革命史》）

撤隐蔽在陆河县东坑镇，在第四区区委书记彭伯环和区干部彭云山的安排下，在东坑镇上螺角村的山窝里，依靠同姓宗亲力量，周旋于国民党反动派的"围剿"之中。9月29日，驻羊公坑的东江特委机关遭围攻，彭湃突围脱险，特委组织部部长郑志云等牺牲。10月，彭湃奉命去上海任中共中央农委书记，在潮普惠的红二、红四师余部（多是伤病员）此前已分散出境。于是，潮普惠三县的革命斗争处于停顿状态。

但这时的海陆紫，"陆丰的工作区域有西北东南之分，西北只存新田之激石溪，东南只存南塘之内洋"。退入山区的陆丰县苏维埃政府和海丰县苏维埃政府只有几个人维持。3—11月，"海陆紫三县被屠杀之工农达万余人，不敢回家者亦以数万计"。

红二、红四师余部的处境亦十分困难。随着敌军实行"焦土"政策和接二连三的"会剿"，军中粮食供给中断。至1928年秋，红军不得不化整为零，红四师幸存者不过200余人，枪180余支，红二师140余人。他们局部处山区，分散乡村，与农民共患难，经历了最为艰苦的斗争。搜山的敌人来得少，红军和赤卫队便一起把他们消灭；来得多，红军和群众就一起"跑反"。敌人把红军的茅寮烧掉，等敌军一走，群众又和红军一道盖起来。东山烧了西山盖，西山烧了东山盖。粮食困难时，革命群众冒着生命危险把番薯或其他杂粮给红军送上山来。山区农民朴实真诚，他们把红军当作自己亲人，把红军伤病员接到家里用草药治疗。他们的家被反动派烧了，便背着抬着红军伤病员辗转密林深谷。山区有一首民歌唱道："房屋烧了呀盖起茅房，茅房烧了呀漂流山岗，掩埋了尸体呀硬起心肠，放下锄头呀拿起刀枪。"①它表达了山区革命群众和红军的革命意志和同甘共苦的命运。若不是有这样的山区革命群众，这批外省口音的红军战士怎么能得以生存。

在红二、红四师余部陷入困境的时候，中共中央和中共广东省委牵挂着他们，曾通过派员到海陆丰山区找到海陆丰党组织杨其珊、董朗、徐向前等，及其他渠道了解红军状况，设法保护这批革命力量。中央的巡视员和广东省委分别向中共中央作了汇报。1928年12月5日，广东省委写信指示海陆紫特委："红军同志经过长期的时间，而现在多有病者，且现在经济上大为困难，省委同意送他们离开海陆丰。"

海陆紫特委接省委指示后，即由特委成立遣送红军出境委员会，开始遣送红二、红四师官兵出境工作。该委员会设法送红军去香港找省委安置，或给路费自找出路。1929年2月，红四师师长徐向前、师党代表刘校阁等十几人离开了隐藏的山区。至惠州附近，徐向前带一部分人到香港九龙，不久抵上海。刘校阁带的一批人在路过惠州县城时被捕牺牲。红二师的领导人董朗、颜昌颐等，在激石溪被杨其珊、范照南等组织人员护送离开海陆丰。同年5月，在海陆丰的红军官兵遣送完毕。

先后撤离的红军主要领导人的行踪：红二师党代表颜昌颐因伤病于1928年7月到香港，辗转至上海，任中共江苏省委秘书；红二师党代表袁裕于10月与彭湃一起到上海，后被派往湘鄂赣革命根据地，任湘鄂赣特委宣传部部长；红二师师长董朗经香港到上海，旋往湘鄂边红四军军长贺龙处工作，后任教导

① 叶左能、邱海洲，中共陆丰市委党史研究室、中共陆河县委党史研究室编：《陆丰革命史（1919—1949）》，中共中央党校出版社，2003，第243页。

师参谋长；红四师师长徐向前从上海进入鄂东北根据地，旋任红十一军三十一师师长。

五、坚持海陆紫、陆惠边区革命根据地斗争

（一）渡过困难时期

正当海陆紫受国民党反动派和封建地主阶级摧残最严重，革命斗争处于最困难的时候，广东省委派省委常委陈郁于1929年1月初来到海丰山区，参加海陆紫特委召开的党代会。出席这次代表大会的陆丰代表有40人，避过敌军重重封锁和严密搜索，爬山越岭依期前来。这次代表会议主要议题是听取陈郁传达中国共产党第六次全国代表大会的精神和广东省委1928年11月扩大会议决议。

这次代表大会开了8天8夜，它使代表们在艰难困苦的恶劣环境中看见了中国革命的前途，看见了黎明的曙光即将到来。

海陆紫党代会闭幕，陈郁回省委以后，敌军进驻山区，陆丰县委因此失去与海陆紫特委的联系。于是，根据会议精神，县委组成西北特别委员会领导西北各区坚持斗争，将县委机关迁往东南，争取在东南地区恢复和发展革命势力。

1929年1月开始，反动派对人民群众的摧残更为严重。国民党十六师集中所属部队及海陆丰两县警卫队联合进行"冬防会剿"。1月20日，敌军分三路进攻海陆丰西北山区，部队带帐篷入山驻扎。他们企图把山区的革命力量围困起来，尽数杀死、饿死、冻死，企图一网打尽。所以，处处设防，严密封锁，断绝山区交通，而后连续数日围乡搜山，滥施烧杀政策。"陆丰（今陆河）激石溪、罗庚坝至海丰朝面山等地纵横六七十里的山区地带，约八千人之山乡，除老弱的百分之二十被迫移去平原外，其

他青壮年农民不及逃走者均遭残杀，村庄尽为废墟。"①

革命群众自政权失败后的七八个月时间，由于反动派的残酷屠杀，以及逃亡时和回乡以后因病和饥饿致死，人口严重减少。如参城乡原有2 100多人只剩900多人；新围乡原有400人左右只剩290多人；仙草径乡原有500多人，减少人口100多人，其中被屠杀的有60多人，病、饿死及嫁的、卖的六七十人。河田、水唇、东坑所有彭姓村庄被国民党军队"清剿"烧毁，所有红色村庄螺溪、上护、河口、南万镇的都被"清剿"烧毁，人民流离失所，革命群众四处逃难。由于反动派的摧残，社会经济因之破产，其严重程度无以复加。

广大工农群众在反动统治下惶惶不可终日，有一首民歌形象地描述了这种情景，歌词道："苦山高，苦水深，苦日子，数不尽，白鬼凶，压迫紧，早掠税，晚掠丁，大半夜，鬼打门，苦日子，迫死人……"这种生活与农民协会时代，尤其是苏维埃政权时代的生活形成了非常尖锐的对比。所以，工农群众莫不缅怀过去的欢乐和自由，"人无自由宁死，要找出路去革命"②，日益成为觉悟的工农群众的共同呼声。

陆丰的革命运动在1929年春夏间面临空前困难，但工农群众不甘受压迫，更加向往革命，加之，反动集团内部由暗斗发展到火拼起来，这又造成革命的有利条件。陆丰的党组织就在这种环境之下，认识到当前首要的任务是保存力量，争取群众。夏收前后，掩蔽在西北山区的武装恢复了游击活动，抗捐抗税，抗缴民团费，殴打警兵，以及减租赖租斗争，各地也

---

① 叶左能、邱海洲，中共陆丰市委党史研究室、中共陆河县委党史研究室编：《陆丰革命史（1919—1949）》，中共中央党校出版社，2003，第246页。
② 同上书，第247页。

时有发生。这些由群众直接参加的小型斗争，大都取得胜利。党就在深入群众、领导群众斗争的过程中一点一滴地扩大了影响，积聚了革命力量。七八月间，分散在农村中的武装人员纷纷回到山区。县委把他们重新组织起来，在激石溪和内洋各成立一个连。分别在西北和东南地区开展游击活动。

（二）红军四十九团的成立与武装斗争的恢复

革命有低潮亦会有高潮。1929年蒋、桂和蒋、阎、冯的军阀战争发生后，全国革命形势出现复苏。1929年3月，中共中央常委、军委书记周恩来便预见到："海陆丰、琼崖、万安、黄安、醴陵等区域的苏维埃虽然失败了，但土地革命在农村的发动与深入，仍然使农民有由日常斗争到武装暴动的需要。"①

海陆丰迅速恢复革命斗争验证了这个预见。

1929年9月，海陆紫特委举行第二次全体会议，传达省委关于组建红军的指示。会议研究了当前恢复武装斗争的有利形势，在粤东地区（又称东江）已有古大存在八乡山成立红军第四十八团。于是决定组建红军，名称定为中国工农红军第六军第十七师第四十九团，团长彭桂，政委黄强，下辖三个营。陆丰此前成立的两个连归属第三营编制，编为第七、第八连。红军四十九团于10月，在杨其珊等领导下，于海丰朝面山正式成立，宣告海陆丰的武装斗争停顿了半年后又揭开新的序幕。

正当红军四十九团正式成立之际，传来了彭湃在上海被捕牺牲的不幸消息。彭湃是中国农民运动的领袖，中国第一个县级苏维埃政权——海陆丰苏维埃政权的缔造者，中共中央的领

---

① 叶左能、邱海洲，中共陆丰市委党史研究室、中共陆河县委党史研究室编：《陆丰革命史（1919—1949）》，中共中央党校出版社，2003，第248页。

导人之一。他于1928年11月奉命离开大南山前往上海，担任中共中央农委书记兼江苏省委军委书记。不幸于1929年8月被叛徒告密，与中共中央政治局常委、中央军事部长杨殷，原工农革命军第二师党代表、江苏省委军委秘书颜昌颐及邢士贞等4人一起被捕，于8月30日被国民党反动派杀害，彭湃就义时年仅33岁。彭湃等牺牲后，中共中央发表《如何纪念我们的同志彭、杨、颜、邢四烈士》，周恩来写了《彭、杨、颜、邢四同志被敌人捕杀经过》，海陆紫特委在杨其珊等领导下在海丰白水磜举行追悼会，发表告工农群众书说："我们力求共产主义早日实现，只有踏着彭湃导师的足迹，继续革命精神奋斗！"[1]革命的工农群众和革命知识分子怀着对彭湃牺牲的无限悲痛，为完成所有为革命牺牲烈士的遗愿，纷纷拿起武器——红二、红四师留下的枪支，参加到革命队伍中来。红军四十九团成立时才100多人，不久就猛增到400多人，一年后增至1000余人，成为东江地区战斗力最强的一个团。

1929年末，红军克复惠阳高潭后，特委决定红军全团向陆丰发展。1930年1月9日，红军从激石溪出发，直捣新田。新田圩警卫队30人，遥见红军如猛虎下山，吓得向河口方向仓皇奔逃，红军第七连绕过马公山兜回来，截住逃窜敌军，统统将其俘虏并缴械，一枪未发，就占领了新田。

1月10日，红军开赴河口，那里没有警卫队，兵不血刃就占领了河口。11日，陆丰反动政府获悉红军进占河口，即集合县警卫队5个中队，开赴河口反攻。敌警队不知厉害，懵懵懂懂向红军阵地扑来，不料进入红军伏击圈，红军数百支枪齐发，打

---

① 叶左能、邱海洲，中共陆丰市委党史研究室、中共陆河县委党史研究室编：《陆丰革命史（1919—1949）》，中共中央党校出版社，2003，第251页。

得敌军晕头转向，当即掉转枪口向后奔逃。红军鸣号追击，一直追至三口塘才收队。是役，生擒敌警数十名，缴枪数十支，震撼陆丰全县。

2月初，红军四十九团第三营从陂沟出发，复绕道大坪到达河口南北溪；2月12日，部队移驻距河田10里的麻坑宿营，拟攻打西北地区重镇河田圩。据侦察，河田没有警卫队，只有1个警察所和10余个警兵。于是第三营在2月13日推进到河田圩，这时警察所官兵已逃之夭夭，红军在河田秋毫无犯，只由宣传员做了一番宣传工作，随后部队撤到黄沙圩驻扎。

14日，忽有国民党海军陆战队1个营抵达陆丰县城，以壮陆丰国民党政府的胆。当局即集合县警卫5个中队，配合两连军队共有700余兵力向河田扑来。他们在河口兵分两路，企图包抄只有200余人的红军。在敌强我弱的不利情况下，红军机智勇敢，避强攻弱，激战一天，最终以少胜多，挫败了敌人，带着丰厚的战利品，撤退到新田。

这次红军四十九团兵临陆丰，挥戈东南，又直指西北，连战皆捷，军威大震，尤其是恢复了山区根据地，使海丰、陆丰、紫金三县边界地区连成一片。中共海陆紫特委领导红军四十九团和广大革命民众努力开创了崭新的局面。对此，中共广东省委1930年3月第八号通告中指出："最近海陆丰工作的恢复发展，苏维埃区域正逐渐普遍，鲜红的旗帜仍旧是飘扬于海陆丰，反动统治只能苟延残喘处于县城。"①同月，中共中央《红旗日报》以《复活的海陆丰》为题的报道中说："群众之左倾，群众之要求暴动，男女老幼都一样热烈，其革命之高涨，充分地证明海陆惠紫的斗争已极深入发展，尤其海陆丰的

———————
① 中央档案馆编：《广东革命历史文件汇集》第十七册，1930，第158页。

斗争，更是走上地方暴动的途程。"①

（三）海陆紫苏区、陆惠苏区的创建

武装斗争推动了区乡苏维埃政权的恢复。1929年冬，陆丰县苏维埃政府已在新田山区激石溪恢复办公，海丰县苏维埃政府也在山区恢复，海陆丰于是形成了中共领导的红色政权与国民党领导的白色政权并存的对峙局面。在紫金也建立了县级革命委员会，海陆丰的党和苏维埃及紫金革委会属中共海陆紫特委和海陆紫革命委员会领导。

1929年8月后，革命进入复兴时期，根据当时革命形势，全县合并为4个区，设4个区委员会。陆河县当时设有新口区委（即新田、河口、河田），书记杨其珊，委员钟伟璜、宋耀南。

1930年春，在全国工农红军和农村革命根据地有很大发展的形势下，海陆丰人民和东江各地人民迎来了第二个革命高潮。同年5月1日，在八乡山召开了东江苏维埃区域的代表大会，产生了东江苏维埃政府，陈魁亚为苏维埃政府主席，古大存为红十一军军长。中共组织在东江地区仍保存东江特委和海陆紫特委。为统一领导苏维埃区域，之后成立了以海陆丰为中心的惠属革命委员会。随后，"立三路线"的"左"倾错误影响东江，造成了东江部分苏区受损失，红军也受削弱。不久，在八乡山的中共东江特委和东江苏维埃政府迁到大南山。10月，中央派邓发、李富春到东江地区，于11月1日在大南山召开闽粤赣苏区第一次党员代表大会，会议传达了中共六届三中全会精神，纠正了"左"倾错误，确定了以后战略发展方向。

---

① 汕尾市革命老根据地建设委员会办会室等编：《海陆丰革命根据地》，中共党史出版社，1991，第467页。

根据新的革命形势发展需要，改编红十一军为红军第二师，彭桂任师长，黄强任政委，下辖两个团，原红军四十九团为红一团，并决定海丰、陆丰、紫金三县党组织、政府机构合并，成立海陆紫边区县，原机构撤销。"海陆紫县是以前的海丰县、陆丰县西北各区（新田、陆丰县城、大安、河口、河田等区）及紫金的第三区（龙窝、炮子）及惠阳多祝区的三个分区（高潭、布心、新庵）合并为一县。"①

12月初，海陆紫三县及惠阳多祝区的党员、工农兵、团员代表，先后到达激石溪。激石溪人民以无比的热情欢迎各县代表，会议地址高岗子村呈现一片节日气氛。在相继召开的海陆紫第一次党员代表大会、工农兵代表大会和共青团员代表大会上，分别成立了以谢武、刘东、颜严、林潭吉、杨其珊、范照南为常务委员的中共海陆紫县委；以林潭吉、杨沛、曾添、钟一强、陈荫南等人为主席团成员的海陆紫苏维埃政府；同时成立了海陆紫共产主义青年团县委。

为了庆祝县委、县苏成立，还到外地请了两班古装戏，一连演了两晚。新田、上护等地许多群众前往观看。当地群众说，激石溪从来没有这样热闹过。

县委、县苏工作人员有四五十人，其中有一二十名是有知识的女干部，大都是海丰县人。县苏还组建了一支有50余名的常备赤卫队。随后县委、县苏驻地较为固定在激石溪高岗子、桥子头、暗径子等地，1932年秋迁往海丰苦竹园。

在《海陆紫第一次党员代表大会决议案》中，提出了今后任务：第一，深入土地革命；第二，向潮、惠、普发展，与闽

---

① 叶左能、邱海洲，中共陆丰市委党史研究室、中共陆河县委党史研究室编：《陆丰革命史（1919—1949）》，中共中央党校出版社，2003，第255页。

粤赣苏区连成一片；第三，加紧组织和领导海陆紫暴动。

海陆紫县委成立前，11月23日晚，驻普宁流沙之国民党警卫队100余人，不满国民党军阀的欺骗及压迫，携步枪73支，驳壳枪23支自发到新田参加红军。县委成立后，根据这一事实，于12月11日发出通告，"号召广大群众举行欢迎普宁流沙叛变投诚红军的警队官兵示威大会"①。通告要求召开群众大会，扩大影响，到白色乡村尤其是士兵营垒中做好宣传鼓动，促其实现兵暴兵变。

当时东江最大的根据地，一为海陆紫，一为以大南山为中心的潮普惠。为了把这两块根据地连成一片，不致被敌人从中间截断，西南分委于1931年春，决定把陆丰东南部及惠来北部山区成立一个县，为陆惠县。

在海陆紫方面，县常备赤卫队配合红军、新田区苏常备赤卫队，于1931年3月攻打河田治安会，重创了河田自卫队和河田商团武装。还攻打了新田警卫队、民团，潭西东山民团，螺溪民团。同时先后攻打了河口三丰、河田径头、新田横垅、河田圳口、河口剑门坑、河田麻溪、惠阳宝溪、河田老虎叫、河田万畬等地。还对地主豪绅进行罚款、收缴枪支，从而有效地打击了敌人，解决了红军给养问题和充实常备队的装备。

为保护农民利益，海陆紫县苏维埃政府发出第10号布告，"号召广大群众起来反抗敌人一切迫勒，实行土地法令，保全夏收利益"。全面开展抗租斗争。

1929年夏，党在激石溪恢复活动。同年秋，陆丰县委把各地的工农武装重新组织起来，成立2个红军连，在西北和东南

① 叶左能、邱海洲，中共陆丰市委党史研究室、中共陆河县委党史研究室编：《陆丰革命史（1919—1949）》，中共中央党校出版社，2003，第256页。

开展活动，县委在激石溪根据地恢复成立县工农民主政府，新田、河口、大安等区工农民主政府相继成立。7月，在激石溪暗径子成立红军连40多人。10月，激石溪红军连编入红军四十九团。11月，红军四十九团一部营长林军杰带300多人攻打上护、新田，缴枪十余支，俘七人。1929年冬，陆丰县苏维埃政府和新田苏维埃政府在激石溪重新建立起来，杨其珊、范照南是县和区领导。设立常备赤卫队30多人，党员10多人，配备钢枪，设队政治委员。

1930年1月，海陆惠紫组成以黄强为书记，彭桂、古鸿江、林军杰、黄伯敏为委员的前委，率红军四十九团向陆丰进军，1月5日进入激石溪。2月，县在激石溪建立一个赤卫队大队，队长杨奠禧，下分3个中队：激石溪中队，队长陈喜；河口中队，队长李石安；附城大安中队，队长廖裕喜。6月，陆（丰）惠（来）县委在激石溪成立，县委书记陈醒光、古大存。

1930年12月初，根据闽粤赣边区党代会决定，海陆紫三县在激石溪暗径子召开第一次党员代表大会、工农兵代表大会和共青团代表大会，成立中共海陆紫县委，县委委员谢武、刘东、颜严、林潭吉、杨其珊、范照南。成立海陆紫苏维埃政府，主席团成员林潭吉、杨沛、曾添、钟一强、陈荫南。成立海陆紫共青团县委。建立县苏常备赤卫队50多人，工作人员100多人，女干部20多人。

新田镇常备赤卫队是陆丰各区游击武装中最活跃的一支，据不完全的调查，从1930年春至1932年秋止，有下述战斗活动：1930年正月，打坑子口（大安区）民团，击毙民团长，缴获物资一批。1930年2月，打上护（本区）民团，击毙民团长郑壁，缴枪二支及物资一批。1930年3月，打咸泥（本区）民团，击毙民团长，缴获物资一批，当地反动派再不敢办民团。1930

年4月，打深坑民团（大安区）缴枪六支，物资一批。1930年4月打屯埔（大安区）民团，毁民团馆，缴物资一批。1931年正月打三峯（河口区）反动头子，没收物资一批。

1931年，新田区常备赤卫队、后备赤卫队配合红军，攻打东山民团（附城区），俘数人，毁民团馆。1931年，常备赤卫队配合红军一连围攻圳口（河田区）大地主张亚谦，。1931年6月，河口区在东坑水岸洋召开工农兵代表大会，敌100多人来进攻，新田、河口两苏区常备赤卫队占四面高山，阻击敌人，敌人不敢进，保证了大会的胜利召开。1931年7月，打剑门坑（河口区）地主堡垒，逮捕一个反动地主，罚款1500元。1931年8月间，新田、河口两区常备赤卫队及激石溪后备赤卫队共100多人，攻打新田圩驻敌。1931年冬打麻溪（河田区）张亚锦等3家地主，罚款数千元。1931年冬，县常备赤卫队、新田区常备赤卫队、紫金龙炮区常备赤卫队数百人打惠阳县宝溪反动地主，缴枪数支。1932年2月打老虎叫（河田区）大地主彭恒昌，捕1人，罚款大洋4000元。1932年3月，配合红军一个连攻打新田圩驻敌，击溃民团及警卫队，缴枪数十支，毙数人，俘虏民团团丁一二十人。1932年4月，新田、龙炮两区常备赤卫队及激石溪后备赤卫队攻打万峯（河田区）反动地主范伯友，俘20余人，缴枪20余支，后罚款数千元。1932年，攻打螺溪（河田区）民团（驻正大沙坝祠），敌逃窜，缴获物资一批。

（四）"AB团"事件的影响与海陆紫苏区的丧失

在革命斗争正在迅速恢复并向前发展的1931年，发生了令人极为痛心的所谓"AB团""社会民主党"事件。是年5月，海陆紫县和陆惠县，在中共广东省委和东江特委直接领导下，开展所谓反"AB团"和"社会民主党"的斗争。在军中和地方，凡受怀疑的人，即行逮捕。1931年秋，在激石溪，海陆紫县常委、区苏维埃负责人范照南，被怀疑为"AB团"分子，县苏维埃政府派人将其扣押到县苏办公地址高岗子进行秘密审讯。当地革命群众闻讯，非常气愤，他们说："照南伯耕田、烧炭出身，共产党来了一直当干部，工作努力，怎么会反党？"①革命群众自觉地聚集几十人，冲进关押范照南临时设立的监狱，把他抢了出来。

在从军队到地方大规模捕杀中，一大批干部和战士被误杀，其中不少是久经考验的领导干部，据不完全的统计，海陆紫县被杀300余人，陆惠县被杀100余人。其中有两县的县委、县苏负责人刘东、陈荫南、黄依依、陈允厘、马作仁及红军领导人黄强等。

1932年春，"肃反"斗争基本停止下来，但对海陆紫革命根据地已造成极为痛心且无可弥补的损失。县委也进行了改组，原县委书记周大林调东江特委，黄超如接任书记。此时，广东的军阀统治趋于稳定，他们又集中两个团的兵力，加上当地20个警卫队的配合，对海陆紫苏区进行"围剿"。4月下旬，海陆紫县委召开会议，贯彻东江特委扩大会议决议精神，开展反"围剿"和发动渡过春荒等斗争。是年5月，扩充红军40余人，缴枪70余支。是月下旬，激石溪、新田农民武装配合红军攻下新田圩，消灭了部分警卫队。海陆紫县反"围剿"斗争三个月来，消灭了几个地方警卫队，打击了几个地方警卫队，缴了200多支枪。

中共东江特委为加强对革命根据地斗争的指导，1932年8

---

① 叶左能、邱海洲，中共陆丰市委党史研究室、中共陆河县委党史研究室编：《陆丰革命史（1919—1949）》，中共中央党校出版社，2003，第260页。

月8日，对海陆紫县委工作提出要求："党的组织工作必须注意。在敌人进攻中，必须要广大的吸收勇敢坚决分子到党内来。""你们一定要广泛去发展地方武装，并且要规定具体的发展计划"，"对于敌人的进攻，你们要抓紧夏收斗争，以及不久到来的秋收斗争"。"你们的发展方向，一方面要注意两河方面和陆惠打成一片，一方面应当和龙、炮联络，向西北发展。"海陆紫县委、县苏为总结前段斗争和贯彻上级指示，于8月中旬，在激石溪暗径子召开了工农兵代表会议，由县苏主席团主席林潭吉主持会议。会议期间，有敌军数百人进犯，至三江口村被我方截击退出激石溪。

会后，县委、县苏积极领导开展各项工作。特别对新田、两河（河口、河田）等地加强了领导，不断开展对敌斗争，使敌人派驻苏区的警卫队惶惶不安。如新田警卫队，惧怕红军袭击，要求换好枪，发足子弹，发清饷，才愿到新田驻防。该警卫队到新田后非常恐慌，晚上到山上去露营，白天看到各处没有红军来进攻，才警戒着到圩收捐收饷。苏区的斗争和影响，也促使敌人内部分化。是月下旬，新田警卫队欧杰等17人，携械向红军投诚。投诚后，队伍开到海丰，红一团和梅陇区苏、海城区苏召开了一个群众大会，表示热烈欢迎。欧杰代表全体投诚士兵在大会上发表热情的讲话。

10月3日，吴俊声团1000余人进攻新田，在激石溪鹿湖凸驻一个营的兵力。他们沿袭1928—1929年所用"围剿"手段：第一，四面封锁，断绝粮食、物资进入山区；第二，包围搜山，强迫外乡群众到该地砍树烧山；第三，大贴布告，欺骗宣传，准许所谓"自新"，进行政治诱骗；第四，利用叛徒破坏我方组织，"围剿"我方武装。同时强迫实行保甲制，强化"五家联保，三家联坐，一家通'匪'，五家同罪"的毒辣手段，加强土豪劣绅的反动统治，威胁干部和红军家属，胁迫动摇分子自首。敌军还在湖坑筑了一座坚固的炮楼和数座营房驻兵。总之，无所不用其极。

此时苏区人民反"围剿"斗争越来越艰苦，红军活动也十分困难。

1932年12月，中共陆丰县委委员、陆丰县苏维埃政府委员、海陆紫县委员、东江特委委员范照南在今陆河县南万罗庚坝山门仔游击斗争中病逝。

敌军在激石溪、罗庚坝等地山区进行了比1928年更为残酷的烧杀，盖起来的茅草房全部烧为灰烬，逃走不及或在山里被搜捕的群众全被屠杀，许多党员和干部也在敌人疯狂"围剿"下壮烈牺牲。

敌人进占了海丰及紫金的边界山区，在大安洞、吊贡、朝面山、中峒、激石溪、万畲、炮子等地驻守重兵，连成一条封锁线，我方海陆紫根据地全部失陷。

1933年2月，县、区苏常备赤卫队被迫转移到紫金龙思殿等山区隐蔽，县苏常备赤卫队及新田、龙炮两区常备赤卫队只存30多人。3月间，在县常备赤卫队队长马标和新田区常备赤卫队刘肃等领导下到揭阳石肚，找到红二团，被编入第二连（红二团只存两个连），在揭阳惠来、普宁等县山区活动。

1933年1月，红一团向紫金山区转移，在紫金又受敌人追击拦截，损失严重，被迫于同年2月回到激石溪黄楞堂凹。在非常恶劣的形势下，为保存力量，红一团第二连（多是潮汕籍的）全连解散，战士们化装离开激石溪回籍隐蔽；尚存100多人也进行分散，三五成群坚持游击活动。但不久彭桂不幸牺牲，环境又越来越恶劣，山区的游击活动于是完全被迫停止。

1933年春，进驻激石溪的敌军在湖坑筑了一个坚固的炮楼及楼座营房，准备长期的"屯剿""清剿"。这时反动派大耍"招安"手腕，把隐蔽在山上的200多名群众诱骗下山，集中在湖坑一块较平的地里搭茅寮居住，茅寮的周围筑上木栅，构成一个集中营。驻湖坑的敌军对集中营里的群众实行严格的军事管制。每天上午10时左右才准许农民出来到附近耕田，各处的山头上都有敌人的岗哨，下午4时农民就要回到集中营里，晚上敌人要来点名，外面戒严，使农民群众与个别隐蔽在山上的同志完全隔绝联系。到此时，全激石溪原来的2600多人，经过两次斗争失败被敌人大量屠杀，逃难时饿死、病死，以及流亡外地，存下来的只此200余人。

1933年1月，陈开芹任中共东江特委委员，带领红军四十八团第三营在激石溪保护海陆紫县机关。4月，陈开芹带领红军四十八团第三营在掩护机关撤退时在激石溪湖坑牺牲。

中共第五届中央委员会委员杨其珊仍然隐蔽在激石溪的深山石洞里，表现了高度的坚贞不屈的革命品质，直到1933年9月26日，跟随杨其珊的警卫员万禄叛变革命，勾结反革命分子乘杨其珊出来山洞洗澡时，连击数枪，杨其珊不幸被击中牺牲。1933年11月底，海陆紫县苏维埃政府主席团成员钟一强，率县苏、区机关人员及赤卫队员188人，在激石溪长坑卧闷兜山上，被敌人重兵包围，全部壮烈牺牲。至次年春，海陆紫县区域基本被敌人占领。武装斗争到此暂时停止。

但是，中国共产党领导陆丰和海丰人民革命的影响永远隐藏在广大劳苦群众的心中，他们盼星星、盼月亮，坚信共产党总有一天会回来。革命的星火依然在海陆丰的大地上传播燃烧。

第三章
全国抗日战争时期

第一节 抗日民主运动走向高潮

　　九一八事变后，东北三省迅速沦陷。1937年7月7日，卢沟桥事变爆发，日本侵略军大举进攻中国。中共中央立即通电全国，号召全面抗战，指出"只有全民族实行抗战，才是我们的出路"。大敌当前，中华民族面临危亡。在全国人民要求抗战的压力下，国民党政府宣布自卫抗日，并承认中国共产党的合法地位。于是，第二次国共合作正式建立，抗日民族统一战线正式形成。在当年的陆丰县也开展了积极的抗日民主运动。

　　陆丰县动员委员会直属工作团的抗日宣传活动。1938年3月，海陆丰旅港同胞回乡抗日服务团在香港成立，团长吴禄是海丰人，副团长朱荣是陆河人，他们组织人员回海陆丰抗日救亡。1938年8月，朱荣在河口进行抗日活动时，被反动地主杀害。1939年3月，中共海陆丰中心县委正式成立，为加强陆丰党组织的力量，中心县委在9月改组了陆丰县委。同时，中共广东省委派遣赴陆丰充任县政府督导员的地下党员郑建文与中心县委接头，协助陆丰地下党的工作。此后，郑建文就在海陆丰中心县委负责人单线领导下，掩蔽在国民党政府部门为地下党积极工作。

　　在郑建文到任前不久，陆丰县长张化如也刚刚在7月份到任。张化如是位爱国人士，他为人正派，关心人民生活，并拥护中共中央提出的抗日民族统一战线政策，是中共东江特委的统战对象。

11月，国民党领导的陆丰县抗日动员委员会要组织一个直属工作团，郑建文立即同中共陆丰县委商量，争取由他以县政府督导员的身份出任团长。在郑建文的活动下，国民党县党部和县政府都答应由郑建文组建陆丰县动员委员会直属工作团（简称"动工团"）。动工团成立后，中共陆丰县委派庄岐洲、陈编等共产党员和进步青年入团工作，并在团内建党支部，庄岐洲任支部书记，以发展党的组织。同时，通过该团团结广大爱国青年参加抗日救亡工作，打开陆丰抗日救亡运动的新局面。

动工团于11月5日正式成立。团部设在关帝庙后殿，分设组织、群众、宣传、戏剧、总务等组，该团一成立便发动了陆丰县城进步青年二三十人参加。动工团成立当天，有县党政军的头目、各中小学校长、各机关单位代表以及一些开明绅士出席成立大会。为扩大影响，他们还在街上贴出标语。动工团团长郑建文在成立大会上作了抗战形势报告，号召青年们投身到抗日救国的伟大斗争洪流中去，要在陆丰县掀起抗日宣传工作高潮，唤醒人民起来参加抗战，保家卫国。

推进陆丰的抗日救亡运动。龙山中学党组织在中共陆丰县委直接领导下，想尽办法去推动全校及社会各界抗日救亡宣传运动的深入发展。县委宣传委员陈颂明公开身份是教师，他利用中学教师平台，组织县抗战剧团。县抗战剧团成立后，龙山中学师生便利用寒假，与剧团一起到西北各地进行访问和演出。此时，日军已占领了香港，并对南海沿岸进行封锁，抗战形势日益严峻。陈颂明带着几十名学生和剧团成员，到河口、河田、螺溪、五云、上砂等地宣传团结一致抗日救亡的迫切和必要。每到一处，他们都与当地知识青年取得联系并了解西北山区民情与地理状况，准备陆丰万一沦陷时就退入山区进行游击战争。从1940年1月组织访问东南沿海，到1941年1月的西北之行，龙山中学师生的足迹踏遍了全县，他们高举团结抗战的旗帜，走到哪里就宣传到哪里。

1941年3月28日，日军在乌坎登陆，当天占领了陆丰县城。在此前几天，县政府匆忙动员各机关迁往河田等山区乡村。在危急时刻，龙山中学决定组织学生往西北山区撤退。在日军占领县城前一晚，他们以班为单位集体行进，经大安、河口，次日早晨到达东坑，接着转移到上砂，在上砂择址继续上课。在东坑时，党组织又决定派党员郑学龄、庄岐洲、王文（镜清）、周树勋、王向之、陈雅清、吴慧芝、马毓英、余立夫等人，由陈颂明带队返回前线，准备发动群众，组织起来抗日。

日军占领陆丰县城后，大肆抢掠烧杀，县城满目疮痍。3天后，即4月1日，日军向海丰田乾方向撤走。

抗日救亡运动向农村深入

　　党在农村组织抗日救亡工作。县委分析了全县的具体情况，首先选中了河口乡。

　　河口位于陆丰县城通往西北山区的中部，从北至南贯穿县境的螺河主干道从这里蜿蜒流过，南溪两条支流在这里汇合，"河口"因之得名。河口的地理位置特别重要，历来是陆丰革命力量必争之地。这里依傍三条水系分布的乡村，俗称"三溪"，又称"三约"。居民约2万人。有朱、叶、李、罗、张、谢、吴等10余姓。其中朱姓为大姓，约1万人，其次为叶、李、谢等姓。姓氏之间矛盾错综复杂。叶姓聚居昂塘村，他们的人数虽比朱姓少，但有好几家大地主，在河口有很大的经济政治势力。河口存在着广大贫苦农民与地主豪绅之间的矛盾，各姓氏之间的矛盾，地主豪绅内部的矛盾。在大革命时期和土地革命时期，河口各姓农民曾团结在农会和苏维埃政权的旗帜之下，与地主豪绅作过坚决的斗争。革命的影响永远不会消失，农民一直对共产党怀有深厚的感情和执着的信仰。

　　河口农村的土地在大革命前主要集中在昂塘地主手里，本乡和外乡地主占有另外一部分。抗日战争开始后，很多地主投机商业，并把部分利润用于购买土地，这使得土地更为集中，加剧了农村经济的两极分化。再加上相继而来的货币贬值、通货膨胀以及国民党腐败政权的肆意掠夺，更使广大农民处于水深火热之中。农民的不断破产又直接影响到河口圩市的商业，大批工商业主同样逃脱不了衰败的命运。

政治上，河口封建势力比较分散，没有一个封建把头可以统治全乡，即使像盘踞在昂塘村的大地主集团，也只能独霸其一方。这与第一、二次国内革命战争时期河口一批土豪劣绅被镇压而产生的影响有较大关系；此外，封建势力内部矛盾尖锐，朱、叶两姓长期以来水火不容，频频发生冲突。朱、叶两姓的地主豪绅为了打击对方，控制河口的统治权力，各自寻找靠山，依附陆丰不同的地方势力集团，也造成了国民党河口地方政权的不稳固。以叶巽庵、叶子忠为代表的叶姓地主豪绅属于黄鹄派；以朱靖邦、朱旭东等为代表的朱姓地主豪绅属于黄华派。这两部分势力在河口争夺的焦点，一是政权，二是党权，三是学校。争夺学校只是因为有经济利益可图。河口的小学的校产有百余石谷租和三间铺租，还有收竹排捐、柴捐、船捐、猪仔捐、鱼捐、卖牛捐等等，谁争夺到学校基金会便可中饱私囊。

河口又是个文化落后地区，总共只有十二三所小学，五六百名学生，平均五六十人才有一人读书。由于当权者只知掠夺校产，弃置了教育事业，到1940年，河口小学只剩下40多名学生，次年学校被迫停办。1941年下学期，中共陆丰县委派党员到河口，通过社会关系接管了这个摊子，河口小学才复办起来。河口能到外地读书的青年寥寥无几，他们毕业回乡，就要受到失业的威胁，能够当个乡村教师还算是很大的幸运。这些人目睹社会现实，常有愤世之慨，但又找不到出路，都希望有人能够引导他们改变现状。

河口的社会特征，便构成了地下党在河口求得生存发展的客观条件。而由这些客观条件所制定的斗争策略，便是必须团结知识青年，占领文教阵地，密切联系农民群众；必须将"非法"斗争和"合法"斗争相结合；必须充分利用封建势力的内部矛盾，并使之不断加剧，以利于掩蔽斗争。陆丰党组织积极占领农村学校，主要是看重它的合法地位及桥梁作用。1941年6月，县委书记黄闻指示地下党员叶左恕首先在河口建立党组织，再到上云发展党员。叶左恕回到家乡，发展了张子仁入党。同年秋，张子仁被委任为河口小学校长，另一名地下党员周树勋任教导主任，他们在同年10月发展了进步青年郑万生加入党组织。1942年4月，河口小学即河口党支部建立，书记张子仁。1942年春夏间，发展了朱靖祥、朱正入党。同年秋初，叶左恕、谢谷、叶子弼由组织调遣回到河口小学任教，谢谷接任河口小学校长。自共产党占领河口小学后，陆丰县委书记黄闻及继任的王文，都多次到河口党支部传达上级指示，布置具体工作。

河口地下党另一个活动中心在南溪。1941年寒假，就读龙山中学的共产党员谢谷、吴坚、谢特英、谢国良回到自己的家乡南溪进行革命活动。他们首先团结有进步要求的青年，组织青年读书会。他们采用自我学习、联系实际、专题讲座的方法，学习毛泽东的《论持久战》、艾思奇的《大众哲学》、共产党党章等。这个读书会为南溪随后建立党的组织，占领学校阵地，打下了良好的基础。

在农村中积蓄革命力量。1942年，国民党当局抓紧施行"征实""征购""征借"政策，加紧搜刮民膏。大小官员又与地主和买办资产阶级狼狈为奸，肆无忌惮地囤积居奇、巧取豪夺、走私资敌，大发国难财。从而导致物价飞涨，治安混乱，民不聊生，社会经济极端萧条。陆丰这年连遭水灾、虫害，1943年3月开始又出现延续三个月的旱灾。在天灾与统治阶级无限制的掠夺、盘剥下，1943年发生了席卷全县的大饥荒。

这年春天开始，广大贫苦百姓便以树叶、野菜充饥。为了活命，人们只能忍痛离婚的离婚、卖田地的卖田地、逃荒的逃荒。饥饿和死亡严重威胁着贫困的人们。据统计，全县当年死亡人数竟达11.71余万人，加上逃荒外地未回来的16760人（大部分死于他乡），死亡与失踪总共13.39余万人，占全县总人口的26.6%。其中绝户的有9269户，57个村变成废墟。灾难之深重旷古未有！

统治阶级与奸商们此时却趁贫民之危，囤积居奇，任意抬高米价，制造混乱，巧取豪夺，极尽搜刮迫害之事。他们趁机贱价掠夺农民的土地，在东海镇一亩土地只值一斤半米，在甲东一亩土地值一斤红糖，在旱田一斗（1斗=10升）种土地值一斗谷。据调查，全县出卖土地的有38800万户，出卖土地面积共84400多万亩。在1943年暗无天日的社会现实中，陆丰人民处在水深火热之中。

陆丰的共产党组织在这种形势下，广泛地领导群众开展了借粮救荒斗争。1943年春，河口发生空前的大饥荒，河口小学基金会主任兼教员郑万生代表教师向乡公所要求拨几石（1石=50公斤）谷给学校，乡长朱用轩虽然答应了，但根本不打算兑现。当时教师们行将断炊，党组织决定联系教师的切身利益进行罢课斗争。河口小学校长谢谷和其他党员在教师中做了鼓动工作。然后，全体教师在本校召开师生大会，并集队到河口圩上示威，高呼口号，张贴标语，揭发朱用轩贪赃枉法，自肥私囊，不顾教育事业的劣迹。师生示威声势浩大，吓得朱用轩躲在别人的店里，托人向教师表示立即拨谷解决教师生活。这次罢教一天即获得胜利，政治影响很好，群众同情支持，打击和孤立了朱用轩。

　　与此同时，河口党支部指导员叶左恕将河口昂塘村农民组织起来向地主叶秉球等借粮救荒。通过几天的努力，共向地主们借得稻谷20余担，解决了绝粮户的困难，借粮斗争取得胜利。4月，在八万葫峰，中共党员吴路军（又名家桓）发动几百个断粮农民成立饥饿团，他们夺取了公家的枪支，挑着空箩担，拿着空布袋，喊着"要生存，要借粮"的口号，一齐冲向囤粮的鹿鸣堂，向理事、地主进行借粮渡荒斗争。通过斗争，迫使地主将鹿鸣堂的稻谷借给农民，使断炊的农民得以渡过灾荒。

第三节 支援东江纵队的反侵略斗争

一、日本侵略军的暴行

从1938年开始，日军为封锁东南沿海，先后多次派飞机轰炸陆丰城镇和交通线。据当年随军入侵作战的日本人蒲丰彦后来搜集的资料证实，1938年10—12月，日军海军飞机曾经5次轰炸陆丰。1939年共8次轰炸陆丰，范围遍及甲子、碣石等沿海地区以及河田等县境各处。

1939年7月6日和1941年3月末，河田也数次遭到日军飞机轰炸和机枪扫射，镇内米街、上圩等处有数人伤亡，民房和学校遭日机轰炸，河田镇受到严重破坏。1941年3月，沿海地区形势突然紧张，陆丰国民党县政府和驻军闻风逃往西北山区。3月28日，日本侵略军乘炮艇在乌坎海仔登陆。当天下午4时，日军侵占了陆丰县城。日寇进城后烧杀掳掠、奸淫妇女。同时，日军还到处强拉挑夫，强拆民房门板构筑工事，有的农民被抓后就从此失踪。日军在陆丰县城驻扎了3天，无恶不作，对陆丰人民犯下了滔天罪行。

1945年1月，日军第二次攻陷陆丰县城，占陆丰人口半数以上的东南部和中部地区，沦陷于侵略军的铁蹄下，时间达8个月。日军在控制地区到处修筑碉堡、战壕、地道、封锁沟。

二、支援东江纵队抗日斗争

1945年1月，日军第二次攻陷陆丰后，日、伪、顽互相勾结，镇压抗日力量。在复杂和困难的形势下，陆丰党组织根据上级指示，一方面大量散发东江纵队的宣传品，另一方面又派遣党员和动员青年参加东江纵队，在人力物力上支援抗日战争。同时，在沦陷区和接敌区的基本群众中秘密组织游击小组，学习军事知识，掌握更寮武装，积极搜集情报，准备迎接抗日部队挺进敌后，并加强东江与韩江抗日部队在陆丰境内的地下交通运输线。

1942年设在河口石印村郑万生家中的石印交通站，是东江纵队、闽西南和韩江联系海陆丰的交通站。这个交通站设了6年，一直坚持到抗战后。石印交通站负责人郑万生是县委政治交通员。东江纵队六支队独立中队郭坚部队突然离开陆丰后，石印站一个月里收到郭坚50多封信。在郑万生一家人的努力下，地下交通线畅通无阻，日夜不停，使情报得到转送。

经过十四年浴血奋战，陆丰人民和全国人民一道，终于取得了抗日战争的伟大胜利。

【相关资料】

东江纵队

全称广东人民抗日游击队东江纵队。抗日战争时期中国共产党领导的抗日游击部队。1943年12月2日在惠阳坪山（今属深圳市）正式成立。司令员曾生，政治委员林平，副司令员兼参谋长王作尧，政治部主任杨康华。其前身为惠宝人民抗日游击总队和东宝惠边人民抗日游击大队。1938年日军南侵广东后，即在惠（阳）、东（莞）、宝（安）、增（城）、博（罗）地区开展游击战争，抗击日军侵略，粉碎了日伪军的"万人大扫荡"。1940年游击队东移海陆丰，转移时受严重挫折，海陆丰中心县委曾积极掩护，不久曾、王部队奉中央命令重返抗日前线。1942年，营救出大批被困于香港的民主人士、文化界知名人士和国际友人。东江纵队正式成立后，活动范围扩展到整个东江及粤北地区。全面开展打击日伪军的斗争，歼敌近万人，牵制了敌人大量兵力，破坏了敌占区的交通线和通信联系，重创日军的南海防线，有力配合全国抗战和盟军的反攻作战，创建了东江抗日根据地，部队发展到9个支队共1000多人。1946年6月30日主力北撤山东。后扩编为中国人民解放军两广纵队。

4

第四章
解放战争时期

第一节 要求民主，反对内战

一、支援东江纵队反"清剿"

抗战胜利，举国欢腾，1945年9月，为了粉碎国民党当局的"清剿"计划，加速实现中共广东区委建立海陆惠紫五根据地的部署，区党委和东江纵队设立东进指挥部，又称海陆惠紫五指挥部。11月，驻丰顺的国民党一八六师借"防土匪"为名，进驻海陆丰地区，搞海（丰）陆（丰）紫（金）五（华）丰（顺）揭（阳）等六县联防，追踪东江纵队所属部队，妄图按其上级命令于1946年1月底前"肃清辖境内奸匪"。他们派了一个团驻扎陆丰，伙同陆丰地方武装，用定点出击、跟踪追击、分散搜索、集中合围等办法，"围剿"人民武装。

1946年1月，东江纵队第四团到达紫金中心坝。四团跟追赶而来的国民党一八六师打了一仗后，便撤到今螺溪镇葵头嶂驻营，并在螺溪、各安、河田一带活动。此前，国民党部队曾假装成东江纵队，并以东江纵队的名义在各安一带抢劫破坏，影响很坏。当四团到达这里后，老百姓才亲眼见到纪律严明的东江纵队。四团在这一带活动期间，得到了群众的热情支持和衷心拥护。这时，韩江纵队也派人来和四团联系。在韩江纵队的帮助下，四团转到上砂赤岭村驻扎。他们在上砂做了宣传活动，并找当地的上层人物做了统战工作，上砂庄姓宗族首领表示，如不损害他们的利益，庄姓愿守中立。这样，四团便以赤岭村为据点驻扎了一段时间。

为了找到陆丰党组织，黄布、郭坚率领部队于3月份来到良田，后来又转到八乡山地区。到了八乡山，四团碰到韩江纵队的一个班。为了避开国民党部队的追击，韩江纵队战士引导四团离开了八乡山。他们在途中到禾田水扎营时，晚上被国民党部队发现并被包围。次日晨，四团受到敌人的攻击，他们虽然冲出了敌人的包围圈，但连指导员黎标和韩江纵队派来带路的彭伟华壮烈牺牲，女卫生员被打裂了肚皮，后被地主捉到活埋。

四团此时已弹尽粮绝，处境非常危险。禾田水村也被敌军洗劫一空，满目疮痍。但是当地群众依然设法找了一些番薯给指战员吃。

部队几经周折，又回到上砂赤岭。他们在这里遇到四团政治处主任赵学等十几人。赵学转达了上级的指示，要四团分散保存力量，等待北撤。于是由郭坚、赵学率两个连编成一个大队，设法在陆丰境内保存这批力量。

当时上砂圩驻有国民党一八六师部队，他们正想尽办法截击四团主力。因此，郭坚、赵学便率部取道大塘肚转到东坑乡。老区群众看到自己的队伍都十分高兴，一位老农会会长主动找部队指挥员，指点他们向地主借粮。部队在磜下住了三天，然后经水岸洋进入北溪尾，当地群众见部队缺粮，非常乐意地拿出三担谷子给部队，还说："你们为国为民，今天被反动派逼到这里来，三担谷子帮助你们算不了什么。"部队指战员非常感激，当即以郭坚、赵学的名义写了借条，并告诉他们，以后共产党部队或人民政府是会代他们付这笔款的。郭坚想办法找到了抗战初期被杀害的朱荣的亲属，请他们带路回九龙洞。于是朱荣的弟弟将部队带向九龙洞山顶。到达九龙洞山

顶后，他们发现九龙洞一带已有国民党驻军，于是，部队只好
又折回三溪。

部队在三溪找到地下党员叶左恕前来会面。叶左恕告诉
他们，党组织目前已完全转入地下隐蔽，按上级指示是不能暴
露的，要公开配合部队活动有困难。叶左恕派了两个交通员将
部队带到了八万。在老区群众的支持帮助下，部队在八万、内
洋、沙坡、石盘坑、郭公田等地迂回活动。当敌人发现四团主
力并向陂沟、内洋进攻时，四团主力已甩掉敌人掉头重回葵头
嶂去了。

四团主力和海陆惠紫五指挥部所属其他部队在广大群众的
支持帮助下，凭着必胜的革命信念和坚强的革命意志，在崇山
峻岭、深谷密林中坚持机动灵活的山区游击战，使国民党部队
到处扑空，"清剿"行动只能徒劳一场。

但是，由于敌我力量过于悬殊，国民党是大部队统一行
动，而共产党革命力量处于弱小的隐秘的阶段，所以四团主力
终于未能在海陆丰山区站稳脚跟，也说明东进创建海陆惠紫五
根据地任务之艰巨。但是尽管如此，四团在海陆丰山区已播下
了革命火种，产生了很大的影响。

1946年春，海丰二区武工队、六九区武工队和东江纵队第
六支队一个排，也先后挺进陆丰西北边区和东南地区开展活动。

东江纵队北撤前，县委书记刘志远与海丰县委负责人郑
达忠同往香港广东省委接待处，向上级领导周楠汇报工作。周
楠传达了上级对东江纵队北撤后形势的分析和交给的任务，强
调要坚持十年隐蔽斗争，反对急躁，防止暴露，不搞大规模群
众斗争。应运用"有理、有利、有节"的策略原则，在当局法
律、政令和社会习俗许可范围内，稳扎稳打进行工作。党员应
广泛打入地方保甲和经济、教育、军事等机关团体，开展统战

工作，在党员被强迫参加国民党时，可酌情加入。总之，好好坚持就是胜利。

1946年6月底，东江纵队北撤，暴露的党员骨干奉命随军北撤，另一部分人员到香港隐蔽。此时，中共中央的战略决策已转为争取控制东北，对广东的方针已转变为分散活动、坚持斗争，根本点是立足长远打算，保存革命力量，等待革命高潮的到来。

二、要民主、反内战、反"三征"

1946年3月以后，国民党当局在全县进行所谓的民主选举。表面上，当局是积极动员各地选举乡镇长，而实际上已按派系势力大小在内部安排好各乡镇长的名单。地下党组织利用这个机会做了大量工作，一方面发动群众抵制、揭露国民党假民主的骗人把戏，另一方面又利用国民党的法令以及地方集团火拼的机会，利用统战关系，有组织、有计划、有步骤地参加竞选，发动群众选举进步人士掌政，更广泛地打入保甲团体，使区乡政权尽量掌握在自己人手里，或使区乡保各级政权瘫痪，同时也使国民党内部派别矛盾加剧，互相斗争。

1946年五六月间，河口选举乡长。地下党利用陆丰各种帮派势力之间争权夺利、暗中火拼的时机，充分利用当权人物之间的矛盾，用丘黎光派作掩护，用丘派的势力挤垮了代表黄华派势力的朱靖邦，然后发动群众参加选举，力争选上朱镇波（中共地下党员）当河口乡长，搞一个"白皮红心"的乡公所。地下党利用朱、叶两大姓的矛盾，以身为中共地下党员的国民党县党部监委叶左恕、河口商会会长郑万生和河口小学校长朱靖祥为核心，打着河口青年绅士派的招牌，团结了进步青年和各姓中间派，一同选举了朱镇波为乡长，共产党员朱靖祥、李德筹、谢特英等，中间分子朱贵亭、朱振寰等当选为保民代表，使27个代表中有19个为地下党所控制。河口的选举消除了黄华派的势力，也实际削弱了丘黎光在河口的势力，动摇了河口地方当局的统治基础。

这次"竞选"的结果是地下党胜利了。特别是河口、八万这两个地区，分别选出了"白皮红心"的乡公所和联保办事处，确保了中共县委机关，以及设于河口郑万生家的东江、韩江地下交通站安全，为后来陆丰恢复武装斗争打下了基础。

国民党挑起了内战以后，加紧对老百姓进行"三征"（征粮、征兵、征税）。广东各地群众开展了声势浩大的反"三征"、求生存的斗争。在陆丰，地下党组织一方面抓紧积蓄力量，一方面领导广大民众进行反对假民主和广泛的反"三征"斗争。地下党组织号召大家起来，运用敷衍、拖欠、逃避方式反对国民党当局的各种敲诈勒索手段。从1945年冬起，广大群众采用抗缴、拖欠、逃避等办法进行了反"三征"斗争，有的地方还采取中途伏击、殴伤、杀死反动征收人员的行动反抗"三征"。

在河口，自党的组织在河口建立后，农民的反"三征"斗争就此起彼伏地开展起来，造成国民党政府在河口的"三征"遇到重重困难。由于反"三征"往往是群众性的，没人带头正面反抗，当局又不能发现为首者，无法镇压、抓人。所以，国民党当局的"三征"政策在河口一直达不到他们的预期目的。

中共陆丰西北区委员会建于1945年10月至1946年春，辖河田、河口、大安、八万等地支部，以后专辖河田、河婆等地支部。书记钟良（前）、彭克明（后），组织彭展煌，宣传彭振锐。其中，中共河田支部书记罗金碧。中共陆丰中区委员会于1946年春建立，书记朱靖祥，组织叶勇。其中辖中共河口支部，书记叶晖（先）、叶寒梅（后）；中共南溪支部，书记谢国忠（先）、谢国良（后）、李德筹（后）、刘益球（后）；中共昂塘支部，书记叶城先（先）、叶寒梅（后）、叶加（后）；中共北溪支部，书记朱瑞光。

由于全县各地的反"三征"斗争延续不断，国民党当局想尽办法也收效不大。而且，1947年后，大安、河口、上护、碣石等田赋处一个接一个被袭并破仓分粮，搞得国民党当局风声鹤唳。到1948年上半年，国民党当局的"三征"政策已基本上被粉碎。当局用保甲摊派要人要粮的办法已无法实行，征兵也只得采取围乡抓人或者干脆在圩镇上抓人拉夫的手段。

第二节 恢复武装斗争，贯彻"小搞"方针

一、组建海陆丰人民自卫队东北大队

1946年秋末，中国人民解放军在全国战场上沉重打击了国民党军队的"围剿"进攻，驻广东的国民党军队纷纷北调围攻解放军主力。

1947年3月，为更好地贯彻党的方针和上级"实行小搞，准备大搞"的指示，刘志远在大安洞主持召开了海陆丰第一次干部会议，宣布合并两县县委为中共海陆丰中心县委（以下简称"中心县委"），刘志远为中心县委书记兼海陆丰人民自卫队政委，蓝训材为中心县委副书记兼组织委员，庄岐洲为宣传委员兼管军事。

1947年5月19日，中共海陆丰中心县委在大安洞召开了第二次海陆丰干部会议。会议就海陆丰的斗争发展形势，确定了"全面动员，放手发动群众；农村以双减为中心，建立农村民兵武装，通过斗争，扩大队伍"的工作方针。

1947年10月10日，海陆丰人民自卫队东北大队正式成立，县委任命彭克明为大队长。这时候的东北大队是由自卫队主力临时抽调20多人组成，没有单独形成建制，实际上是海陆丰人民自卫队的两支主力部队以此名义在陆丰地区开辟新战场。

二、东北大队开辟陆丰新根据地

在斗争中发展壮大。档北大队在陆丰打开局面之后，为了巩固开辟新区的成果和发展革命斗争力量，中心县委认为海陆丰人民自卫队东北大队必须设法扎根陆丰，东北大队肩负的任务非常艰巨，非常有必要单独形成建制。1947年12月8日，中心县委和人民自卫队召开了一次专门会议，决定正式拨30名长枪武装人员和6名短枪人员作为东北大队的基本队伍。调黄礼声任东北大队第一中队中队长，张子仁任指导员；组建短枪武工队，代号铁流，叶虹任队长，郑剑任政治指导员。两队由中心县委特派员郑达忠和大队长彭克明率领，开到陆丰的激石溪山区（今陆河县新田），以该地区为大本营，继续开展武装斗争。

激石溪地处海陆紫边界，高山绵延，地势险要，工农红军曾在这里战斗过较长时间。激石溪及其附近的新田、河口是第二次国内革命战争时期的革命根据地，群众基础良好，对共产党的军队有一定认识。以激石溪为根据地，向新田、上护、河口地区发展，既有进的前途，又有退的据点。因此，部队到达激石溪后，指战员们马上就深入到群众当中，开展宣传组织活动。群众都说："我们穷人的红军队伍又回来了。"大家兴高采烈，奔走相告。

从此以后，东北大队就坚持在陆丰境内开展武装斗争。东北大队单独建制的完成，标志着陆丰地区有了真正意义上的本地武装队伍，它对陆丰革命根据地的建立与扩大，对陆丰革命斗争的胜利具有关键性的作用和非常重要的意义。

东北大队在激石溪建立根据地后，发挥灵活机动的游击战术，经常穿插于山区平原，并按计划向附近山区进发，扩大影响，开辟新根据地。

这时候的陆丰，国民党和反动地方武装在数量上还占有绝对优势。他们有政警大队四个中队，盐警一个中队，还有谍报队、警探队，共300余人。此外，还有分散各地的警察分驻所以及乡公所、联防会等机构所属的常备武装数百人。可见，东北大队虽然已经建立，但军事力量上还不足以和国民党部队正面交锋，迅速扩大武装力量是东北大队的当务之急。于是，海陆丰中心县委派特派员郑达忠率队到地下党基础比较好的河口地区活动，争取扩充武装队伍。

在郑达忠率队到河口活动之前，河口地下党已先期进行了武装斗争的准备。当地地下党先后派遣了党员骨干谢谷、吴坚、吴家恒、张子仁、谢奋、张汉等前往东江纵队第六支队参加部队。同时，加强了情报工作，还进一步掌握了农民更寮武装，为发动公开武装斗争而做好准备。

更寮武装，有的纯粹是农民看守青苗的组织，有的则是地主对贫苦农民压迫的工具。但更寮武装的成员大都是为了获得一点生活补助的贫苦分子。因此，即使是地主控制的更寮，也可以进行争取和教育工作。有的地下党员进入更寮，成为更寮头。到后来，河口乡的更寮武装大都掌握在地下党手里，如在南溪、昂塘等乡村掌握了将近10个更寮、60余支火药枪和单响枪。抗日战争胜利之后，河口地下党在与地方反动势力进行政治斗争时，便依靠这些农民更寮武装作为自己的实力基础。

1947年12月，罗靖民率领打着"中国民主联军"旗帜的海匪300余人枪到大安、河口一带活动。这是在香港的部分反蒋民主人士利用海匪组成的第三派军队。地下党分析了这支队伍，认为对其反蒋一面可以与之联合，但对其残害人民则必须与之斗争。故此便派代表和他们谈判，约定划地为界，凡贴了东北大队布告、属于东北大队活动范围的地方，彼方不能前来活动，从而保护了河口乡多数村庄免遭残害（这支海匪后流窜上护乡时，被国民党军队击溃）。

为了不让罗靖民把民间的枪支收去，河口地下党组织在郑达忠的领导下及时做好当地上层人士的工作，以"人不离枪，枪不离乡，维护治安"为口号积极筹组地方武装队伍。

12月下旬，县委特派员郑达忠在河口郑万生家里召开会议，决定在河口组织人民武装。接着，在北溪的北笏成立了一支30余人枪的独立中队，以叶左庭为中队长，朱文标为副中队长。在河口的南溪也成立了一支以地下党员谢国良为负责人、当地农民更寮武装为主的常备队。半个月后，海陆丰中心县委命令这两支队伍到海丰大安洞集训，随后正式编为东北大队第四中队，共50余人枪，分为6个班，叶左庭为中队长，谢谷为指导员。至此，东北大队的主力已发展到两个中队及一个短枪武工队。

夜袭河口田赋处。1948年初，东北大队在县委特派员郑达忠和大队长彭克明率领下在激石溪、上护、青塘一带活动。一天，部队正驻扎在新田仙草径村，河口地下党派人送来情报，说河口近日没有国民党驻军，河口田赋处粮仓放有近百担稻谷，只有几个人看守。部队闻讯后立即决定夜袭河口粮仓。一天晚上12时，部队和随行群众近200人静悄悄地来到河口圩旁。待突击小组将田赋处大门炸废后，战士们便一跃而上，冲进了粮仓。粮仓主任庄国员这时正穿着背心短裤睡在床上，还未反应过来，就被战士们从被窝里揪了出来。接着战士们在其床头搜出手枪一支，子弹10余发，在粮仓看守的两个仓丁也被拿下。

见粮仓守卫人员被捉，随军的群众赶紧放下空箩担，七手八脚装满稻谷，他们个个笑逐颜开，满载而归。天将拂晓，队伍顺利回到仙草径。第二天，东北大队夜袭河口田赋处的消息迅速传开，人民群众无不拍手称快。

通过不懈努力，海陆丰中心县委开辟陆丰新根据地的工作取得了显著成绩，初步打开了陆丰的局面。

放手"大搞"，以发展和进攻粉碎敌人的进攻

一、配合东北大队粉碎第一期"清剿"

（一）加强东北大队领导班子建设

1947年下半年起，全国解放战争从战略游击转入战略进攻。为迎接广东解放的革命高潮，中共中央香港分局制定了"放手大搞"策略，以发展和进攻来粉碎敌人的进攻。1948年在海丰大安洞召开海陆丰第四次干部会议。2月14日，第四次干部会议结束时，中心县委为了加强陆丰武装斗争工作的领导，决定调整东北大队领导班子，免去彭克明的大队长职务，任命叶左恕为大队长，郑万生为政委（两人均在河口未公开参队），高志平为副大队长。1948年3月，为了扩大政治影响，中共江南地委决定，由打入国民党河口区分部、河口乡公所工作的地下党员叶左恕等4人在香港《华商报》发表起义消息和《告陆丰同胞书》《告陆丰青年书》，揭露国民党内部的黑暗腐败，号召国民党官兵弃暗投明，参加人民武装。

4月初，为了打击国民党当局的嚣张气焰，东北大队大队长叶左恕率部到新田丘黎光老家没收了他的财产。此后，人民武装又趁机奔袭了八万矿场，摧毁了官僚资本与帝国主义分子合办的矿场机构。同时，东北大队在新田、河口地区大力发动群

众，组织人民政权。在东北大队的强大攻势下，游击地区迅速扩大，日益威胁着国民党对陆丰西北地区的统治。

1948年4月，上任不久的有国民党少将军衔的陆丰县长赖舜纯，为配合宋子文的第一期"清剿"行动集中了国民党联防队300多人，分三路扫荡河口、南北溪、上护等游击区，并通缉中共陆丰县领导干部。东北大队根据现实情况，退守激石溪根据地，再找机会打击敌人。赖舜纯摸不准东北大队去向，又害怕被东北大队偷袭，因此不敢久留山区，最后只好把队伍带回县城。当此之际，东北大队却一直在跟踪敌军动向，并尾随出击河口联防队，炸毁炮楼。河口联防队如惊弓之鸟，赶紧逃窜到南北溪山区，东北大队乘胜追击，很快就把敌人击溃。

（二）护送韩江领导

1948年春，广东各地的武装斗争已如火如荼开展起来。5月初，接中共中央香港分局通知，林美南等10位韩江领导从香港返回潮汕地区，并携带一批重要军事器材，需要海陆丰中心县委派人护送。因海陆丰境内山路崎岖、情况复杂，于是中心县委派庄岐洲率主力两个钢铁中队及天雷短枪队护送，从海丰出发，准备经陆丰到揭阳。

部队护送韩江领导同志到达激石溪时，获悉不久前袭击八万中英远东矿场的东北大队，正在八万水岸洋一带被国民党大部队围追。由于敌我兵力悬殊太大，东北大队处境非常危急。与此同时，又获悉驻新田的国民党县政警第四中队，要于次日从上护押送粮食到河口南北溪，以供给追截东北大队的国民党部队。庄岐洲等当即决定先解东北大队之危，派天雷和钢铁一中队白天打上护联防队，由钢铁二中队伏击从新田来上护的政警队。当两支主力即将赶到上护时，上护联防队未交火就败退逃窜。人民自卫队立即破田赋处粮仓，将谷子分给农民。当县政警队进入上护时，他们在山路上发现有共产党武装部队出现，便不敢下山来，打了几枪后立即窜往河口去了。正在水岸洋围追东北大队的国民党部队听说共产党主力部队派兵增援东北大队，便急忙收兵连夜退回县城，东北大队之危遂解。然后自卫队撤回激石溪集中，奉命参加护送韩江领导的任务。

护送韩江领导去揭阳大北山根据地，要经过陆丰西北区封建势力较大的螺溪（叶姓）、上砂（庄姓）、五云洞（彭姓）等地，情况复杂难料。自卫队要求指战员们充分做好边护送边打仗的思想准备，不能有丝毫的麻痹大意。为确保完成好护送任务，庄岐洲派天雷队到海陆丰交界的山区和平原活动，紧紧牵制敌人，使敌人不敢出兵围追护送部队。

5月18日，海陆丰人民自卫队近400人的武装队伍白天行军，晚上驻营。当部队到达螺溪皇告洋村时，当地地主操纵的叶姓自治会煽动农民，并串通河田联防队向护送部队进攻。护送部队派两个中队打出去，很快击溃了地方反动武装。人民自卫队主要任务是护送领导，所以赶走敌人后立即归队上路。

5月20日，人民自卫队路经上砂乡外围山路，上砂乡地主头子煽动庄姓农民阻击护送部队。他们在上砂地区的必经之路处处设卡拦截。人民自卫队为完成护送任务，尽量避免和他们正面交锋，便绕道五云洞赤告村。5月21日，终于到达韩江部队第二支队所在地横岗，顺利完成了护送林美南等人的任务。韩江纵队第二支队司令员刘向东热情接待了护送部队，并杀猪慰劳。

这次护送任务不只是一次简单的行动，它所产生的影响非常深远。首先，部队圆满完成了上级布置的重要任务，保证了韩江领导干部的人身安全及兄弟部队军用物资的安全到达，体现了东、韩江人民亲密无间的战斗情谊，也体现了海陆丰人民无私的合作奉献精神。同时，这次大规模的行动，使部队指战员的纪律性得到很好的锻炼，进一步培育了指战员们艰苦奋斗的作风和献身革命的精神。这次行动沿途宣传了共产党及其部队的革命主张，也壮大了革命队伍的声势，使广大群众看到了革命胜利的希望。人民自卫队完成护送任务后回到激石溪，开会总结这次护送领导干部和解东北大队之危的经验和教训，指战员对副大队长高志平带队有误提出了批评。事后高志平趁外出检查工作时离队投敌。

二、展开主动攻势粉碎第二期"清剿"

（一）子岗遭遇战

1948年7月，为了粉碎陆丰县长赖舜纯配合第二次"清剿"在陆丰所发动的攻势，东北大队准备首先解决临时驻河田的县政警第四中队。这个中队的中队长是赖舜纯的侄子，中队指导员也是他的亲人，消灭这个中队，也就直接打击了赖舜纯的嚣张气焰。东北大队决定这个任务由政委郑万生率第四中队来完成。制定计划后，先派一个班到河田骚扰，引蛇出洞，其余指战员在敌人回陆丰县城的必经之路嶂肚设伏。但政警队没有被套出来，东北大队人马在伏击地等了整整两天，仍不见敌方动静，只好将队伍撤往别处活动。

8月6日，为解决给养，中队派一个班到叛子岗收税。当部队到达叛子岗时，国民党县政警队第四中队回陆丰县城正从这里经过。准备去收税的战士们发现敌情后，马上占据有利地形进行阻击。东北大队在山上的瞭望哨也发现了敌情，部队立即快速占领高地，中队长叶左庭带领战士们在山上向敌人发起了冲锋。政委郑万生则带领部分战士和附近群众到周围山上呐喊助战。这时"铁鹰"队也刚好在籸子岗附近活动，他们听见枪声，不等命令就迅速参加战斗。东北大队三路夹击，指战员们在冲锋号声中猛打猛冲，县政警队听见冲锋号声，又见满山都是游击队员，早已阵脚大乱，跑的跑伤的伤，被打得丧魂落魄，丢盔弃甲。

此仗俘虏县社会科长、中队指导员等9人，缴枪7支及一批军用物资。东北大队新战士吴娘铨在追击敌人时壮烈牺牲。籸子岗遭遇战在陆丰产生了很大震动，大涨了人民武装的威风。1948年9月25日香港《华商报》还以《海陆丰人民武装袭籸子岗报捷》为题作了报道，文中写道："海陆丰人民武装在陆丰籸子岗（距河口七里路）与'陆丰县政警第四中队'发生遭遇，展开猛烈战斗。在人民武装英勇冲击之下，该队溃败逃窜，人民武装大获胜利。"

（二）上护反击战

1948年8月下旬，东北大队离开激石溪根据地活动。一天，东北大队大队部和一中队驻扎在新田参将府。反动分子钟铁肩知悉后立即率部分三路前来包抄，企图消灭东北大队。由于敌我兵力悬殊，东北大队突出包围后退到村后的山头，边打边向激石溪撤退。

11月间，河田联防队和紫金南岭地主武装共300余人进犯上护。时主力部队不在上护附近，情况危急。上护民兵区队星夜集合队伍，组织先锋队抢占山头。次日早晨，战士们"土六八"枪、火药枪、土炮等齐发，猛袭来敌。各乡村民兵后备队和群众也同时出动，四面伏击敌人。交战3个多小时后，民兵武装才边打边往山上撤退。来敌见老区人民武装难以战胜，又怕东北大队主力赶来夹击，便急忙收兵，当天下午退回河田。

上护反击战是在没有正规武装部队的参与下展开的，充分显示了人民战争的威力和老区民兵的英勇顽强。在这次战斗中，民运队员谢惠，为了使掩护撤退的战友不至于迷路，主动留在路口接应。敌人的一颗流弹打过来，她不幸被打伤了腿，负伤藏在丛林中。敌人发现山中有人藏匿，便在山下喊话："藏着的人快出来投降，不然就放火烧山。"谢惠和民运队员彭玉珍、战士叶山3位同志决不出山，他们宁死不屈，决不投降。穷凶极恶的敌人见威逼利诱皆无效，就放火烧山，3位年轻的革命战士在熊熊山火中壮烈牺牲，谢惠牺牲时只有16岁。

（三）活跃在陆揭五边区的陆丰武工队

在东北大队挥戈陆丰的同时，地处揭阳、陆丰、五华边界的五云洞也活跃着一支武工队，他们为打击当地反动武装、配合人民武装部队粉碎国民党的"清剿"和沟通东、韩江两支武装力量的联系做出了贡献。

1948年6月1日晚，陆丰武工队成立，在五云洞鹏岭村搭舞台演戏。潮汕人民抗征队派来了400多人，大张声势。武工队成立后，发动广大农民组织起来参加革命斗争，建立了赤窖农会和赤窖民兵大队，同时，又发动群众开展向地主富农征粮征枪工作。武工队不久就发展到40多人并与东北大队及潮汕人民抗征队取得了联系。

陆丰武工队成立后，当局非常恐慌，驻在陆丰河田的彭展南联防队，曾先后两次来五云洞袭击陆丰武工队。在当地群众支持下，军民紧密配合，两次击退了联防队的袭击。陆丰武工队不但击退陆丰境内来犯之敌的进攻，还有力地支援了韩江兄弟部队。

8月的一天上午，联防队忽然向赤窖东面的潮汕抗征队驻地横江进攻，很快占领了走水凸下面的山头，正在向潮汕抗征队阵地冲击，情况很危急。陆丰武工队迅速抢占了有利地形之后，便一齐向敌军猛烈开火，把敌人打得抱头鼠窜，向后溃退。在高地的紫五队和横江武工队的战士们马上转守为攻，从山顶勇猛地压下来，一口气将敌人赶回河婆圩。

8月28日（农历七月廿四日），陆丰武工队和潮汕抗征队派贝影、张介平等8人进入上砂开展工作。他们到上砂后被当地反动地主武装活埋，这就是反动地主制造的"（农历七月廿四日可必成"7.24"）七廿四"惨案。此后，各地反动头子甚嚣尘上，互相勾结，图谋一举扑灭赤窖、横江一带的人民武装。9月2日，中共揭陆五边区工作委员会将陆丰武工队、陆丰西北武工队、横江武工队合并为第三大队，实行统一领导，统一指挥。9月20日，国民党河婆驻军和河田彭展南联防队共400多人分两路来犯，一路由河婆出发直逼横江，一路由五云进攻赤窖，再进横江。在敌众我寡的情况下，第三大队阻击了正面的敌人。但是，赤窖的反动头子串通上砂联防队，悄悄地向第三大队扑了过来。第三大队顽强抗击，有3名队员壮烈牺牲，1名重伤。第三大队边打边撤，退到良田。9月30日，陆丰武2队第三大队在北山团指挥下，与陆丰武2队第四大队、陆丰武2队第八大队联合攻打五云洞赤窖联防队。反动头子仓皇潜逃，于是五云洞又宣告解放。

第三大队在解放战争中和兄弟部队协同作战，取得了一个又一个的胜利，并在战斗中不断发展壮大，后成为韩江纵队第二支队第八团。1949年年初，陆丰武工队队长彭彪征得横江办事处领导的同意，率原陆丰武工队回归东北大队。

第四节 游击区名项工作的开展

一、陆丰县人民自卫委员会成立

1948年春，随着革命形势的发展，建立人民民主政权问题提到了中心县委的工作日程上。中心县委一边领导东北大队积极开辟新区，一边配合民运队在农村开展民运建政工作。首先，激石溪建立了以丘里为乡长的民主政府，接着横陇正式成立乡政府，推选刘汉为乡长。紧跟着又在青西、黄塘一带乡村组织发动群众，开展打击地方反动势力、反抗"三征"勒逼斗争。5月间，建立了以朱晏平为乡长的北溪乡政府、以吴坐平为乡长的南溪乡政府、以叶少坤为乡长的上护乡政府以及以黄智军为乡长的青安乡政府。六七月间又建立了石龙、新田、联安、径头、八万等乡政府。

春夏间，中共海陆丰中心县委为统一海丰、陆丰边区的武装斗争和党的领导组织，加速边区的民运建政工作，在海陆丰边区成立海陆丰人民自卫委员会，任命刘夏帆为负责人。

随着军事斗争的胜利，解放地区不断扩大。中心县委根据革命形势的发展，批准陆丰成立临时性质的县政权。1948年7月，陆丰县人民自卫委员会在激石溪成立，郑达忠任主任委员，郑万生、叶左恕、彭克明为副主任委员。

陆丰县人民自卫委员会成立后，立即发表《告陆丰同胞书》，号召全县人民团结起来，在中国共产党领导下全力支援人民军队，为彻底推翻国民党的反动统治，建立人民民主专政的政权而斗争。

随后，陆丰县人民自卫委员会公布了"二五"减租办法及征收公粮条例，要求各地贯彻执行。

首先是实行减租减息。解放战争时期，共产党在新解放区实行的经济政策，是根据有步骤地削弱封建势力的方针来制定的。陆丰县人民自卫委员会贯彻了上级指示，在农村实行了减租减息、生产合作和救灾救荒的政策。同时，要求各级政权必须统一认识，认识减租减息的基本目的是减轻封建剥削，改善农民生活，激发农民的革命热情与提高农民的思想觉悟。所以在执行减租减息的政策时，一方面既要站在农民一边，热情支持农民的减租减息要求，另一方面又要承认地主（反动恶霸除外）的财产权和地产权。

在陆丰，由于解放的地区有先有后，因此农民交缴地租的比例也略有不同。陆丰县人民自卫委员会根据上级的方针政策和地区的实际情况，决定实行"二五"减租办法。规定对分租（地主、农民各一半）三五减（即佃农得六二五、地主得三七五）：原租额低于对分者不得借此提高，但可减少或免减（例如主四佃六者可减一五，主三佃七以下者可以免减），减租后，农民必须保证交租。

1948年秋收时，减租减息运动普及到平原解放区。贫农团、农会、妇女会等群众团体还组织减租减息纠察队，监督地主收租，不许违反减租减息政策。这些措施有力地推进了减租减息运动的深入开展。通过减租减息运动，农村中的封建势力被有效削弱，广大农民获得了经济利益和政治利益，亲身体会到共产党与国民党的根本区别，大大提高了保卫和建设解放区的积极性。

其次是实行了借粮渡荒政策。陆丰地区经济上本来就比较落后，广大农村的贫苦农民受到国民党"三征"勒逼和封建地主的剥削，大都处于饥饿和窘困状态，每年春荒，总是严重地威胁着广大贫苦农民的生产和生活。

对此，根据中心县委的指示，陆丰县人民自卫委员会要求各解放区、民运区必须关心群众生活，实行借粮渡荒。要求借粮工作首先要把那些有迫切要求的贫农雇农组织起来作为农会核心作用，依靠他们领导借粮渡荒斗争，并注意团结中农。一般做法是，在斗争反动的地主恶霸，没收其封建剥削的浮财、粮仓分给贫苦农民的基础上，由农会通知中小地主、富农、开明绅士、农村中的其他富户召开借粮渡荒会议，由农会干部宣讲形势和共产党的政策，以及解决春荒搞好春耕的迫切性和存在的困难，动员到会者主动捐赠、借贷粮食（包括种子），并保证有借有还不影响到会者一家生活。

1948年，在中心县委的领导下，陆丰境内的青安、上护、南北溪、八万等解放区都组织发动群众借粮，使全部贫雇农渡过了春荒。

二、民运工作的开展

1948年，解放区和游击区地盘不断扩大，从上护向西北区延伸，从八万向东南区延伸，形成了西北区与东南区连成一片的形势。被国民党军队扰乱可能性小的大块地区，都普遍建立了乡村人民政府。在未稳定的游击区，县人民自卫委员会也派出乡干部、民运员以武工队的形式进行民主建政活动。民运工作的具体任务是做群众工作，向当地农民宣传党的方针政策和传播解放战争的胜利消息，组织革命的乡村政权，筹集粮食、收税款，保障部队供给，发动农村青年参加游击队及打击反对革命的首恶分子等。

为了加强政权建设和群众运动的领导，县人民自卫委员会委派张子仁负责民运建政工作。同时，分片划分民运区，把激石溪、新田、上护、径头等地划为"华山民运区"（后改为华北民运区），把河口、南溪、北溪等地划为"华中民运区"，把大安、青塘、旱田、黄塘等地划为"华西民运区"，把八万、葫峰等地划为"华东民运区"。这些民运区实际上是区级民主政权的雏形组织。经中心县委决定，派出张子仁、林玉、朱靖祥、叶云、谢特英、叶子等人任各民运区的领导。还先后派出缪化民、叶国良、叶玲、谢惠、叶辉、陈贮、谢天涛、彭伟光、谢非、吴萌、彭少达、颜石等十几人到各地开展民运建政工作。各地民运工作组紧密依靠群众和党组织，凭着灵活机智的斗争方式和情报联络，使工作得到了顺利开展且发展很快，开创了边区建政工作新局面。

民运工作人员发动和组织群众极为艰辛，尤其是开辟新区时，随时会遭到敌人的突然袭击，他们常常冒着生命危险做发动工作。由于广大农民饱受压迫，思想上往往有许多顾虑，一时不敢起来斗争，这就需要民运人员深入到贫雇农之中，扎根串联，一个一个地发动，一个阵地一个阵地地夺取，从无到有、从小到大地把群众组织起来。民运队员在艰险的工作环境中没有退却，他们不怕苦，不怕死，为了人民的解放事业不惜流血流汗，甚至献出年轻的生命。

1948年下半年，中心县委决定在乡村后备队中挑选出优秀分子，组成民运区的民兵区队，成为脱产的民兵，每个区队有30～50人枪。首先在华北民运区组成以叶振南为队长，朱靖祥为政治指导员的民兵区队，代号"铁鹰"队。接着，华中民运区组成以谢国良为队长兼政治指导员的民兵区队，代号为"铁甲"队。华西民运区组成以陈炳辉为中队长，朱忠负责政治工作的民兵区队，代号为"安安"队。安安队组成不久即编进主力队，因此，华西民运区又重新组建了以王锦章为队长，林玉任为政治指导员的民兵区队，代号为"青西"队。

随着军事斗争的发展，解放区日益扩大，群众斗争亦日益深入，农会会员不断增加，规模也不断扩展，并从村级农会向乡级农会发展。1948年下半年，农会的声势和权力越来越大，解放区的群众斗争几乎都是通过农会的领导和组织进行的。同时，解放区农村还成立了以贫苦妇女为主的妇女会，搞劳军支前，掩护照顾部队伤病员，鼓励亲人参军或当民兵，带领广大妇女群众搞好生产等等。总之，妇女会也同样对革命作出了很大的贡献。在解放区，各村还普遍成立了儿童团，这些"娃娃兵"负责监视敌人、监视管制地主恶霸，还站岗放哨、查路条等等，对维持治安秩序也起了很大作用。

三、保障供给

（一）税站的建立

人民解放战争期间，部队和机关的给养主要靠税收和征收公粮解决。征税与收公粮工作是根据合理负担的基本精神制订具体政策的。税收的政策是废除国民党政府的苛捐杂税，并相应降低其余税率。

根据斗争经验和上级指示精神，东北大队刚一建立便抓了建站收税工作。建站收税时，首先明确规定各种应征出入口货物的税率，并公示于众。如日常必需品征5%；奢侈品征10%；其他不列类的可按3%~8%的幅度征收。对那些特别需要又为当局严禁运带的用品，如西药等，可免征或减征。1947年五六月间，陆丰西南的黄塘建立了全县第一个税站。同年冬，河口雷公坪建立了税站，主要是征收货物出入口税。1947年冬至1948年春，先后建立了海口、浮头、湖东等税站，1948年下半年又在惠来陆丰交界的地方建立了头行税站。除了在各河流、道路交通要点设立专人专职税站外，各个武工队也有负责设立流动税站的任务。

根据纳税商人的要求，在县内解放区实行了一次性收税。后来，县人民自卫委员会与海丰和潮汕解放区的税站商定，凡已征税出县境的商品，不再重复征税，这样就大大方便了商人和纳税者，减轻了货物征税负担。为了加强解放区税站之间的税收工作，陆丰县解放区的各个税站之间也建立了工作联系，税站间互通情报，互相交流，使征税工作日益健全、规范。

税收工作对陆丰解放战争的胜利起了很大作用：第一，各地交通站、情报站、民运队、武装部队等在附近税站支领费用，能及时得到给养供应；第二，由于到处设站和流动收税，使得国民党当局觉得到处都有人民武装在活动，摸不清人民武装部队的情况；第三，可以通过税站向来往于国统区的商旅进行宣传教育，并通过他们，在国统区宣传共产党及人民武装部队的方针政策和政治主张。

税收工作人员和部队指战员一样，处于战争第一线，他们身带短枪，早出晚归，辛勤工作，任劳任怨。国民党当局为了在经济上扼杀人民政权，有时派人化装成商人，突然袭击税站，使税站工作更显得惊心动魄、险情四伏。因此，税站的工作人员既是税收人员，又是战斗员，而且是政治工作人员。因此，对税站工作的人员的素质要求比较高，担任者往往都是革命队伍中的骨干人员。1947年，黄塘税站的张强在石头山收税，国民党武装假装成商旅藏在船上，船一靠岸就突然袭击税站。张强不幸被捕，最后被凶残的敌人杀害，为革命献出了年轻的生命。

（二）公粮的征收

东北大队成立之初，陆丰武装人员不多，主要给养由海丰支援。自1947年冬以后在陆丰几个月的活动，东北大队日益壮大，不但摧毁了许多地方的旧政权，也摧毁了国民党政府设在那里的田赋税务机构，并破仓分粮，使多数群众从中得到实惠。这样，人民武装活动到哪里就在哪里解决给养。

陆丰县人民自卫委员会成立后，立即公布了征收公粮的办法及减租减息条例，使征粮工作有章可循，减少了执行政策时尺度把握上的失误。由于人民政权征收量比国民党的田亩地税低得多，加上解放区人民的经济斗争和建设有了成果，生活得到改善，因此人民群众拥军拥政的热情很高。一旦号召征收公粮，他们都非常热烈地响应，积极交售公粮，特别是军工烈属和贫苦农民也不要什么照顾，他们带头交粮、交好粮，超额完成任务。他们说："人民政府为我们操劳办事，子弟兵不顾生死为我们打仗保家乡，我们交公粮支援自己的政府和军队是非常应该的。"他们不但自己做出表率，还督促那些装穷叫苦、拖延抵赖的顽固地主富农分子交清公粮任务。

四、地下交通线

共产党在解放区可以轰轰烈烈领导人民闹翻身，但在国民党统治区，共产党的活动则处于隐蔽状态，党组织之间的联系如传递情报、护送人员等主要靠秘密建立地下交通线，由地下交通联络员完成。因此，地下交通线也是党组织的生命线，地下交通关系着党组织及其领导人的安全，地下交通员必须是对党的事业忠心耿耿，严守组织纪律，不怕苦、不怕累，不怕流血牺牲而又智勇双全的优秀人才。

1946年后，地下交通线随着革命形势的发展逐步扩大，到1948年已分布到全县各个地区。在这些地下交通站中，河口、东海、碣石3个交通站是最主要的交通站，以这3个交通站为中心，构成了全县的交通网络。

河口交通站，由郑万生、叶左恕负责，是陆丰西北地区建立的第一个交通站。该交通站设于1942年，地点在河口圩东侧石印村郑万生家，1948年辖归昂塘情报总站。这个交通站地位十分重要，它曾作为陆丰县交通总站使用。东江纵队（后江南支队、东江纵队第一支队）和韩江纵队（后潮汕抗征队）之间的联系要通过海陆丰，中间必须经河口交通站，再到五云交通站。河口交通站来往的同志很多，身份不同，口音有别，在一个贫苦农民家里要掩住敌人耳目，保护同志的安全是十分困难的，但是河口站仍然出色地完成了这项任务。

在解放战争的几年里，各地建立的交通站，除担负着传递信件的繁重任务外，还担负着护送同志和了解情报等任务。信件的传递有如接力跑。收信单位或收信人通常用代号，代号根据使用的时间或者情况变化而经常改变。信件则根据内容分一般文件和重要文件，传递重要文件时要求交通员要做到万无一失，即使人被捕，信件也决不能落在敌人手里。为了把信件安全送达，交通员们想尽了一切办法进行伪装，最危急时必须临时烧毁信件或自己吞下肚里。信件又根据缓急程度分为一般件、急件、特急件。送急件或特急件时交通员必须以最快的速度，做到信不停留，即使是半夜或刮风下雨也得安全快速送到。

护送同志是交通站的另一项重要任务。不少地下党组织和军队领导的转移，都是通过交通站进行掩护、护送的，从而保证了他们的安全。

侦察敌情，上送情报，这也是交通站的一项任务。在解放战争中，敌方的活动情况往往是通过交通员去侦察了解，然后将获得的情报向上级报告。

微信扫描二维码

图书获取资讯

《陆河县革命老区发展史》获取资讯

河田解放，海陆惠紫五根据地形成

一、在新形势下成立第六团

1949年元旦，新华社向国内外播发了毛主席写的振奋人心的新年献词《将革命进行到底》，郑重宣告"一九四九年中国人民解放军将向长江以南进军，将要获得比一九四八年更加伟大的胜利"。

为了提高华南人民武装的战斗能力，更好地配合南下大军解放广东，经中央批准，中国人民解放军粤赣湘边纵队（简称"边纵"）1949年1月1日在惠阳宣布正式成立。原东江纵队江南支队整编为粤赣湘边纵队东江第一支队。司令员蓝造，政委王鲁明，副政委祁烽，参谋长曾建，政治部主任刘宣。

根据边纵指示，海陆丰人民自卫队整编为第五团和第六团，属于东江第一支队（简称"东一支"）直接领导下的中国人民解放军地方部队，分别在海丰和陆丰活动。2月1日，第六团在八万乡双派村正式宣布成立，庄岐洲任团长，政委由陆丰县委书记刘志远兼任，郑万生为政治处主任。第六团是以原东北大队为基础整编的。它的成立，是陆丰人民在中国共产党的领导下，经过迂回曲折的道路，坚持艰苦的自卫斗争而取得胜利的标志，是共产党正确的军事路线与陆丰人民坚强不屈的斗争意志相结合的成果。

第六团成立后，把原东北大队第一中队、第四中队改编为第一连和第四连，其他地方性部队和短枪武工队番号不改变，一律以代号为名进行活动。

2月上旬，县委在芹菜洋召开干部会议，决定由庄岐洲、郑万生率领主力部队到东南区展开攻势，打开东南沿海局面；由刘志远、叶左恕等到西北地区开展政治攻势，分化瓦解西北区守敌，争取和平解放河田。

二、河田解放，边纵主力、江南地委机关抵达河田

（一）河田解放，海陆惠紫五边大块根据地形成

河田镇是陆丰西北地区政治经济文化中心，位于海陆惠紫五战略基地的连结点，海陆紫五边根据地的腹部，地理位置十分重要。如果解放河田，也就意味着基本上解放了西北区，从而为建立海陆惠紫五边大块根据地创造了最后的重要条件，也为解放全陆丰打下重要基础。

当时闽粤赣边纵第二支队已解放了距河田60里的河婆镇和邻近的五华县安流。按边纵部署，东二支部队正在陆揭五边区活动，东一支在海陆紫边区活动，河田南面的河口早已为第六团所控制。陆丰的国民党部队只有钟铁肩一个营驻县城，西北、东南极为空虚，河田联防队若向陆丰县城撤退，则必经河口地区。因此，河田联防队这时已经四面楚歌，孤立无援。河田联防主任兼联防队队长彭展南见形势逆转，且南下大军即将到来，蒋家王朝覆灭在即，便萌生投降之意。

刘志远、叶左恕等根据中共陆丰县委分工，率队到西北区，对彭展南展开政治攻势。当他们获悉彭展南动摇的信息后，一方面争取河田上层人物和群众的支持，一方面派开明人

士彭展方和彭文美为代表，找彭展南谈判，讲明形势与政策，动员他弃暗投明，走和平解放的道路。经过反复谈判后，彭展南终于同意解散联防会武装、放下武器投降，但条件是让他经汕头去香港，共产党方面答应彭展南的要求，并保证其家属的安全。

其时第六团主力在东南区，而西北地区的兵力有限。为防不测，刘志远和叶左恕决定两人分头行动。一路由刘志远带彭少明到河婆面见闽粤赣边纵第二支队司令员曾广、政委刘向东，要求立即派部队帮助接管河田。刘志远到达河婆面见曾、刘后，曾、刘表示同意配合。于是，他们立即派一个团，由团长李彤率领部队于21日下午进入河田，并由该团协同谈判并接收枪械。另一路由叶左恕立即率领上护民兵200余人，赶到河田附近的岳溪头村集中，1949年2月21日晚上10时进入河田镇。2月21日，彭展南向两支部队交出全部枪支。至此，河田获得和平解放。河田解放之后，立即成立军事管制委员会。24日，任命彭永碧为河田镇镇长。

河田的解放是粤赣湘边纵春季攻势取得的辉煌战果，它不仅标志着陆丰人民的解放战争取得了重大胜利，也标志着粤赣湘边纵队建立海陆惠紫五边大块根据地决策取得了重大胜利。至此，海陆惠紫五边大块根据地正式形成。河田镇地处这块边区根据地的中心，它把粤赣湘边和闽粤赣边两个边区纵队的解放区连接起来，对两个纵队的联系起了重要作用，为两个纵队的密切配合协同作战创造了条件，而且为东一支向东作战略转移提供了建立基地的条件。

由于河田在战略上有着特别重要的位置，反动力量是不会轻易放弃它的。在第六团机关进驻不久的3月初，打着民主联军旗号的雷英、罗靖民部一度侵扰占领河田镇，第六团机关暂时撤出河田。接着雷英、罗靖民部又进扰上护，数日后，该部被第六团主力部队打败，窜往他处。河田重新被第六团收复，自此，河田完全回到人民手中。

河田解放后，西北区的其他地区除原已解放的护径、新田、五云以外，螺溪、水东、黄塘等地区其实也已解放，只待人民武装部队派人接管。到3月底，西北区除了上砂一隅，东南区博美、南塘以及中部部分地区外，陆丰全境大部分地方已获解放。

（二）边纵主力、江南地委机关抵达河田和两纵联席会议召开

河田解放后，3月，粤赣湘边区党委、粤赣湘边纵队领导机关和江南地委、东江第一支领导机关进驻河田。河田遂成为粤赣湘边区党委和江南地委的领导中心。中旬，边纵司令员兼政委尹林平、政治部主任左洪涛等，东一支司令员蓝造、政委王鲁明、政治部主任刘宣等到达河田。"此后，从三月至九月，东一支、江南地委等领导机关以河田为驻地，指挥江南地区的革命斗争。"与此同时，华南文工团、大众报社、东一支青妇队、野战医院也先后迁到河田镇。

这一时期的河田，粤赣湘边区、江南地委、陆丰县府三级机关都设在这里，为这块平凡的土地增添了无上荣光。这里到处红旗飘扬，欢歌动地，呈现出一派欣欣向荣的喜人景象，与河田解放前那种"朱门酒肉臭，路有冻死骨"的冷酷现实形成了鲜明对比。

建立海陆惠紫五边大块根据地的目标实现后，为加强解放军部队配合作战的协调性，4月1—9日，中共中央香港分局副书记尹林平受香港分局的委托，在五云洞主持召开了粤赣湘边区与闽粤赣边区两个边区党委领导人联席会议。闽粤赣边纵队

副司令员铁坚出席了会议。会议根据香港分局加强两纵联合作战、配合战略任务的指示，就打通东、韩江联系，完成建设粤汉铁路以及东大块根据地的战略任务、与指挥部队协同作战的军事部署，以及开辟新区、收缴枪支、征集军粮、减租减息、接收城市工商业和税收政策等问题，进行了认真研究。会上，双方交换了意见，互通了情报，统一了认识，作出了《关于配合作战问题的决定》。这次联席会议进一步加强了两纵配合作战的协调性，推动了革命斗争良好形势的迅猛发展。两边区党委联席会议召开之后，粤赣湘边纵队驻地从河田镇移到螺溪乡。

4月21日，百万雄师渡过长江的胜利消息传来，边纵部队驻地一片欢腾。22日上午，正在田里帮农民插秧的广大指战员，听到渡江喜讯时顿时跳跃欢呼"我们胜利啦！""共产党万岁！""南下大军万岁！"有的还脱下军装向空中抛去，互相拥抱，有的竟忘情地用双手捧起田泥互相抛掷，弄得满身满脸田泥。多年出生入死征战，如今终于面临胜利，这种欣喜若狂的心情，确非笔墨所能形容。人们还没从极度的喜悦中平静下来，过一天又传来解放南京的特大喜讯：解放军占领了国民党的统治中心——南京，宣告延续22年的蒋家王朝统治的彻底覆灭。25日，在螺溪进化学校广场上，边纵司令部召开了直属部队和群众参加的庆祝南京解放暨北上进军誓师大会。司令员尹林平发表了激动人心的讲话，宣传胜利消息，阐述解放南京后的革命新形势，号召全体革命战士继续发扬艰苦奋斗作风，为解放全广东全境作出新贡献。

（三）江南青年公学和干部培训班

粤赣湘边纵队、东江第一支队和江南地委进驻河田后，河田不仅是东江南岸地区的指挥中心，还成为江南地区培养干部的摇篮。

随着伟大的人民解放战争的突飞猛进，解放区迅速扩大，为了接管政权和建设新中国，培训大批干部成为各级党委繁重而紧迫的任务。东一支和江南地委，利用河田解放区的有利位置和稳定条件，在这里举办了第一期、第二期教导队，先后于4月中旬、6月中旬结业，合计结业学员240人，提高了军队干部的政治军事素质，充实了连排干部，进一步增强了部队的战斗力。接着，东一支政治部在河田举办第一期青年干部学习班，培养了青年革命干部60多人。

随着，陆丰县委又在河田等地举办了3期农民干部训练班。农干班学员来自农村，全县参加训练学习的总人数达500多人，时间共1个月左右。训练班紧密结合当时的斗争和工作实际，学习《将革命进行到底》《中国共产党党史》《农村阶级分析》《群众路线和群众观点》以及"清匪反霸斗争"等，使贫农骨干经过一定时间比较系统的培训，提高了思想素质和工作理论水平，坚定了革命意志，学到工作方法。培养了基层领导骨干，为进一步巩固乡村人民民主政权打好基础。学员们在以后的"清匪反霸、退租退押"的"八字"运动、土地改革、镇压反革命等革命运动，以及社会主义建设事业中，都作出了积极的贡献。

在新的形势下，接管城市在即，急需大批素质好的革命干部，为此，东一支和江南地委决定在河田创办江南青年公学，通过这所新型学校，培养各方面的人才。江南青年公学于7月开学。校本部设在河田中学（即现今的河田小学），直接受江南地委和东一支政治部领导，校长由东一支政治部主任刘宣兼任。江南青年公学学员中，有来自海丰、陆丰、紫金、惠阳、东莞、宝安6个县地方党组织和东一支属下各部队送来参加学习的党团员、工人、干部和进步知识青年，有东江第一支队驻香港后勤处输送回来，以及广州大中专院校地下学联、地下党组织介绍到香港，然后经驻香港后勤处输送回来的干部职员、学运骨干等，总共有80人左右。他们为了人民的革命大业，跋山涉水，突破敌人的封锁线来到河田，参加学习。青年公学设5个班，学员和工作人员约千人。公学从上至下，实行系统、科学、严格的民主管理。全体学员主动自觉遵守纪律，爱护群众，维护公共利益。

江南青年公学针对人民解放战争形势发展的迫切需要，制定了学习内容与方法。它有计划、有针对性地开展时事形势教育、革命理论教育、党的政策与策略教育。还根据民政、青运、文教、财经、政治各条战线的特点，分别学习不同的内容。学习中，刘宣作过《形势与任务》的报告；容克作过《中国革命和中国共产党》的辅导报告；东一支副政委祁烽作过《城市政策》的报告；刚从香港回来的作家周钢鸣作过《关于知识分子的改造》的辅导报告。通过学习和听报告，学员们对中国革命的性质、对象、动力、前途、任务都有了进一步的认识。除共同的学习内容外，各班还根据不同特点，选择专题进行学习。学员们通过系统学习，提高了革命理论水平和政策水平，初步树立了全心全意为人民服务的思想，为以后参加政权建设和经济建设打下了比较坚实的基础。

江南青年公学从7月上旬开学，到8月底结业，历时一个多月。结业时，按照自报与上级指定分配的原则安排学员去向。他们有的参加江南青妇队，有的参加支前民运工作队，有的参加东江服务团、东江文工团或东江文教工作队，也有的成为公安警察，随军解放广州。而大部分学员则回到海、陆、紫、惠、东、宝六县去组织青妇队，充实民运队，或参加接管城市的工作队，或到农村去建立和加强区乡人民政权建设。

江南青年公学第一期结束时，留下50名骨干，准备继续办第二期培训班。但人民解放战争发展形势急剧向前推进，海、陆、紫相继宣告解放，东江第一支队主力部队也很快从海陆丰向惠州挺进。因此，江南地委决定，江南青年公学从河田迁往惠州。10月15日惠州解放后，江南青年公学随军进入惠州，奉命与东江公学合并。

（四）广泛开展宣传教育

为了宣传共产党和人民军队的政策，宣传好人好事，引导教育广大人民群众，并揭露敌人的罪恶和阴谋，在边纵和江南地委的指导下，军民携手，广泛开展了宣传教育工作。

《大众报》的新闻、文章、漫画等，对于部队的宣传教育，对于发动群众和揭露敌人、打击敌人，起到了积极的作用。政治部的大型收音机收听到重要新闻，报社立即编辑文稿，由油印室人员不分昼夜用蜡纸印刷分发各地。此外，《大众报》还以支队政治部的名义，编印大量干部学习的小册子、战士文化课本和革命歌曲、胜利捷报等宣传资料。

《大众报》编辑和记者多来自广州、香港的中学、大专院校和进步报刊团体。他们中有些在参军前已是中共地下党员或民主同盟省市骨干，更多的是青年学生。为了及时准确地报道战况，鼓舞士气，记者们经常冒着生命危险到前线和敌占区进行采访。记者们及油印室工作人员在非常艰苦的生活和工作条件下坚持工作，经常每天工作10多个小时。

边纵司令部抵河田以后，华南文工团第四队也到达河田。遵照华南分局和边纵司令员尹林平的指示，文工团大张旗鼓地开展了"清匪反霸，迎军支前"的宣传鼓动工作。他们首先在河田圩进行了几次街头文艺宣传演出。为了使群众进一步认清革命形势，了解当前党的方针政策，华南文工团第四队不仅力求演出的节目丰富、生动，而且在形式、语言上，也力求为当地群众喜闻乐见。他们配合当地政权的政治中心任务，把全队20多人分成若干小组，深入到河田圩以及附近的村寨。华南文工团创作、排练了一批用普通话、客家话演唱的小歌舞剧和独唱、合唱节目，先后进行了十几场演出。同时，他们还创作了一批街头宣传画，在圩镇、农村中配合演出，展开宣传。

　　为建立地方新文化工作基础准备骨干的需要，华南文工团第四队与当地江南青年公学联合主办，组建了一支150多人的文工团学员大队。8月15日，华南文工团江南支前工作突击大队宣告成立。成员绝大多数是中、小学生和农村知青，少数来自香港，其中也有个别大学生。在大队统一领导下，组建了3个分队。为庆祝突击大队成立，文工团准备演出的当天晚上，边纵司令员尹林平特地派人送来了两盏新的煤气灯。领导的关怀，使大家受到很大的鼓舞。

　　为配合中心任务，宣传当前本地区迎军支前的任务和动态，华南文工团江南支前工作突击大队还出版了《突击报》，在本地区公开发行。河田当地还在海燕剧团的基础上成立了天河剧团，共有五六十人。天河剧团运用群众喜闻乐见的潮剧、粤剧、白字曲等演唱形式，自编自导了《如此婚姻》《女儿泪》《继母虐》等节目。这些反对封建婚姻、破除迷信、进行伦理道德教育的节目，群众都十分爱看，演得真切时台下群众也跟着喜形于色或声泪俱下。天河剧团五四青年节在河田的公演，香港《华商报》都作了报道。此外，各地也组织了一些文艺宣传队宣传中心任务，较知名的有螺溪的溪声剧社、水唇剧团等。

1949年4月初，陆丰革命形势迅猛发展。以沈少雄为队长、叶贺为指导员的第六团文化工作队也应运而生。第六团文化工作队主要在东南地区活动，文工队每到一个地方，就开展街头宣传。凡有人群的地方，他们必进行宣传，如果人数少则用座谈方式宣传。文工队较多的是利用晒谷场、祠堂前小广场演出，服装道具是随时向群众借的，完全是生活中的东西。文工队在碣石和博美的演出，可谓人山人海，热闹异常。团政委刘志远非常关心文工队的工作，指示要将文工队作为培训干部的学校，还在队里建立团组织，经常向队员作政治形势报告，指导文工队的工作。

1949年夏，江南地委还专门成立江南青妇队，成员来自四面八方，有海丰、陆丰的，也有惠阳、东莞、宝安、紫金等地的。全队有七八十人，其中有一二十位女同志。江南青妇队是工作队又是宣传队。江南青妇队还分成几个组，到河田周围农村深入发动群众，宣传革命形势，动员组织群众迎军支前。同时还配合部队和当地政府组织民兵、组织战勤组织妇女会。

（五）火山下村民主运动试点

边纵、江南地委进驻河田后，便立即部署筹粮、筹款工作，以解决军需。与此同时，边纵和江南地委非常重视发动群众斗争，逐步建立人民政权的工作。在边纵领导部署下，各解放区开展了推销公粮债券运动。为了取得更大成效，边纵和江南地委采取重点突破的办法，决定"以河田火山下村为试点，开展民主改革运动，总结经验向全地区传播推广"，并派出了边纵文工团和第六团部分民运工作人员组成20人的民运工作队进驻火山下村。

火山下村是河田镇附近的一个行政村，人口约2000人，分布在周围5千米的地方，有12个自然村，是典型的封建堡垒。该村村民绝大部分姓罗，反动乡绅利用姓氏矛盾，在河田解放时杀猪集会，秘密组织反动武装对抗人民政府，对内则恐吓群众，严密封锁。

工作队到火山下村第一项具体的主要工作是销债，但工作队的任务是通过销债，达到削弱封建势力和发动群众、组织群众的目的。为了使公债推销和民运工作结合，工作队从访贫问苦、扎根串联入手，大力进行新区政策和推销公粮债券的宣传教育工作，并在此基础上组织贫农团与农会，把政权建立起来。在销债过程中，工作队四处出动，反复做宣传教育工作，鼓励农民组织起来，组织贫农团和农会。在工作队努力下，大批积极分子涌现了出来，许多人敢于起来斗争了，阶级觉悟也大大提高，组织农会的条件也逐渐成熟。接着，他们因势利导，通过登记农贷及选举农民大会工作，登记了借贷的贫农百余人，选出79位贫农组成了贫农团。工作队细致的群众工作最终把贫苦农民从地主富农的影响之下解放出来，他们组织了自己的团体，选出了自己的领袖，有的还要求建立民兵组织，还有6个贫农加入了党组织。

火山下村民运试点工作的经验，是发动和组织群众的成功经验，取得成功的基本原因是充分灵活地执行了粤赣湘边区党委"将行政方式、统战工作和发动群众三者结合起来"的工作路线。江南地委还为此写了工作总结，由东一支政委王鲁明撰写序言，印成小册子发至江南各地。江南地委的总结指出，火山下村民运试点工作的经验对陆丰及江南地区都具有指导意义和推广作用。

接着，河口、东坑也开展了民主运动工作试点和整顿巩固政权工作。不久，陆丰西北区大部分乡村都开展了民主建政运动，部分地区还组织起群众斗争恶霸。通过斗争和宣传发动，教育了群众，打击了敌人，农民纷纷报名参加战斗，奔赴前线。

至1949年上半年，陆丰除东海周围部分地区外，都普遍建立了人民政权以及贫农团、农会、民兵等群众组织。

三、陆丰县人民政府成立，普遍建立乡村政权

（一）县人民政府成立

1949年4月1日，随着河田的解放和全县各乡镇人民政府的迅速增多，陆丰县人民政府终于在河田正式成立，郑达忠任陆丰县人民政府首任县长，叶左恕任副县长，县政府暂设民政、财务、文教3科，由张子仁、麦友俭、庄秉心分任各科科长。

陆丰县人民政府的成立，标志着陆丰人民革命已取得伟大胜利，标志着帝国主义、封建主义和官僚资产阶级在陆丰的统治已被推翻，标志着陆丰的解放战争已进入全新的阶段，夺取全面胜利已为期不远。

1949年5月，县委在大安召开了扩大会议，决定全县划建西北、中区、东南、西南等4个区工作委员会，以加强领导。任命西北区工委负责人为张子仁、彭少明、彭子廓、彭四库、叶子；中区工委负责人为谢特英、黄琨、叶寒梅；东南区工委负责人为赵衡、叶勇、林玉；西南区工委负责人为林瑞、林德、庄春林。

（二）加强党的领导建立共青团

根据江南地委会议提出的任务和方针，中共陆丰县委进一步加强了党的领导，决定了新的建党工作的任务方针。以及六项具体工作，强调必须展开全党的思想检查，发扬党内民主；

建立党的集体领导，贯彻党的民主集中制；必须有严格的会议制度，规定星期日为党日，每个党员在党日这一天必须专注从事党的活动；必须大量发展党的组织，扩大党的阵地，必须注意审查工作，以保持党在组织上的纯洁与巩固；国民党统治区党的工作要争取与群众建立更广泛更密切的联系，必须从发动群众斗争中发展党的组织，扩大党的阵地，扩大党的外围；要利用敌人的矛盾弱点，展开对敌政治战，削弱反动力量，孤立敌人。

在青年工作方面，江南地委和东一支非常重视共青团工作。5月16—26日，东一支政治部在河田火山下村蟠龙祠举办青年干部学习班，学员150余人，都是来自江南地区的青年干部。东一支政治部主任刘宣为学习班领导，东一支领导王鲁明、祁烽、刘宣、蓝青等都讲过课，学习内容有《将革命进行到底》《目前形势与我们的任务》《新民主主义青年团团章》等。学员通过认真学习，增长了革命理论认识，提高了思想觉悟。这期学习班的学员凡未入团的，一律填表申请入团，分配搞团工作的共产党员也不例外。青干班结束后，东一支政治部在河田中学又举办了青年团干部学习班，时间一周，学员有30余人，由容克、姚山等负责讲课，并部署了各地的建团工作，决定以河田为试点，待取得建团经验后再逐步开展工作。首先是在中小学培养一批积极分子，逐步建立一些团的基层组织，并取得了一定成绩。

四、整顿市场，发展经济

（一）发行新陆券

为了适应形势发展的要求，进一步巩固人民政权，发展经济、保障供给，尽快使解放区广大人民过上安定的生活，江南地委在河田成立了江南地区财经委员会负责经济管理工作，有步骤地全面领导江南地区的税务、征粮和货币市场工作。1949年初，国民党政府眼看崩溃在即，便加紧执行搜刮民脂民膏的腐败政策，大量地发行"金圆券"。由于纸币迅速贬值，人人拒用，以致国统区物价暴涨，劳动人民的生活急剧恶化，有些地方出现了"以物易物"的原始交换形式，有些地方则是港币趁机涌入。在这种情况下，"江南地委请示粤赣湘边区党委批准，在陆丰河田开设新陆银行"，发行自己的纸币"新陆券"。由于发行纸币工作直接关系到人民群众的经济和生活，发行纸币工作便分两步走，首先在当时解放区政治经济中心的河田镇，以镇政府的名义尝试性发行一角、二角、五角等小额的、用刻蜡版油印的角票。角票发行后，很受群众欢迎。在取得经验的基础上发行"新陆券"，抽调人员筹建银行并筹办发行工作。

1949年5月，在江南地委的指导和县委、县政府的领导下，"新陆银行"宣布正式成立，由县长郑达忠兼任新陆银行的经理，县政府财政科科长麦友俭为副经理，银行地址设在河田镇。这是东江地区劳动人民继土地革命初期创建"海陆丰劳动银行"之后，又一个劳动人民自己建立的银行。新陆银行建行后，为保证"新陆券"币值的稳定，还拿出了相当于5万元的实物（主要是公粮谷），作为货币发行基金。与此同时，还成立"新陆贸易公司"，组织物资供应以稳定市场物价。

"新陆券"发行后，首先用在拨付第六团所属连队和政府的经费开支，其次是通过新陆贸易公司开展对外贸易，组织军需民用物资供应部队和市场需要，随后是收兑港币，规定与港币的比价为2∶1（即2元本币兑1元港币）。随着江南地区的部

队向海陆惠紫五边区挺进，江南地委和东一支以支队名义公告
"新陆券"可以通行整个东江地区。这样一来，"新陆券"的
流通范围扩大到海丰、紫金、惠阳、东莞、宝安及邻近地区，
凡驻扎在第六团控制地区和过境部队的军费，均用"新陆券"
支付，"新陆券"的发行额达到了60万元。

　　建立新陆银行，发行"新陆券"，一定程度上保证了当时
江南解放区部队的供给和政府的财政开支，有力地支持了解放
战争，同时也稳定了江南地区货币市场的秩序，平抑了物价，
促进了工农业生产和商品流通，起到了缩小以物易物交换商品
的范围，排挤了外来港币，为以后南方分局发行"南方券"及
开辟解放区金融市场积累了经验，其历史功绩不可磨灭。

（二）设立新陆贸易公司

　　为整顿金融、物价的混乱状况，陆丰人民政府在江南地委
的直接指挥下，成立了陆丰县新陆贸易公司，任命彭坚为公司
经理。针对市场物资短缺，投机商人从中操纵物价的情况，新
陆贸易公司从一开始，就根据军需民用物资中最紧缺最急需的
商品进行采购贸易。

　　由于新陆贸易公司有自己的银行做后盾，资金雄厚，又收
购有大量的物资在库，投机商再也不敢像以前那样操纵物价或
抢购物资囤积居奇。这样，人民生活的必需品的价格便迅速稳
定下来。人民生活必需品价格稳定以后，新陆贸易公司便向农
村收购农产品调剂市场，在沿海则通过承包商收购食盐。除满
足自己地区的需要之外，还大量北运销往兴梅地区。同时，还
在本县西北山区收购土特产外运香港，开展对外贸易，再从香
港买回军需民用物资。随着军事斗争形势的胜利发展，新陆贸
易公司的经营业务越做越大，对保障军需民用，活跃市场，稳

定物价，支援解放战争，对安定人民生活、恢复正常的经济秩序起了很大作用。

（三）成立陆丰税收总站

在革命与建设中，税收工作起着经济支柱的作用。自1947年5月以后，根据工作和斗争的需要，全县各地先后建立了专职税站或流动税站。随着政权的巩固，税收工作也逐步走向正常，税站数目也不断增加。河田解放后，江南地委在河田建立了全区性的税务局，加强了部队和各地的税收工作的管理。为此，陆丰县委决定成立陆丰税收总站，任命林宣汉为总站长，并调整了全县税务机构。在总站下面设西北江支站和东南江支站。随着军事形势的发展和解放区、游击区的扩大，又新建了碣石、法留山、南塘、博美、崎头、河田等税站，各站收入的税款除就地供应部队、工作人员经费之外，其余汇交总站。税收正常化保证了军队和地方工作机构必需的经费，对搞好全局工作和革命的最后胜利起着特别重要的作用。

五、迎军支前

随着形势的发展，支援前线的任务越来越重。每个战役的支前工作都是硬任务，而且工作量大，时间性强，并且有一定的危险性。因此都是在解放较早、群众觉悟较高而又接近战场的地方动员组织群众参加。在几场战役中，群众对支前工作都踊跃参加，保证了每场战役的需要，为前线打仗作出了贡献。

河田解放后，东一支主力和边纵主力及司政后机关先后进驻河田、螺溪一带，人数共4000多人。军需突然增加，粮食日需倍增（日用稻谷80余担），其他如副食品、蔬菜柴草也大量增加，大量而又紧急的支前任务关系着战役的成败，成为刻不容缓的重要工作。

为了解决军粮问题，驻军向附近的河田、上护、螺溪、水唇、东坑等乡镇发动群众捐献军需粮，并在全县普遍推销以边纵名义发出的公粮债券。这是一种以稻谷为实粮的公粮债券，也称救国公债。推销公粮债券以县府名义通知到乡，从乡到村，面向地主富农，定好数额分级包干。陆丰西北地区有的地主富农慑于形势的变化，任务很快就完成。如上护乡460担，螺溪乡500担，四五天就完成了。但有部分乡村则不同，属于封建堡垒，不攻不破，于是在边纵和江南地委的领导下，派出了强有力的工作队，以火山下村作为试点，一边深入群众之中开展销债工作，一边进行民主建政工作。

工作队进村前，首先做了宣传活动和爱民工作。接着，纵队司令部一位姓罗的负责同志出面召开中上层招待会。上层的封锁被工作队利用同宗关系和统战工作打开了，许多中层人士也卸了防线，下层的群众也渐渐消除疑虑。于是，工作队便进驻火山下村。

通过一系列细致深入的工作和反复攻击难点，各村都出现了积极分子，他们给工作队提供了许多情况，报告地主富农的财力。在短短半个月内，170担稻谷的销债任务，由全村地主富农及一部分中农认购完毕，为进一步发展民运工作打下了基础。

1949年8月初，南下大军迫近粤境，江南地委向县委传达了激动人心的胜利消息，同时为了迎接与支援南下大军，向陆丰下达了征集1.5万名民夫、2万担稻谷的光荣而艰巨的支前任务。陆丰县委、第六团和陆丰县人民政府，根据边纵党委、江南地委对支援前线的部署，于8月初成立了陆丰县支前委员会，委派叶左恕和民主人士彭声为正副主任，党、政、军抽出干部参加。县委要求县级领导分别深入各区，分片负责；号召从党内到党外，从上到下，从积极分子到一般群众，层层武装思想，大家行动起来，为迎接支援南下大军而争取主动。此后，第六团文工队、河田的天河剧团等深入各乡镇做支前演出，各乡镇亦运用各种宣传工具和方式，集中各种力量进行宣传，从而收到了显著效果，提高了群众觉悟，支前热潮也很快形成。在此基础上，分别组织短期战勤和常备战勤。先组织了路程100千米以内，时间一星期即可回来的民夫，又组织了20天到1个月的常备民夫，出发前定了回来日期。同时又根据出勤长短和出勤民夫的实际情况切实解决问题，如组织帮耕队等，使群众既懂得支前的重要意义又感到共产党的认真负责。由于措施切实可行，广大青壮年热烈响应支前号召，踊跃参加民夫队，使整个陆丰西北超额完成了组织民夫的任务。

通过支前工作，群众觉悟有了很大提高，党团组织和群众团体有所发展，全县完成了战勤民夫任务，军粮也完成了1700担。此外，还发动了捐献，准备迎接南下大军，仅西北区的河口、新田、八万等乡就捐献稻谷1636担，银洋505元，大批木柴、稻草，不少牲畜、什物，还有金银首饰等。群众拥政爱军热情空前，到处一片热烈景象。他们热情洋溢地给人民解放军写致敬信、慰问信，敲锣打鼓、扭秧歌、打腰鼓，列队送慰劳品。陆丰人民取得翻身解放，支持自己的军队和政权的欢悦心情由此可见一斑。

迎接新形势，夺取陆丰全面解放

1949年5月，陆丰县城周围已基本解放，陆丰县城就完全变成了一座孤城。

5月下旬，东、韩江革命形势大好，设在香港的中共中央华南分局决定迁回内地，选择在甲子登陆，经潮汕去梅县。为保证华南分局首长的安全，东一支司令部命令第六团到南塘区属的下尾村扎营，负责警戒南塘、碣石等地残敌，以防敌人向甲子进犯。要求只要华南分局机关没有登陆，警戒部队就不能离开阵地。于是，第六团两个连在下尾扎营警戒了十几天，待华南分局书记方方等在甲子港登陆后，第六团才回到河田。

7月14日晨，东一支主力和第六团在边纵三团配合下，发动第二次攻打陆丰县城战役。解放军冲入陆丰县城，守敌钟铁肩弃城逃跑。解放军部队入城后，宣布成立军事管制委员会，刘宣为主任，叶左恕为副主任。17日，敌军反扑，解放军部队遂撤出县城回到河田。国民党一五四师旋即尾随到河口。

时边纵、东一支、第六团主力部队集中在河田。边纵司令员尹林平召集各团团长开会，指出：一五四师有1000多人到了河口，一是可能进犯河田，一是可能经新田回海丰。我方如撤出河田，敌进了，我方会被动。而我方也有1000多人，兵力比敌人稍多，可先占领山头，伏击企图进犯河田的敌军。敌兵力不足，必不敢恋战，如打退敌军，则可巩固河田，如果能歼灭敌军部分兵力，就更为理想。

根据尹林平的命令，边纵半夜将部队布置在离河田5千米外的山头待命。敌一五四师果然不敢到河田来，而从河口经新田向海丰方向撤去。河田更巩固了。边纵主力在河田稍作休息后便向海丰进军。

8月16日，东一支主力在第六团配合下，第三次进攻陆丰县城。钟铁肩在解放军连续打击后，感到孤军难守，便半夜逃到海丰田境、捷胜一带海边。是日，解放军进城，国民党在陆丰的统治宣告彻底结束，陆丰县城从此回到了人民的怀抱。随后，县人民政府及下属各单位进入县城办公。进城后，即着手健全充实县府各科室及下属机构，配备干部人员。

8月17日，江南地委和东一支司令部，在大安召开海陆丰两县县委及五、六团负责人会议。这次会议总结了前段工作和新形势下干部的思想状况，部署了迎接全面解放广东及加强支前工作。边纵司令员尹林平出席了会议并作了重要讲话。尹林平在会上强调："一切工作都需要配合迎接南下大军，动员所有力量，把华南的敌人彻底干净消灭，把反动政权摧毁，这是目前的总任务。"他指出，支前"虽然是繁重的任务，也一定需要我们负担，责无旁贷，这是最光荣的任务"。

尹林平结合3月份召开的中共七届二中全会精神，指出今后的工作重心将由乡村转移到城市。他号召大家努力学会管理城市和建设城市，恢复和发展城市的生产建设。他还强调了加强党的思想建设问题，提醒大家要警惕骄傲自满、以功臣自居情绪的滋长，警惕资产阶级用糖衣裹着的炮弹的攻击，他说："虽然胜利了，而享福还须在后头。胜利后，人们会巴结你、奉承你、使你腐化、堕落、脱离群众，使革命遭受损失，同志们，享乐思想要彻底肃清，落后的中国仍须我们建设，残破的国家需要我们重建，我们仍须艰苦工作。"

江南地委书记、东一支政委王鲁明在会上作了总结报告。他要求大家在思想上跟上形势发展，要求"一切工作都需要配合迎接南下大军"。王鲁明着重谈到防止变质腐化的问题，他谆谆告诫："许多人在艰苦武装斗争中表现非常好，但在掌握政权后就跳进污水池了，我们当家作主以后，决不能跳进污水池。"

会议结束前，下达了海陆丰两县支前民工和军粮任务。这次会议还调整了海陆丰县委和五、六团领导成员。江南地委和东一支决定调刘志远到东一支任政治部主任，由蓝训材任海丰县委书记兼第五团政委，由郑达忠任陆丰县委书记，郑万生任陆丰县人民政府县长，叶左恕任陆丰县副县长。陆丰县委由郑达忠、郑万生、叶左恕、鄞庆云、谢谷等人组成。

大安会议是海陆丰两县解放前夕最后一次重要会议，也是粤赣湘边纵队、江南地委、东一支领导干部在陆丰出席和联合召开的最后一次重要大会。大安会议后，大家都以新的姿态投入了紧张的工作。

8月19日，边纵司令员兼政委尹林平向中共中央、华南分局电告陆丰县城解放、陆丰人民的解放斗争获得了伟大胜利的消息。解放陆丰县城，举县欢腾。

9月初，第六团在河口开办军事训练班，抽调了各武装队班长和武装骨干接受军训，为第六团部队整编培养军事干部。按东一支命令，第六团部队在河口整编为独立营，保留第六团番号，中共陆丰县委书记郑达忠兼任团政委，团部内设参谋室、政训室、副官室、情报站，由王钊任参谋室主任，郑剑任政训室主任，彭永碧任副官室主任，谢强任情报站站长，独立营营长王钊（兼），副营长叶虹，教导员郑剑（兼）。

根据中央关于统一编制的指示，全县实行了统一整编，进一步完善健全了科室建制，县府机构设秘书室、民政科、财经科、建设科、教育科、公安局、司法组等7个单位。全县行政区划分为附城、博美、南塘、碣石、甲子、河安、河田、北边等8个区。下辖东海、潭西、东崎、东南、后陆、青西、旱塘、大安、联安、护径、新田、河口、螺溪、八万、博美、陂洋、两湖、南塘、南西、新湖、西美、湖东、溪南、金厢、甲子、甲东、甲西等27个乡镇政府，468个行政村，共有46万人口。

至此，自民运队进驻河田火山下村开始，以及此后在河田、东坑开展民主运动工作试点整顿巩固政权工作以来，全县除上砂、碣石的沿海等少数几个残匪据点外，各地已普遍建立了人民政权。

10月1日，中华人民共和国中央人民政府在北京宣告成立。15日，陆丰各界人民群众在陆丰县城及各地隆重集会，庆祝中华人民共和国成立。

【相关资料】

粤赣湘边纵队

全称中国人民解放军粤赣湘边纵队。中国共产党领导的人民军队。1949年1月宣告成立。司令员兼政治委员林平（尹林平）、副司令员黄松坚、副政治委员梁威林、参谋长严尚民、政治部主任左洪涛。下辖8个支队、5个直属主力团和中山、番禺、顺德3个独立团。1949年2月起，发动春季攻势，首先建立海（丰）陆（丰）惠（阳）紫（金）五（华）和新（丰）连（平）河（源）龙（川）两块战略基地。5月，发动南北线攻势，先后解放龙川、五华、紫金、和平、新丰、连平、海丰、陆丰、河源、翁源、桂东、汝城、定南、大庾等县县城和广大乡村，解放区人口达400多万。并与中国人民解放军闽粤赣边纵队协同作战，共同建立了由福建龙岩到广东河源，由平远到海丰、陆丰，纵横一千数百里的广大解放区。在3年的解放战争中，共计进行较大战斗800余次，歼敌2.5万多人，缴获多种武器2.5万件。作战部队由400多人发展到3800多人。10月，配合中国人民解放军第四兵团、第十五兵团和两广纵队，迅速解放了粤赣湘边全境。1950年2月，部队整编为广东军区第二、四、六、七分区及广东省公安总队。

第五章
社会主义建设与改革开放初期

第一节 清匪反霸，土地改革

中华人民共和国成立后，中央人民政府于1950年6月30日颁布《中华人民共和国土地改革法》。1951年4月成立陆丰县人民政府土地改革委员会，陆河地区土改工作根据依靠贫农、雇农，团结中农，中立富农，有步骤有分别地消灭封建剥削，发展农业生产的路线，分三个阶段进行。

第一阶段，以"清匪反霸、退租退押"为中心的"八字运动"。陆河地区土改工作队深入农村访贫问苦，扎根串联，与贫雇农"三同"（同食、同住、同劳动）；发动群众清匪反霸，检举揭发地主恶霸的罪恶行径，打击农村封建势力，退押退租，为土地改革的顺利开展奠定基础。

第二阶段，划分阶级，征收、没收和分配土地、财产。通过发动和组织群众进行"讲、划、评、比"四个步骤之后，三榜定案，划分阶级，评定为雇农、贫农、中农、富农。其余的有贫民、工人、小贩、小商、小土地出租者、小土地雇耕者、自由职业者、小手工业者、工商业资本家、迷信职业者、华侨和游民等成分。阶级成分评定结束后，立即没收地主阶级的土地、房屋、耕畜、农具、大件家具及余粮，征收公地、祠堂及富农出租的土地，然后分配给贫雇农。

第三阶段，土改复查。一是搞好民主团结，解决土改遗留问题；二是查阶级，斗不法地主，修改错划、漏划的阶级成分；三是建立以贫雇农为核心的农村政权组织；四是查田定产，普查和核实各户分得土地的面积、产量，颁发土地证。至1953年4月，陆河地区完成土地改革工作，接着，部署开展大生产运动。从此，废除了封建土地私有制，实现了耕者有其田。广大农民耕作自己的田地，除交纳国家公粮外，收获全归自己，生产积极性空前高涨，促进了农业生产的发展。

第二节 从农业合作社到"文化大革命"

　　初级农业合作社。初级农业合作社的组织管理和分配形式：每社二三十户，大社超百户，社设管理委员会，下设若干生产组。实行土地按产、生产资料折价入股，统一经营，共同劳动。以劳动工分、土地股各半计酬分红，统一收益分配。1954年8月，陆河地区营下、黄塘农业合作社作为当时陆丰县第二批初级农业合作社成立。1955年7月，毛泽东发表《关于农业合作化问题》的报告后，全国掀起建社、扩社热潮，新的生产关系的建立，调动了农民的积极性，发挥人多力量大的优势，推动了农业生产的发展。

　　高级农业合作社。高级农业合作社的组织管理和分配形式：以村或若干小村建立一个高级农业合作社，社设管理委员会，下设生产队，队设生产队委员会，队内设若干作业组。实行三级管理。土地、山林、水面归社所有，耕牛、农具作价入社分给生产队。现金分配按劳动工分计酬。为避免缺劳力的农户分配不到基本的口粮，实物分配则按家庭人口加劳动工分计酬。高级农业合作社内部实行统一核算，社对生产队实行定额包干，年终作分配结算，具体结算到户。1956年春耕前，陆河地区的黄塘、正大初级农业合作社与炎龙、欧厝、潭东、下葫初级社一同分别试办和组建高级农业合作社。接着，各地大办高级农业合作社。但由于初级农业合作社升高级农业合作社的步子过快过急，工作过粗，背离了自愿、互利原则，建社后缺乏管理经验，工作出现失误，加上自然灾害等原因，部分社员认为高级农业合作社比不上初级农业合作社好。于是，在1957年春节后出现闹退社散社风波。同年8月开始，全国开展社会主义教育和民主整社运动，打击闹散社分子，进行整社、复社、扩社，经过调整、合并、升级之后，陆丰全县共建立434个高级农业合作社，提前完成了农业社会主义改造计划。

人民公社。1958年5月，在建设社会主义总路线的指引下，许多高级农业合作社冲破村界社界，开展农业生产大合作的联社活动。8月29日，《中共中央关于在农村建立人民公社问题的决议》指出，在高级农业合作社的基础上，取消乡、村建置，建立人民公社。1959年，陆河地区设立河口、河田、螺溪、南万、水东5个公社，1961年增设新田公社。至1974年，陆河地区成立水东、东坑、南万、螺溪、河田、上护、新田、河口8个公社。

人民公社下设生产大队，大队下设生产队。根据地理范围，每个公社设10～20个生产大队，每个生产大队几千人。人民公社化时期，全面贯彻建设社会主义总路线，实行大集体、公有制，土地、耕牛、大件农具、厕所归公社所有，取消原高级农业合作社的"评工记分，按劳分配"制度，收回社员自留地，限制家庭副业，拆除家庭炉灶，大办公共食堂，集体吃饭。经营管理实行统一计划，统一政策，统一制度。劳动组合实行军事化，集体出工和收工。在公社化的"大跃进"时期，为大办工业，组织大批农业劳力上山砍树烧炭，大炼钢铁，浪费了不少人力、财力和物力。为大办农业和实现农业生产高指标，大搞"深翻改土"，打乱耕作层，宣扬"人有多大胆，地有多高产"的唯意志论，推行"蚂蚁出洞""双龙出海""满天星"等水稻高密度种植措施，违背客观自然规律，采用"并禾"的虚假做法搞所谓"卫星田"，各地竞相虚报高产量，刮"共产风"、浮夸风，挫伤了农民的生产积极性，加上自然灾害，导致减产失收，不少人因缺粮而用野菜等野生植物充饥。

1961年夏，中共中央针对农村人民公社出现的问题，颁布《农村人民公社工作条例（修正草案）》（简称"农业六十条"）及《关于改变农村人民公社基本核算单位的指示》，全县开展以纠正"共产风"为中心的农村整社整风运动，对"大跃进"时期搞"一平二调"（平均主义和无偿调拨物资和劳力）的进行清算和退赔，解散农村公共食堂，落实"统一领导，队为基础，分级管理，权力下放；三级核算，由队决定；适当积累，合理调剂；按劳分配，承认差别"的方针，建立公社、大队、生产队三级所有制，生产队为基本核算单位，给生产队"土地、劳力、耕牛农具、厕所"的"四固定"，使生产队拥有生产和分配的权限。同时，调整社队规模，落实大队对生产队、生产队对作业组"三包一奖"制度（包产、包工、包成本，超产奖励）。允许社员完成定勤任务后，经营少量的自留地和小型的家庭副业。实行劳动工分计酬制及人、劳、肥三结合的收益分配制度。1962—1965年，进行调整巩固，并落实"以粮为纲，多种经营"的生产方针，国家给予发展农业生产鼓励和扶持，使农业生产得到恢复和发展。

"四清"运动。1964年10月25日，第一批"小四清"（清工分，清账目、清仓库、清财物）运动在螺溪等11个公社铺开。11月14日，转入"群众揭发"和"干部放包袱"阶段。1965年8月，汕头地委"四清"工作总团陆丰工作队约300人进驻陆丰，开展"清政治、清思想、清经济、清组织"的"四清"运动（俗称"大四清"）。当时，工作队队员主要从潮安县、普宁县、惠来县、陆丰县及专区直属单位抽调。1966年9

月，"四清"运动结束，陆丰全县共批斗干部职工845人。

　　"文化大革命"。1966年5月，中共中央作出《关于无产阶级文化大革命的决定》，开展史无前例"文化大革命"，时间长达10年。"文化大革命"迅速波及陆丰，陆河地区同样受到严重冲击，组织和工作秩序陷于严重混乱。1965年6月中旬，"文化大革命"开始，所有学校经常停课"闹革命"，不少中小学的领导和教师被批斗、囚禁或监督劳动，学校的教学秩序陷入混乱，同时，各中学停止招生。中学在校学生和一些教师纷纷外出串联，学校教学工作陷于停顿。"文化大革命"期间，停止高考招生，1970年开始，大学招生由各地推荐工农兵学员就读。1977年冬，恢复高考制度。"文化大革命"期间，各地组织城镇知识青年上山下乡，城镇初、高中毕业生多数是零星到农村插队落户。1972年开始，有组织地安排到良种场、马地捕、"八一"场、激石溪、湖陂等农、林场。随着"文化大革命"的发展，城镇许多成分较高的家庭，全家迁到农村插队务农。至1978年"文化大革命"结束后，这些人员陆续回城就业、工作。"文化大革命"期间，开展"农业学大寨"运动，到处开山造田，开办各类农场。

　　1976年10月粉碎"四人帮"后，长达十年之久的"文化大革命"宣告结束，举国欢腾。陆河革命老区人民在党中央的领导下，迈进了新的征程。

第三节 改革开放初期

一、拨乱反正，推行家庭联产承包责任制

"文化大革命"期间，在农村大搞政治挂帅，抓阶级斗争，批判所谓"唯生产力论"和"三自一包"（自留地、自由市场、自负盈亏、包产到户）、"四大自由"（种植、雇工、买卖、借贷自由）、"五统一"（生产统一计划安排、劳力与耕牛统一调配、肥料统一使用、庄稼统一收获、收入统一分配），搞乱了生产管理秩序。后来，又开展"农业学大寨"运动，推行政治评工记分，破坏了按劳分配原则，歪曲"以粮为纲，全面发展"的生产方针，取消社员自留地和家庭副业，压制经济作物和畜牧业生产；取消生产队的定额包干制度，控制社员上市贸易和外出务工；推行集体排队出工和鸣锣收工制度，用行政手段指挥农业生产。这些做法和管理制度严重破坏了农业生产关系和生产力的发展，剥夺了生产队的生产经营自主权，挫伤了社员的积极性，导致农业停滞不前，集体经济薄弱，社员生活水平低下。

1978年12月，中共十一届三中全会以后，全面贯彻落实中央《关于加快农业发展若干问题的决定（草案）》《农村人民公社工作条例（试行草案）》两个文件精神，开始改革农村经营管理体制。1979年起，全县各生产队从以小组为生产单位的

包产包工、定额计酬逐步发展成专业承包、联产计酬、包产包工到户到人等多种形式的生产责任制。1980年逐步实行在公有制的基础上，以家庭为经营实体的联产承包责任制，即家庭联产承包责任制，其承包形式有两种：一是按家庭人口和劳力，分配口粮田和任务田，由农户自行生产，农户负责完成国家征购粮和集体上调粮的任务。二是任务田由专业户承包，负责交售征购粮和上缴集体上调粮。家庭联产承包责任制给农民以生产自主权，充分调动了农民的生产积极性，促进了农业生产全面发展。到1988年陆河建县，全县粮食播种面积20.9万亩，总产量4.9万吨，亩产、总产创历史最高水平。其中水稻播种面积15.03万亩，平均亩产244公斤，总产3.67万吨。

二、林业新政，开展绿化大行动

陆河县属低丘陵山区、阴那山脉（莲花山脉）支脉，境内山峰海拔500米以上的有35座；海拔1000米以上的有6座，最高山峰乌崇海拔1232.9米；群峰林立，谷地纵深；地势自西北向东南由高向低倾斜。低丘谷地有河田、上护、新田镇；谷地有螺溪、南万、水唇、东坑、河口镇。境内土壤主要是由花岗岩和砂页岩发育而成的赤红壤和山地红壤，风化层深厚，成土作用强，土层达100厘米以上，厚者达数米，山脊和岩石出露的坡地多是粗骨土。土层因气温高，分解快，积累少，一般在5~10厘米间，少量在15厘米以上。

新中国成立后，政府领导人民"植树造林，绿化祖国"，年复一年，坚持不懈。20世纪50年代初，贯彻"谁种谁有"的林业政策，鼓励群众造林种果，农民在分得的山地上自营林业。农业合作化后，山林归集体所有，贯彻"自采、自育、自种"方针，建立国管、集体林场和苗圃场，发动群众采种育苗集体造林，绿化了部分荒山荒地。20世纪60年代，贯彻"国造、社造、大队造、小队造、社员造"的五级并举造林方针，兴办社队林场，建立以杉、赤梨、毛竹、松为主的用材林基地，掀起造林高潮。20世纪70年代初，实施封山育林，连片造林，加强林木抚育管理，大量引进外地优质速生丰产林木种子种苗，加快造林步伐。70年代中后期，因片面执行"以粮为纲"的农业生产方针和开展"农业学大寨"，各地开山辟坡造田造地扩种农作物，以及70年代末山林山权调整变动，出现乱砍滥伐，严重破坏森林资源的现象，因森林管理不严，过量采伐，森林面积减少，林分质量降低，生态环境受破坏，荒山面积达2.613万公顷，占林业总面积35%。从1988年起，按省委、省政府关于绿化广东的决定，陆河县人民政府发出第一号关于封山育林、保护森林资源的布告，拨出育苗造林专款，推广水唇镇吉龙村和螺溪镇陶金坑村全民办林业耕山致富经验，落实责任制，投入造林资金1064.40万元，其中上级扶持244万元、县财政及机关干部职工集资57万元、乡镇集资73万元、群众自筹645.4万元。兴办示范点318个，当年植树面积0.467万公顷。同时针对全县使用土灶烧柴煮饭，薪材林消耗严重情况，推行改燃节柴，砖瓦窑、炉厂改燃105个，食堂饭店改燃233个；城镇改燃4759户，占总数98%；农村改燃29055户，占总数81%；全县关闭木柴市场，使每年减少林木消耗4万立方米。1993年，全县提前两年实现绿化达标，完成造林面积4.8万公顷，其中人工造林3.8万公顷、飞播造林1.0万公顷，活立木蓄积量由建县前40万立方米提高到66.10万立方米，森林覆盖率由建县前30.60%提高到54.40%。陆河县委、县政府被广东省委、省政府授予"造林绿化贡献突出单位"称号。

吉溪林场。汕尾市国有吉溪林场位于陆河县新田镇，是螺河水系新田河的发源地。林场总面积43.93平方千米，其中林业用地面积4330.33公顷，非林业用地面积62.33公顷。

1968年，汕头行政公署林业处提出建立陆丰县南北片杉木基地。同年8月，中共陆丰县委决定建立广东省乌面岭林场背音山工区。9—10月，分别在新田公社湖坑、吉溪、新坑大队召开干部、群众代表座谈会确定林场范围并签订征地协议。10月开始组织民工搭茅寮、育苗、整地、造林。1970年4月，撤销乌面岭林场背音山工区，建立广东省国营吉溪林场，场部设在吉溪三江口，乌面岭林场为吉溪林场分场。1973年5月，重新分设乌面岭林场和吉溪林场。1975年，造林基本完成，1976年8月和9月上山下乡知识青年415人分两批进驻背音山、石碓涵、塘寮建、南房、三把坑、竹头窝、下村、下吉工区，承担森林管护、中幼林抚育等营林建设任务。1978—1980年冬，知青陆续回城安置。从1980年起，陆续安置退伍军人和从海南农垦职工调回的职工参与建设。1988年，有防火线91千米。林区主要树种有杉树、红锥树、加勒比松树、改良湿地松树。植被有天然次阔叶林、芒萁、大芒、桃金娘及小灌木。野生动物主要有苏门羚、黄猄、野猪、刺猬、野兔、蟒蛇、穿山甲、白鹇、雏鸡、猫头鹰。1988年，广东省国营吉溪林场更名为广东省汕尾市国营吉溪林场，隶属新设立的汕尾市林业局，2004年更名为汕尾市国有吉溪林场。属正科级事业单位，实行场长负责制，内设办公室、计财股、生产技术股、森林派出所及8个工区、4个护林哨所。1968—1981年为全额拨款事业单位。

红锥林自然保护区。广东陆河南万红锥林省级自然保护区（简称"保护区"）位于陆河县南万镇，范围包括南万镇万中、万全、杞洋、深渡、长坑、南告等6个村和南万镇属林场。东西长10千米，南北宽6.50千米，总面积2486公顷，其中林业用地面积2276公顷，非林业用地面积210公顷，是广东省分布最集中、面积最大、原生性强的红锥林资源。规划核心区、缓冲区和实验区三大功能区，其中核心区面积1023公顷，缓冲区面积455公顷，实验区面积1008公顷，分别占全区面积的41.10%、18.30%和40.60%。森林覆盖率91.60%，活立木总蓄积量为9.15万立方米。保护对象为南亚热带常绿阔叶林、珍稀濒危野生动植物资源、全国珍贵树种、水源涵养林和水土保护林，是集动植物资源保护、科学研究、科普教育、生态旅游于一体的综合性自然保护区。

保护区地处北回归线以南，属南亚热带季风气候，热量充足、气候温和、雨量充沛，年均气温约21.3℃，极端最高气温37.8℃，极端最低气温为1℃，相对湿度78%，年降雨量2100~2300毫米。海拔290~866米，林区土壤以花岗岩、砂页岩发育而成的山地红壤和山地黄壤为主，质地以轻黏土、中壤土为主，土壤呈酸性，表土层约10~40厘米，土层深厚、疏松、肥沃、湿润。得天独厚的土地条件和气候条件，为红锥树种繁衍成大面积的森林植物群落提供了有利的条件。保护区内的南告水库集雨面积152.70平方千米，库容7870万立方米，是汕尾市中型水库和县城主要饮用水源。保护区位于莲花山脉南麓，属新华夏东西构造运动所形成。侏罗纪以前，地层未出露，早侏罗纪为浅海滨海地带，以后经过整个侏罗纪、白垩纪、第三纪和第四纪沉积、上升、褶皱、断裂等地质作用，形成现代的南万地质环境。境内地表出露岩性多为黑云母花岗岩和粉砂质砂页岩。区内地层褶皱较强烈，沟谷侵蚀发育。保护区为低山地貌，境内主峰燕子崠海拔866米，最低点为南告水库堤坝海拔290米，相对高差约576米。地形呈两山夹一沟，南部由横排崀—六石崠—燕子崠—鸡公髻—杞洋嶂—尖石崠—乌面嶂—磨面石崆等山峰组成南部群山峰；北部由大崇—马区坑—高其坳打拳坪崆—屋垅岗—狮子牙坳—马鞍坳组成北部群山；南万河从西向东穿过保护区中部河谷注入南告水库。地形切割较强烈较复杂，处于保护区中部的东西走向的河谷较平坦，河谷宽400~600米，地势从西向东倾斜；沿河谷两侧呈东西走向的群峰构成保护区地域主体，沟谷浅窄，坡面陡峻。

保护区动植物资源丰富，有维管束植物约900多种，有国家二级保护植物桫椤、华南锥、樟树、竹柏、土沉香、半枫荷、闽楠、禾雀花、观音坐莲等11种。复杂多样的生态环境和丰富的植物资源孕育着种类颇为丰富的动物资源，据初步调查，有国家一级保护动物蟒蛇、巨蜥2种和国家二级保护动物穿山甲、眼镜蛇、虎纹蛙、娃娃鱼、猫头鹰、水獭、大壁虎等14种。红锥林具有重要的保护和科研价值，是中国珍贵的红锥种质资源库，是研究红锥生存、植被恢复、培育红锥速生、丰产技术的最理想场所。2001年，由广东省林业局批准的广东省红锥林木采种基地位于保护区范围内。保护区山峦起伏，沟谷纵横，山峰秀丽，绿树婆娑，风光旖旎，生态旅游资源丰富。现有陆河绿色走廊南万红锥林生态公园、神象山公园、长梅河漂流等，有汕尾市八景之一的"南万锥涛"，有距今约350多年树龄的"红锥王"，有1.60亿年被誉为"植物活化石"的国家二级保护植物、恐龙的食物——桫椤，还有山菊、山茶、石松、幽兰，争奇斗艳，四季飘香，成为绿色海洋，是一处含负离子极高的天然氧吧。

三、大兴水利，开发水电站

蓄水工程。到1988年陆河建县，陆河地区拥有蓄水工程共169宗，其中中型水库1个，库容7870万立方米，小（一）型水库6个，合计库容2071万立方米。小（二）型水库65个，合计库容1 162万立方米，塘坝工程97宗，合计库容641万立方米，全县蓄水工程捍卫人口786062人（含陆丰市部分人口），保护耕地205864亩（含陆丰市部分面积），设计灌溉面积154803亩，完成灌溉面积47966亩（含陆丰市部分面积），并完成坝后电站装机容量31270千瓦，成为集防洪、灌溉、发电于一体的综合效益工程，成为陆河县水利工程的重要组成部分，是水利工程主力军。绝大多数水库分布于螺河和榕江上游，大部分兴建于20世纪50—70年代。其中土坝结构水库67个，浆砌石坝结构水库35个。

引水工程。陆河地区共有引水（水陂）工程346宗，其中浆砌石永久陂工程286宗，临时陂工程126宗，设计灌溉面积48019亩，实际灌溉面积22825亩，大部分是20世纪60—70年代兴建。

水电开发。陆河水力发电的创始和发展过程可分为两个时期：第一个时期：1955—1966年为试办时期。1965年，新田公社联安大队于新田河锅潭处，建设水轮泵站，利用1台60-4型水轮泵，带12千瓦发电机发电。第二个时期：1967—1985年为开发利用水力资源时期。省属南告水电厂1985年12月20日全面竣工，3台机组共4.5万千瓦投入运行。新坑水电工程九京岭电站2台机组共6000千瓦，于1986年2月投入运行。

（一）中型水电站

南告水电厂。南告水电厂为汕尾市属国有企业，位于陆河县螺河上游，为粤东最大的水力发电厂。1979年9月，为原汕头地区企业，1985年7月划归广东省电力局管理，为省属企业，1993年1月划归汕尾市管理。

南告水电厂建设工程列入国家"五五"计划，由广东省人民政府投资，原汕头地区实施，1974年10月动工，技术设计则于1977年7月完成。工程由拦河大坝、引水系统、发电厂房三部分组成。1981年8月下闸蓄水，引水系统充水耐压试验，第一台机组投入运行，翌年，其余2台机组也相继投入运行。总装机容量4.50万千瓦。工程于1985年12月20日全面竣工验收。全部工程费10875.70万元。

该电厂发电量1981年为1534.08万千瓦时，1988年为11312.88万千瓦时。拦河大坝采用浆砌石重力坝，正常高水位采用345米，最大坝高78米，坝长240米，坝中间（0+99.5～0+166.5）为溢洪坝段，设12米×12米泄洪闸5孔，堰顶高程333米，最大泄量4988立方米每秒，弧形钢板闸门；大坝高程297.90米处设直径2.20米放空涵管，泄量82.5立方米每秒。大坝上游面铺筑钢筋混凝土防渗墙，引水系统设在大坝左边，进口高程299.50米，直径3米压力隧洞长3121.5米，流量21.6立方米每秒，供4.5万千瓦机组用水。蓄水库区集雨面积152.70平方千米，库容7870万立方米，用于发电，尾水归入螺河补充灌溉。移民1194人。南告水电厂从1981年第1台机组投入运行，到1987年底，累计发电88124万千瓦时，对缓和汕头市和海丰、陆丰两县严重缺电局面起了很大作用。

（二）小型水电站

樟河电站。樟河电站位于螺河上游、上护樟河圩北面300米处，电站靠近陆（丰）五（华）公路，交通方便。樟河电站是自筹立项兴建的工程，于1971年开始动工修建拦河陂坝，因资金、器材不足等原因，到1981年夏季才建成投入运行，历时10年。樟河电站利用东硿口筑陂，拦截螺河集雨面积400平方千米。引水陂陂顶高程39.6米，正常蓄水位32.3米，设计毛水头

7.3米，引水流量20立方米每秒，实测流量17.2立方米每秒，装机4台，装机容量1000千瓦，保证出力500千瓦，年发电量516.5万千瓦时，年利用小时5165小时。是当时陆丰利用径流发电装机容量最大的水电站。

九京岭电站（新坑电站）。九京岭电站位于上护下陇圩以西2千米，新田河支流上护水上。电站由新坑水库（集雨面积20.67平方千米、库容232万立方米）调节供水，通过长3.8千米压力引水管道至九京岭电站发电，是一级开发引水式高水头发电站。九京岭电站包括新坑水库、输水管道、电站和输变电工程四部分。新坑水库工程技术设计书和九京岭电站设计任务书，由广东省水电厅先后于1980年3月和1981年1月批准。新坑水库正常蓄水位295米，电站设计水位为284米，电站尾水位57.8米，平均水头224米。设计引用流量3.4立方米每秒，装机2台，装机容量6000千瓦，保证出力693千瓦，年发电量2324万千瓦时，年利用小时3 873小时。

新坑水电工程为陆丰自筹建设工程，由陆丰县委、县政府直接领导，设陆丰县新坑水电工程指挥部，统一指挥，投入资金全靠贷款和自筹解决。由于资金需要量大，资金短缺，工程方案几经变更，施工期拉长，物资涨价，工价提高，费用增加，到1987年底，工程实施支出大大超过工程设计预算金额。1988年分设陆河县时，该电站归陆河县管理，陆丰县供电局承担贷款本金350万元。

四、乡镇企业快速发展

建县前，陆河县乡镇企业有河田农具厂、河田综合厂、河田服装厂、螺溪农具厂、螺溪综合厂、水唇农机厂、上护综合厂、东坑综合厂、南万综合厂、河口综合厂、新田综合厂等11

个厂社；第二轻工业（简称"二轻"）系统有厂（社）11个，分布在各个乡镇，其中，河田3个、螺溪2个，其他乡镇各1个。其他多为个体企业。在册职工总数800人。主要从事农机修配、打铁、木器、竹器、自行车营运、腐竹、服装、扫帚等日用品制造。1988年后，许多企业处于停产半停产状态，企业资产被搁置，以至企业干部职工及离退休人员的工资待遇及社保、医保问题得不到妥善解决。

1988年陆河县乡镇企业情况表

项　目		总计	镇办企业	村办企业	联户企业	个体企业
企业单位数家（家）	合计	851	33	206	6	606
	农业企业	4	1	3	—	—
	工业企业	256	5	68	—	183
	建筑企业	384	8	135	—	241
	运输企业	43	—	—	—	43
	餐饮企业	91	—	—	6	85
	旅游服务企业	58	10	—	-	48
	其他企业	15	9	—	—	6
企业人数（人）	合计	5490	534	1788	36	3132
	农业企业	43	16	27	—	—
	工业企业	1894	163	816	—	915
	建筑企业	2374	224	945	—	1205
	运输企业	172	—	—	—	172
	餐饮企业	546	—	—	36	510
	旅游服务业	350	62	—	—	288
	其他企业	111	69	—	—	42

（续表）

项　目		总计	镇办企业	村办企业	联户企业	个体企业
总产值（万元）	合计	5020.4	621	1679.3	57.6	2662.5
	农业企业	80.5	40	40.5	—	—
	工业企业	3167.3	326	1468.8	—	1372.5
总产值（万元）	建筑企业	708	255	170		283
	运输企业	344	—	—	—	344
	餐饮企业	720.6	—	—	57.6	663

说明：总产值中旅游服务企业与其他企业数据缺

陆河县原有二轻工业204家，分散于各镇。因经营不善，多处于半停产状态，劳资关系存在不少遗留问题亟待解决。

1989年11月5日，陆河县召开二轻集体企业首届职工代表大会，选举产生了陆河县二轻集体企业联社监事会主任。大会委任河田农具厂、河田综合厂、河田服装厂、螺溪农具综合厂、水唇农机厂、上护综合厂、东坑综合厂、南万综合厂、河口综合厂、新田综合厂厂长，选举出席汕尾市职工代表会代表7人。并给河田农具厂、水唇农机厂、上护综合厂、新田综合厂、螺溪工艺厂办理了营业执照手续。

为解决部分职工招工手续不全、长期处于试用期、劳动工资未及时调整的问题，对1980年前进厂的职工，经户口、粮食供应审查后，核定工资等级，对1980年后进厂试用职工，经考核后，报县劳动局批准转为正式职工。对62位招工未供粮的试用工，采用与退休人员互换口粮和用现金购买基本粮的办法，全部按工种给予粮食供应，建立起完整的职工人事档案，理顺历史遗留问题。1991年，经报有关部门批准，在20世纪60年代被下放农村的38名老职工复职，恢复相关待遇；给予262名年老职工办理退休手续，并让其子女顶班。

陆河县锅厂。国有企业。1954年6月建，位于螺溪镇西眉磜。投资45.50万元，厂房占地1.8万平方米，建筑面积7500平方米。设高炉3座，小水电站1座和配套工具。主要产品有铁锅、铁犁，年产铁锅30万片，铁犁10万支。在册干部职工185人。1987年，因封山育林指令性停产。县财政每年补贴20万元用于发放离休、退休人员和留厂人员的工资。1997年12月，转产办小水电。建立陆河县西眉磜水电站。总投资752万元，总装机容量1200千瓦。第一期工程于1997年12月开始建设，投入资金600万元，1998年9月建成投产，装机2台机组，总容量800千瓦，年发电量483万千瓦时，1999年5月开建第二期工程，是年9月竣工投产，投资152万元，增加装机400千瓦。电站建成后，解决原县锅厂下岗职工17人的就业。

陆河县锡矿精选厂。国有企业。1989年9月建，厂址在新田塭山矿区。总投资60万元，占地面积1936平方米，有生产机械设备24台套。1992年10月，向县工商银行贷款87万元，在县城南昂湖凹工业区购地3000平方米，建筑厂房700平方米。该厂先后贷款147万元，用于固定资产投资80.9万元，企业总人数8人。建成后累计亏损73.80万元，因市场疲软，于1996年停产。

五、教育事业发展较快

1952年教师队伍整改后，所有中小学转为公办，全部教职工都为国家公职人员。经过这次整顿，教育事业发展很快，中小学学生急剧增加，城乡的工农教育也蓬勃地发展起来。到1988年，陆河县有公办学校120所，教职工1182人，其中专任教师1044人。教职工中任职高中130人、初中248人、小学779人，其他25人。

学前教育。新中国成立前，陆河的幼儿教育是个空白点。新中国成立以后，随着社会的发展和形势的要求，陆河的幼儿教育得到了蓬勃发展。1988年，香港同胞庄永竞捐建第一所机关幼儿园——陆河县一洲幼儿园。随后，河田镇丰田、河田、鸿益、城北，螺溪镇景星，上护镇童心、星之星，新田镇中新，河口镇营下、小精灵、群星等民办幼儿园先后设立。从1988年起，陆河县农村小学逐步开设学前班，学制一年，为学前儿童的预备教育。部分幼儿园亦设学前班。1988年，全县有学前班156班，在班儿童5231人。

小学教育。新中国成立初期，分散在县内各处的小学大都是民办小学，由各处的校董会或基金会筹措学校经费。对待这些学校，人民政府采取积极扶持、加强领导、逐步改造的方针，并实行大力鼓励，支持群众办学的政策。1952年暑假整顿教师队伍之后，全县小学也进行调整合并，经过调整合并之后，全部学校转为公办，教育经费纳入国家财政预算，由政府统筹统支。1954年6—8月，根据《中央人民政府政务院关于整顿和改进小学教育的指示》，对全县小学进行分批分期整顿，纠正了学校的混乱现象，建立正常的教学秩序，小学教育有较快的发展。1958年，贯彻中共中央、国务院"教育为无产阶级政治服务、教育与生产劳动相结合"的方针，全县小学大搞勤工俭学、勤俭办学、群众学习，并且贯彻"两条腿走路"的方针，公办与民办学校并举。学校学生除按劳动课规定时间参加各种体力劳动外，还参加各种社会活动。在当时"大跃进"的形势下，小学教育发展过快。这种让学生过多参加各种社会活动和盲目冒进的做法，直至1962年贯彻"调整、巩固、充实、提高"的"八字方针"，对学校进行精简压缩之后方得到纠正。1966年6月中旬，"文化大革命"开始，所有学校常常停课"闹革命"，不少小学的领导和教师被批斗、囚禁或监督劳动，学校的教学秩序陷入混乱，教学质量更加严重下降。1976年10月粉碎"四人帮"后，拨乱反正，开始纠正学校中的无政府主义状态，逐步恢复正常的教学秩序。1978年中共十一届三中全会以后，教育工作转移到以教学为中心的轨道上来，1979年贯彻"调整、改革、整顿、提高"的方针，小学教育得到了健康的发展。1988年，全县有小学113所，教学班792个，学生22263人，学制为5年。从1989年起，学制为6年。普及与提高并举，实施初等义务教育，抓"五率"（入学、巩固、普及、毕业、升学率）的巩固达标，提高教学质量。

普通中学教育。中华人民共和国成立以后，普通中学教育发展很快，但也走了一段曲折的路。1960—1962年，国民经济出现了暂时困难，国务院发出"适当压缩全日制中、小学规模，调整布局，精简各级教职员工"的指示，普通中学教育有所收缩，逐年减少招生数并劝退了在校超龄生和精简一批公民办教师回乡参加农业生产。1966年夏"文化大革命"开始了，教育事业遭到极其严重的破坏。其时，全县各中学都停课"闹革命"，各中学停止招生。在校学生和一些教师纷纷外出串联，学校教学工作陷于停顿。1969年恢复招生后，各公社又纷纷创办高中，小学附设初中班。这种不顾条件、盲目发展，只求数量、不问质量的做法，造成了学校虚肿，教学质量严重下降的情况。1977年10月，粉碎"四人帮"以后，特别是1978年中共十一届三中全会后，经过拨乱反正，普通中学的布局逐步进行了调整，各公社都有了一所普通中学。

1988年，全县有中学8所。1989年随着学生人数的增加，增设水唇镇仑岭初级中学。1992年，增设水唇镇第三初级中学、上护镇第二初级中学（樟河中学）、河口镇第二初级中学（南溪中学）、河田镇河城第二初级中学。2000年撤销水唇镇第三初级中学并入水唇中学。1988年，全县初中教育实行总体和个体、长远和近期相结合目标管理，实施教学岗位责任制。全县统一考试，按户籍所在地的小学毕业生录取招生。1988年，全县有河田中学、河口中学、水唇中学3所完全中学。其中，河田中学于1990年秋分出初中，成为汕尾市第一所普通高级中学。河口中学、水唇中学为普通高中兼办职业高中。1988年全县高中学生582人。教学课程从高二级开始实行文理科分类选修学习，语文、数学、英语、政治为必修课，理科增加物理、化学、生物3科课程，文科增加历史、地理2科课程。

六、群众文化丰富多彩

新中国成立初期，人民当家作主，社会经济逐步恢复发展，文化设施和文化队伍从无到有，从小到大。县文化部门经常举行各类文艺汇演，文学创作、电影放映、图书阅览、戏剧演出等都很活跃。"文化大革命"期间，各类文化艺术团体被迫解散，图书阅览、电影放映受限制，报刊停办。1978年后，拨乱反正，本县的文化事业步入了繁荣的新阶段。陆河群众文化多姿多彩，民间口头文学有故事、笑话、谚语、俗语、歇后语、传说、山歌等；民间文艺表演项目有腰鼓舞、秧歌舞、踩高跷、舞狮、耍龙、高景、地景、叛景、木偶戏、杂技魔术、八音牌子鼓等；民间艺术有木雕、泥塑、扎花灯等。

河田高景。河田高景历史悠久，文化积淀深厚，是勤劳智慧的先民继承传统、酷爱艺术、追求美好生活的结晶。昔时在河田、螺溪、河口镇及水唇镇黄塘等地相传。它起源于河田广福庵庙会，于每年农历正月十九、二十两天举行。其艺术特点是"高、险、巧"。"高"是指景旦高悬于空中，达7～8米，远远超过民居屋脊。"险"是指景梗仅以一根6～8米不规则小钢条独立支撑，景旦高悬徐徐巡游，观之似无依无托。"巧"是指高景组合巧妙奇特，使人难以看懂景梗的来龙去脉，给人留下悬念。

高景由景床、景梗、景物三部分组成。景床是长1.2米、宽1米、高0.8米的粗木架，是用来固定景梗、景物的基座；景梗是一根长6～8米的锻造小钢条；景物由景童、景旦和道具组成，景童由13～14岁以下少男少女扮演，景旦由5～6岁小童扮演，道具包括服装、饰品等。

高景出游时，一般要配备4～8人为抬景，6～8人为导景，3～4人为护景，1～2人为监景。后面随行的有金狮班、乐队、旗仗队，组成一支庞大、整齐、载歌载舞的游艺队伍进行巡游。

东坑地景。东坑地景是东坑镇新东村上屋先祖从江苏省苏州府引取，是中原文化传承和发展的产物。始于清乾隆三十年（1765年），有240年历史。随着时代的发展，不断传承，赋予新的内容、新的精神、新的艺术。

地景以古典文学、传奇小说等为题材，编写成一个个戏剧情景节目，塑造出栩栩如生的人物，进行巡游表演。其中有《八仙骑八兽》《金山战鼓》《西游记》《天仙配》《三星拱照》《花木兰从军》《岳母刺字》《八仙过海》《薛仁贵征东》等。按照传统习惯，每年正月十五晚上，便组成一支约300人参加的巡游队伍，辅以串花灯、耍金龙、舞狮、舞大象、挑花篮、扭秧歌、彩旗队、花环队，配以八音大锣鼓，沿途燃放结成十二托、悬于长木上的绚丽多彩的花灯炮、鞭炮、连响炮。从该村出发，巡游表演在各村各寨。其时爆竹声声震耳欲聋、巨型烟花腾空而起，锣鼓声、鞭炮声、奏乐声、欢笑声交织成一支欢快的交响乐，回荡于村寨的原野间，呈现出一派天地人一体同春、和谐共融、太平盛世的景象。阵容浩大，景致壮观。

南万吉象歌。南万，旧称"万畲"。传说清朝期间，该地瘟疫流行，灾害连年，百业萧条，民不聊生，苦不堪言。一日，万畲上空突现金光，遍地通红。随之一头大象徐徐落地，片刻消逝，从此瘟疫遁去，万物复苏，风调雨顺，五谷丰登，人民群众得以安居乐业。故当地群众视大象为吉祥化身。

为让吉祥长驻，能工巧匠以竹片为架，以布作皮，塑成大象，并配以山歌曲调和吉祥歌词在民间演唱，故得名"吉象歌"。之后世代流传。随着时代的变迁不断更新，现已演变成山歌对唱，成了当地珍贵的艺术瑰宝。且家喻户晓，人人皆会吟唱。新中国成立40周年期间南万吉象歌参加县文艺晚会表演。1999年4月22日，广东广播电视台《艺术太空》栏目摄制组拍摄吉象歌播出。

水唇镇罗洞木偶戏。罗洞木偶戏始于清咸丰年间，有150年的历史。新中国成立后，走村串户宣传教育群众，成为山区人民的精神文化食粮。1979年4月批准成立木偶剧团，有从艺人员15人，其中艺术院校毕业生3人。演出遍及县内及海陆丰、深圳、东莞等地。

木偶是用樟木雕刻的人物、动物形象，用10~30条线连接在一起，以牵提活动表现人物或动物动作的表演艺术。表演角色多种多样，包括古装戏中生、旦、净、末、丑等角色。背景音乐有汉曲、民间小调、现代歌曲、客家山歌等曲调，念白全用客家话，内容丰富，通俗易懂，诙谐幽默，动作形象逼真，切合风土民情，颇受群众喜爱。经过传承加工，现已成为独具客家民间地方特色的艺术瑰宝。1999年4月22日，广东广播电视台《艺术太空》栏目摄制组拍摄转播。2001—2003年多次参加市、县表演。

上罗角叛景。上罗角叛景始于清康熙三十四年（1695年），已有300年历史。昔时元宵节期间东坑镇榕江村上罗角村民为祈求国泰民安、宗亲和谐、风调雨顺，集聚一堂，欢庆节日，便制作了各式各样叛景。期间各家展示出各种形状不一的叛果，燃放烟花爆竹，点着用蜡烛或花生油为材料制作的纸灯笼，舞狮、舞龙，敲锣打鼓，成群结队，走家串巷，热闹非凡。叛景造型丰富，高矮不一，高的2～3米，矮的0．5米，五颜六色，千姿百态，技艺高超。既有地方特色，又具深厚的文化内涵和时代特征。种类按十二生肖制作：猪年制作金猪献瑞，百花争春；鼠年制作五鼠闹东京，各显其意；牛年制作牛气十足，五谷丰登，百业兴旺；马年制作万马奔腾，马到功成；羊年制作三"羊"开泰，喜气洋洋；兔年制作玉兔下凡，福到人间等。

陆河客家山歌。陆河客家山歌历史悠久，源远流长，是祖辈们昔时于山岗山坳、田间地头辛勤劳作，为抒发感情而创作的民间歌谣。既有兴梅客家山歌风格，又有自己独特之处，各镇山歌也有一定的差异。歌词内容丰富，形式多样，语言通俗易懂，有讲究押韵四句一首，也有五句一首；有独唱，也有男女对唱等。有劳动歌、时政歌，也有仪式歌、情歌、生活歌、儿歌等，以情歌为多，亦有编成山歌剧，具有较高的文学价值。音调高扬绵长流畅，节奏自由多样。

东坑神农庙会。神农庙位于东坑镇大路村，明崇祯十二年（1639年），明朝御赐太常寺少卿叶高标，为方便当地群众纪念中华民族祖先神农大帝，选取该地建造。庙宇占地面积500平方米，坐北向南，由庙门、拜亭、月台、天街、正副殿组成，属明代对称式建筑。神农像坐镇中央，仓颉圣帝、孔子圣人倚立两旁，还供奉有十八罗汉，神像栩栩如生。新中国成立后，庙宇被毁，庙会活动停止。1995年庙宇重修。1999年续建天神台、戏台、公德厅等，占地面积2000平方米。庙会1年4次，即农历正月许福、四月纪念神农帝诞辰、六月暖福、十二月酬神。朝拜者甚众，香火旺盛，庙会热闹非凡。

第六章

建新县谱新篇

第
一
节 农业发展篇

一、农业经济亮点纷呈

建县初期，陆河农业存在农产品质量良莠不齐，产业发展后劲不足，农业市场竞争力不强，产业化程度不高，农业法制化程度不高等问题。建县后，陆河县通过整合政策、创新机制、示范引导，着力落实惠农政策，统一优良品种，病虫害通防统治，测土配方施肥，实现了粮食生产稳中有升。

建县以来，农业主管部门坚持完善服务体系，增强服务功能，强化服务保障，着力提升农民素质，培育产业特色，实现富农兴农。2006年10月，陆河委托广东省农业科学院科技情报研究所编制了《陆河县农业发展总体规划（2006—2020年）》，依托农业特色产业发展质效不断加强，农产品转化值水平逐渐提高，农产品质量安全更有保障。同年在全县农村推广建造户用沼气池。2009年开始实施小型农田水利人大议案项目、农田整治工程、中低产田改造项目、一乡一品、农业综合开发项目，对种粮农户实施种粮直补、良种补贴和农资综合补贴政策。2009年，陆河县被农业部授予"全国农业科技推广示范县"和"广东省现代农业科技示范县"称号。2013年，县委、县政府提出"园区工业、基地农业、生态旅游、美丽城乡、活力陆河"发展战略，创建了有机农业生产示范基地5个，获得有机认证或有机转换产品10种，有机认证示范面积5200亩，"陆河木瓜"获得国家地理标志产品保护。2014年12月，陆河县被国家认证认可监督管理委员会授予"国家有机产品认证示范创建县"称号。

二、中国青梅之乡

建县前，陆河的水果以菠萝、香蕉、柿、梨、李、柑、橘、橙为主。建县后，县委、县政府把水果生产摆上重要的战略位置，发动全县人民群众立足山区资源优势，在发展以青梅为主的果品生产产业化方面坚持以市场为导向，以科技进步为依托，因地制宜，不断改良品种，把社会化服务体系建设与实施果品产业有机结合，发展水果种植和加工贸易，形成了生产、加工、销售一条龙，取得了较好的经济效益和社会效益。截至2004年，全县水果种植面积达25.6万亩，总产量3.13万吨，产值1.48亿元，占农业产值17.50%。其中，青梅种植农户2.5万户，近10万人，种植面积9.6万亩，产量达7980吨。青梅种植品种主要有青竹梅和白粉梅，其中尤以青竹梅居多。其时，以青梅为主要原料的水果加工业在全县迅猛发展，已加工出多种口味的果脯、果汁等产品。2002年，全省青梅加工业年产值达9000多万元，创利税850万元。其中，陆河县最大的青梅加工企业——陆河县伟能食品有限公司是广东省重点扶贫农业龙头企业，在中央、省、市有关领导的关心和支持下，公司发展日益壮大。其生产的"奇味梅"已连续9年出口日本市场，并被深圳航空公司选为配餐食品，大大提高了产品的知名度。2017年，全县青梅种植面积达到12.3万亩，产量2.5万吨，产值1.36亿元，生产系列产品有蜜饯果脯、话梅、梅饼、梅酱、梅汁饮料、青梅酒、青梅月饼等。

2004年2月，陆河县被中国特产之乡推荐暨宣传活动组织委员会授予"中国青梅之乡"称号，同年举办了首届青梅节。2005年12月，"陆河青梅"获得国家地理标志产品保护，2006年4月成立了陆河县青梅协会。陆河被评为"中国青梅之乡"后，陆河共光村、螺洞村每逢花期，梅花盛开，漫山遍野，香飘四溢，吸引了众多游客前来赏梅，初步发展成以青梅为主题的生态旅游景区，成为陆河县一张新的生态名片。

三、来之不易的"绿色家底"

2018年，陆河县林地面积达111.26万亩，占全县国土总面积的78%，已有林地面积102.19万亩，主要树种有松、杉、相思、红锥、桉树、水果树等，森林覆盖率达73.49%，活立木蓄积量323.42万立方米，林地绿化率92.4%，生态公益林面积42.4万亩，县内森林资源丰富，生态旅游开发潜力巨大。目前有南万省级红锥林自然保护区、火山嶂省级森林公园各1个及县级森林公园6个、湿地公园2个、县级自然保护区2个、镇级森林公园6个。陆河是典型的"八山一水一分田"的山区县。

1988年刚建县时，县委、县政府就提出"振兴陆河林业，两年消灭荒山"的发展方略。建县后的第一个会议就是研究造林绿化工作，第一笔贷款就是用于植树造林，第一个布告就是封山育林。通过一年多的努力，1989年7月25日，陆河县造林绿化和林木管护成绩突出，名列全省第二位，被省委、省政府表扬。

1988—1989年，通过政府投入、机关干部职工和乡镇集资、群众自筹，共投入造林资金1064.4万元，累计完成造林面积72万亩，其中人工造林面积52万亩，飞播造林面积15万亩，活力木蓄积量由建县前的40万立方米提高到66.1万立方米，森林覆盖率由建县前的30.6%提高到54.4%，提前两年实现绿化达标县目标。县委、县政府被省委、省政府授予"造林绿化贡献突出单位"称号，同时荣获绿化达标奖杯。

　　通过历届县委、县政府和全县人民的不懈努力，全县林业生态建设取得了显著成效。截至2017年底，累计完成造林绿化总面积113.45万亩，义务植树1210多万株，森林覆盖率由建县前30.6%提高到73.49%，森林蓄积量由建县前的40万立方米提高到323.42万立方米。2010年3月，陆河被省政府授予"林业生态县"称号，2016年9月被国务院纳入国家重点生态功能区。

工业发展篇

一、"资源型"工业应运而生

建县初期，陆河县委、县政府确立了从"唱山歌，走山路""四水一矿一加工"到"以农业为基础，以工业为主攻方向，以民营、外资企业为突破口""工业兴县、农业稳县、旅游旺县"，再到"抓工业促农业，抓旅游促商贸，抓城镇促乡村，抓特色促品牌"的发展思路，"无工不富"逐步成为陆河全县干群的共识。陆河以本地资源为依托，大力发展"资源型""造血型"工业，经过建县初期十几年的发展，初步形成以小水电为支柱，农副产品加工、外向经济为龙头，国有、集体、"三资"（中外合资、中外合作、外商独资）、"三来一补"（来料加工、来料装配、来样加工，补偿贸易）、民营等多种经济成分并存、共同发展的经济发展新格局，在山区发展中迈出了重要的一步。

（一）发展小水电工业，荣获"中国农村水电之乡"称号

陆河地处广东省东部沿海与兴梅山区结合部，山地广阔，山高林密，自然资源丰富，生态环境优良，是省级林业生态县，森林覆盖率达73.49%，拥有全国最大的红锥林自然保护区；是榕江水系、螺河水系、梅江水系的发源地，水系发达，

溪流纵横交错，山塘、水库星罗棋布，水质清纯，无污染，水电资源丰富。

建县后，适逢经济建设的有利时机，在广东省关于加快山区发展，扶持山区小水电建设有关扶贫倾斜政策的鼓励下，陆河县鼓励镇、集体和个人投资兴办水电站，支持外地企业依托水力资源优势，合理布局开发水电。全县小水电开发的热情高涨，水电站如雨后春笋，应运而生，如新坑电站、樟河电站、云丰电站等，这一资源型基础产业得以迅猛发展。截至2003年，全县共建有小水电站71座，其中，河口5座、新田13座、上护10座、水唇10座、螺溪8座、南万13座、河田6座、东坑6座，总装机容量106210千瓦（含南告电厂装机容量51500千瓦），小水电行业成为当时陆河县工业经济的支柱产业，也在当时有效缓解了粤东地区用电紧张的问题。

自从全国实行"两改一同价"（改革农村电力管理体制、改造农村电网，实现城乡用电同网同价，1999年11月开始实行）后，由于受到客观因素制约，陆河县输、供电企业面临着巨大的挑战，运作变得更为困难——陆河县地处山区，住户分散，供电半径大，网改成本重，农网改造投入越多，企业的亏损越大。同时，由于山区电网结构的特殊性、线损问题、税率问题、电价差问题以及欠电费问题直接影响了小水电站的效益回报，挫伤了业主办电的积极性，严重影响了陆河县小水电行业经济的发展，小水电行业产值也因此普遍持续下降。于是，各电站尝试通过改制、改组、改造和加强管理的方式扭转局面，如原新坑水电站改制为陆河县新坑水电站有限责任公司，原樟河水电站改制为陆河县樟河水电站有限责任公司，西眉寨水电站实行公司承包责任制。

自1996年陆河县被列入全国第三批农村水电初级电气化县

以来，全县积极发展小水电，在小水电建设和管理工作中，走在了全国县级的先进行列。陆河县小水电经过多年发展，初步解决了县内人民群众用电、民用燃料和农村能源问题，保护了生态、改善了环境，变资源优势为经济优势，同时培育了优势产业，增强了造血功能，促进了全县经济发展和社会进步，为脱贫致富奔小康作出了巨大贡献。2008年，陆河县获得"中国农村水电之乡"称号；2011年4月，陆河县被水利部授予"水电农村电气化县"称号。

（二）农副产品加工业

陆河县地处亚热带季风气候区，盛产青梅、青榄、油柑、荔枝、龙眼等水果，以及香菇、柿饼、茶叶等特色农产品。特别是青梅，陆河种植的青梅较其他地方更为优质，果实富含多种有机酸、维生素和微量元素，具有很高的营养价值和药用功能，是很好的生理性碱性天然食品。"陆河青梅"以优良的品质特征和人文地理优势被列入国家地理标志保护产品。依托本地丰富的农产品资源，农副产品加工业也在全县各乡镇兴起，以规模较小的家庭作坊式居多。

陆河伟能食品有限公司的出现，则迈开了陆河县农副产品加工业往大规模、深加工方向发展的一大步。陆河伟能食品有限公司是国家扶贫农业龙头企业和广东省扶贫农业龙头企业，依托陆河本地特色农产品资源，以青梅、李、黄榄等水果深加工为主业，由奇味制品厂、力源食品厂、大新果林基地组成，实现从种植到加工至销售一条龙经营。主要产品有出口梅胚（远销东南亚地区及日本、新加坡）；内销奇味梅、干湿梅（销往深圳、广州、珠海等地）等多样品种，奇味梅系列产品通过国家绿色食品认证，被授予"中国名优品牌"称号。该公司采取"公司+基地+农户"发展模式，发挥龙头企业作用，2001年销售收入1200万元，创税利228万元，带动农户2075户，并与农户签订了生产购销合同，结成了"利益共享、风险共担"的经济共同体。公司向农户以优惠价提供种苗，并免费提供科技资料以及进行跟踪技术指导，还每年拿出化肥种苗无偿支持特困户不断扩大种植面积。2001年带动贫困户纯青梅收入户均达2150元，极大地调动了农户种植青梅的积极性，得到上级党政和全县农户的赞誉。

（三）"三资"企业

建县以来，陆河县大力发展山区经济，逐步完善投资软、硬环境，打开山门，扩大对外开放，招商引资，引导民资、侨资、外资办实业。陆河县委、县政府本着"让利、让利、再让利；让外商发财，促我县发展"的原则，出台了"只收税，不收费"的优惠政策，以最大的优惠吸引外资。如敏兴毛织（陆河）有限公司（即陆河祥盛针织有限公司）的用地，以最低征地价给予征收，并免去办理手续费。

截至2004年12月底，陆河县共有外商投资企业21家（其中"三资"企业16家，来料加工企业5家），深圳、广州等地投资规模较大的民营企业8家。其中，投资额超过100万美元的企业有6家：陆河县添宝表业制品有限公司、陆河县岁宝宾馆、陆河县伯昌金属制品有限公司、陆河县瑞龙娱乐城、敏兴毛织（陆河）有限公司、麦卡电工器材（陆河）有限公司。当时，港商朱伯昌除兴办了陆河县瑞龙娱乐城、陆河县伯昌金属制品有限公司外，还投资创建了瑞龙副食品制品有限公司和多达利金属制品（陆河）有限公司，总投资额达573万美元。敏兴毛织（陆河）有限公司，是由香港祥盛发展有限公司于2004年在陆河县城南工业区投资兴建的，是以毛针织生产加工为主的外商独资企业，总投资上亿元，有四栋大型厂房以及一栋电脑织机大楼，生产的针织产品主要出口欧洲、日本。麦卡电工器材（陆河）有限公司，于2000年落户陆河，是一家以经营绝缘材料为主的生产加工型企业，产品主要出口国外。

建县初期，陆河立足本地资源发展"资源型"工业，技术含量不高，没有形成高起点、高效益的骨干企业，缺少上档次、上规模、上水准的名牌产业和拳头产品，产品市场占有率低；产业结构单一，在轻工业、农业产业化方面涉足不深。

二、建设园区，集聚发展

建县初期的工业经济发展面临着企业规模小、零星分散、工业发展无规划的问题。随着从国家到地方各级党政部门关于加快工业园区建设的政策和相应的各项具体措施相继出台，陆河认识到了工业园区建设的重要性和必要性，狠抓规划、调整开发势在必行。

20世纪90年代，全国开发区建设热潮涌动，陆河全县也掀起开发热潮，各乡镇积极响应，众志成城，在各镇区都开发有不同规模的工业园区。据统计，截至2004年，全县共有各类工业园区十多个，其中县级的工业园区6个，分别为：城南工业园区、城东工业区、河田石牌开发区、河口工业园区、水唇工业园区、东坑工业区。其中三处较大规模的工业园区分别为城南工业园区、河口工业园区、水唇工业园区。

城南工业园区。陆河县城南工业园区是1998年12月经陆河县人民政府批准、最早建立的工业园区，该园区规划用地800亩，作为外资引进、工业加工、生产的综合基地，全面实现"三通一平"（水通、电通、道路通和场地平整），敏兴毛织（陆河）有限公司、润林贸易实业有限公司、日升贸易有限公司、伯昌金属制品有限公司、添宝表业制品有限公司、瑞龙娱乐城、远大制药厂、河城肉联厂、陆胜石板材厂、南方汽修厂等20余家企业落户于此。企业产品主要有服装、保健品、塑料、金属制品。投资规模达100万美元的有敏兴毛织（陆河）有限公司（143万美元）、瑞龙娱乐城（287万美元）、添宝表业制品有限公司（195万美元）、伯昌金属制品有限公司（151万美元）等企业。1992年，经县政府研究同意，县外经贸局在城南工业园区兴建了陆河县外经贸第一工业城（简称"工业城"）。工业城毗邻河城肉联厂和中石化加油站。工业城用地总面积约为6265.3平方米，内建有6栋工业厂房，厂房占地总面积为1722.3平方米。由于建县初期工业底子薄，经济落后，工业城厂房的兴建有效解决了陆河县中小微企业无力自行兴建厂房的难题。

河口工业园区。河口工业园区于2000年11月经陆河县人民政府批准建立，规划用地2000亩，为县高新技术引进、开发的综合基地。2003年，引进了深圳市辉强有限公司到陆河县投资兴办辉强科技工业园，分三个园区建设。

为加快工业经济发展步伐，陆河县于2006年7月19日与深圳市宝安区石岩街道的水田村委会（现称水田社区）签订协议，合作共建深圳水田（陆河）产业转移工业园。水田村委会于2006年7月在陆河注册了陆河深圳水田科技园发展有限公司，负责整个产业转移工业园区的规划设计和运作，并抽调工作人员进驻园区开展工作。至2008年底，进驻工业园区的企业有：深圳市恒创实业有限公司、林立水泥制品有限公司、陆河县辉强新型建材有限公司、陆河县兆丰涂料物流园、陆河县南方铸造有限公司、陆河县铨镒铸造有限公司。

水唇工业园区。水唇工业园区位于水唇镇的北部，占地面积1500亩，于2003年由上级主管部门批准规划兴建，已完成征地、迁坟等工作，园区内有投资600多万元的世裕高岭土加工厂、投资200多万元的新兴电子厂、投入200多万元的镇属瓷厂。2004年4月引进了台湾元升国际集团有限公司到园区兴办工艺厂，主要生产经营陶瓷制品、波丽制品（花盆、喷泉、相框、圣诞礼品及庭院摆设等）、塑料制品、木器制品等。

第三产业发展篇

　　建县以来，县委、县政府始终把加快发展第三产业作为推进县域经济发展的重要抓手，从各个方面给予扶持和引导，有力地促进了第三产业的快速发展。目前，全县已初步形成以商贸流通、金融保险、交通运输、餐饮服务等传统产业为主体，以生态旅游、电子商务、房地产开发等新兴产业为支撑的门类齐全的第三产业发展新格局。

一、"花泉林歌"旅游品牌效应凸现

　　建县以来，陆河依托山区生态资源优势，坚持生态立县，走绿色生态发展道路。经过几十年的实践，全县经济社会科学发展，人民生活幸福感明显提升。陆河从建县时的旅游经济收入几乎为零，到2017年旅游景点遍布全境，全年接待旅客98万人次，旅游收入达29176．7万元，陆河生态旅游产业实现了质的飞跃。

　　陆河生态良好，旅游资源丰富。为加快旅游事业发展，2001年9月，南天湖旅游有限公司成立，开始动工建设神象山、红锥林生态公园。2005年，御水湾度假村动工建设。自2008年起，陆河县委、县政府确立"从严治政，从宽待商，从优惠民，坚定不移走生态文明发展道路"的发展战略，牢固树立"保护也是发展"的理念，在生态保护上做了大量艰苦细致、卓有成效的工作，有效保持了陆河"青山、绿地、碧水、蓝天"的面貌。2009年引进台湾企业创建的"万亩樱花园""万亩茶花园"项目。在打造"四季花海"和温泉旅游的同时，陆河县还认真规划利用客家文化底蕴资源，把河田高景、东坑地景、螺洞木偶、南万吉象山歌、陆河擂茶、客家黄酒等非物质文化遗产和"五星祠""蟠龙祠""岳坑祠""商贤家庙""谢非故居""参将府""围龙屋""九厅十八井""昂塘百年古洋楼""中镇寨""恒泰楼"等文物资源列入旅游开发项目，打造文化旅游、休闲旅游业。2010年，陆河县荣获"广东省林业生态县"的荣誉称号。2011年， 在东坑万亩梅园举办首届梅花节。2012年2月，时任汕尾市委书记、人大常委会主任郑雁雄在陆河调研时，要求陆河大力发展生态旅游产业，着力打造"花泉林歌、悠然陆河"旅游品牌。同年9月，陆河县被划为省级重点生态功能区。

近年来，陆河县按照"打造优雅陆河、实现绿色崛起，为建设宜居宜业宜游客家新山城"的发展目标，围绕"花泉林歌，悠然陆河"旅游品牌，不断加大旅游工作力度，大力发展乡村旅游，随着贯穿陆河的潮惠高速全线通车，陆河的山门全面打开，已融入珠三角两小时生活圈，正面临新一轮大开放、大开发、大发展的难得机遇，乡村旅游蕴藏着无限的商机。对此，陆河县研判形势，对陆河发展重新定位，陆河县第八次党代会把"全力打造优雅陆河、实现绿色崛起，为建设宜居宜业宜游客家新山城"作为今后一个时期的努力方向。结合习近平总书记在党的十九大报告中提出的乡村振兴战略，陆河县对20个贫困村推进新农村建设的同时，融入乡村旅游元素一并打造，以"旅游+"为抓手，不断夯实旅游基础，全力开发陆河县域内旅游资源。

陆河县委、县政府在市委、市政府的正确领导下，紧紧抓住省委、省政府促进粤东西北地区加快振兴发展、支持海陆丰革命老区加快发展、粤港澳大湾区建设等历史机遇，按照"打造美丽大花园、实现绿色新崛起"的定位要求和"三生融合（生产发展、生活富裕、生态良好）、四绿一体（绿色产业、绿色城镇、绿色生态、绿色文化）"的发展思路，举生态旗、走生态路、唱生态歌、吃生态饭，以踏石留印、抓铁有痕的作风狠抓落实，奋力打造绿色发展的陆河样板、陆河模式，建设"湾区后花园、魅力新客乡"。

螺洞村风光绮丽，以"梅"闻名，每逢大寒前后，风动花落，如雪纷飞，煞是壮观，享有"世外梅园"之美誉。2015年11月，汕尾市第一个村级股份公司——广东螺洞投资发展股份有限公司宣告成立，村民以土地、山林、果树、现金等形式入股，共同开发、发展集观光、休闲、娱乐、餐饮于一体的原生态旅游产业。该公司牵头实施了景区路桥扩建，建成了具有一定接待能力的宾馆、酒店、农家乐等配套设施。依托"汕尾十大休闲基地"和"广东省休闲农业与乡村旅游示范点"的优势，螺洞世外梅园逐年加大投入，带动旅游经济发展，吸引外出务工人员返乡置业发展，使当地村民实现脱贫奔康。螺洞村已打造成为粤东地区具有一定特色的乡村旅游景点。2016年12月，螺洞世外梅园被评为国家级AAA级旅游景区，打破了陆河无A级景区的局面。2018年陆河梅花节，螺洞世外梅园游客接待中心、人文主题客栈、多功能文化空间、木偶剧馆、乡村图书馆、擂茶体验馆等全部对外开放，景区接团能力显著提升。

2016年，陆河县修编了《旅游发展总体规划（2016—2030）》（简本）。同年4月，陆河共光梅园旅游服务先进标准体系建设试点项目先后举行授牌仪式，这标志着陆河县梅园生态旅游建设率先在全市正式拉开帷幕。共光万亩梅园位于广东省青梅专业镇——陆河县东坑镇共光村。梅园占地1万余亩，20万多株梅树，背靠人字嶂，以梅饰山，以山饰梅，是陆河建设最早、最知名的梅园之一，广东面积最大的连片梅园之一，为全国罕见。共光万亩梅园声名远播，是陆河"中国青梅之乡"青梅的主产地，梅园内有香雪谷、玉龙山。每逢二十四节气之小大寒，漫山遍野的梅花凌寒盛开，香沁心脾，铁骨疏影，浪漫高雅；游人纷至，踏雪寻梅，成为陆河旅游最响亮名片。为全面贯彻落实陆河县委、县政府"一河一路一镇六片区"乡村振兴蓝图，近年以来，东坑镇以乡村振兴为总抓手，以新农村建设为契机，有效统筹各类资金，对共光梅园景区进行全方位科学规划，按国家AAAA景区标准对景区进行精细打造，完成了景区内游客服务中心、"岭南香雪"景亭、沿河驳岸、沿溪栈道、商铺、民宿、民居外立面整治等景点和设施建设，完善了景区停车设施、交通路网建设，并对景区进行绿化美化，共光梅园正以全新的姿态展现在游客面前。

2017年6月，陆河县引进华侨城·螺溪谷乡村旅游项目。该项目由深圳华侨城东部投资有限公司投资开发，项目一期选址深圳市坪山区对口帮扶的欧田村硿仔里自然村，重点打造六大精品业态，致力将项目建设成为陆河乡村旅游示范标杆。华侨城·螺溪谷是华侨城首个以"振兴乡村发展、实现精准扶贫"为导向、深耕"文化+旅游+城镇化"创新发展战略而打造的乡村田园文化旅游综合体。项目秉承"时尚与乡土融合、居民与游客共享、旅游与社区共进"的发展理念，致力打造山水静美的客家原乡，引领"慢生活、轻度假、心体验"的新型文化旅游及生活方式。作为陆河县文化旅游产业精准扶贫示范项目，华侨城·螺溪谷不断通过对乡村传统旅游资源的整合利用，构建起可持续的乡村内生经济系统，探索可复制、可推广的旅游扶贫开发模式，最终实现盘活乡村资源、示范乡村建设、传承乡村文化、振兴乡村产业、示范旅游扶贫等多重使命。2018年6月，华侨城·螺溪谷乡村旅游项目（一期）建成投入试营业。

河口镇北中村，依托国家沉香基地引进圣旦集团、中国热带农业科学院培育沉香酒、面膜等新产品，以红色革命文化为引领，建设红色革命纪念馆和足球场、彩虹滑梯、户外扩展基地等，在潜移默化中传承红色基因，北中村短时间从一个无人问津的贫困村变成了省内火爆的"网红乡村景点"，仅2019年春节期间接待游客12万人次，门票、农家乐、农产品销售合计超百万元，实现"无中生有、移花接木、变废为宝"的华丽蜕变。

河田镇以荷塘内洞—田园圳口—山水共联—桃园布金—泉乡宝金为主线，完善基础设施，培育特色产业，成片种植建莲、葡萄、樱桃、蔬菜等特色农作物，制作精致土特产和文创产品，集中打造乡村旅游示范片区，带动贫困户实现脱贫，以产业促增收，兼顾了土地产出和景区流量，实现了经济效益和社会效益双丰收。其中，河田圳口田美村引进社会资本成立田美农业股份有限公司，依托省农科院雄厚技术力量，打造省"五位一体"（经济建设、政治建设、文化建设、社会建设、生态文明建设）示范基地和新品种实验基地，是目前全市唯一一家使用进口椰糠发展"有机+"农产品的蔬果栽培基地。该基地生产的"陆小番樱桃番茄"品牌番茄等特色农产品，吸引了大量民众到园体验采摘。

新田镇将国家级运动休闲特色小镇建设和元升樱花生态园建设相结合，构建"体育+旅游+产业"发展模式，打造千亩樱花种植基地和十里樱花长廊，已初步成为集观光、休闲、娱乐于一体的乡村旅游景点。成功举办全民健身徒步和首届乡村半程马拉松赛事活动，形成特色旅游品牌，络绎不绝的人流给当地群众带来商机，成为乡村旅游助推脱贫攻坚的新亮点。

此外，水唇汤排温泉山庄、上护金龙五洲温泉度假村、南万花海、新田生态旅游养老产业园等生态旅游项目也已动工兴建。

2016年11月，陆河开展了"陆河八景"征集、评选、命名活动，得到社会各界高度关注，广泛参与。经向社会各界发起网络投票、专家组评审等环节，并综合各方意见，最终入选景点、命名各8个，分别为：神象映湖（南万镇神象山、南天湖）、白水飞瀑（螺溪镇白水磜、淘金坑竹林）、许山飞龙（河田镇火山嶂、飞龙寺）、岭南香雪（东坑镇共光梅园、水唇镇螺洞梅园）、观天望海（水唇镇观天嶂）、紫燕衔花（上护镇燕子岩）、南屏雄狮（河口镇狮子嶂）、激石烽火（新田镇激石溪革命根据地）。2017年1月，在水唇镇螺洞世外梅园，顺利完成中央电视台CCTV-7《乡村大世界·走进陆河》和《农民春晚》等节目的录制工作。3月，依托新田樱花基地举办首届樱花节。5月，省旅游局批准陆河县为全域旅游示范区第二批创建单位。7月，依托内洞建莲种植基地举办首届荷花节。2018年5月，陆河县举办首届青梅采摘节。

陆河县围绕"花泉林歌，悠然陆河"旅游品牌，每年举办四季花节，以节庆活动为介质引爆人气。围绕秀丽的自然风光和户外体育资源，陆河县在四季花节期间还举办以骑行、徒步、摄影、书画、楹联为内容的"旅游+"活动。这些节庆活动，吸引了大批游客慕名而来，也让陆河的知名度与日俱增。

二、房地产业蓬勃发展

建县初期，全县只有陆河县房地产开发总公司一家房地产开发企业，2006年以来，先后有鹏翔房地产开发企业等十多家进驻陆河，已开发建设的商品房小区有螺河一号、吉康华苑一期和二期、康富楼、华府一号、聚福苑、中心城、润达花园、新田新景花园、吉祥华庭、泰安居、泰裕大厦、螺河湾、梓轩华府、翠堤湾等。近年来，陆河县认真贯彻国家和省、市房地产调控政策，加大供给侧结构性改革去库存力度，稳定房地产市场。加强对螺河湾、泰裕大厦、泰安居、梓轩华府、翠堤湾等房地产项目加强监管，确保工程质量和施工安全，有效保障了陆河全县房地产企业健康稳定发展。截至目前，以上项目已建成交付使用。同时，陆河县相关部门切实跟踪服务好碧桂园、吉康商贸大厦、梧桐郡府、恒泰嘉园、御景阳光、富航城、汇龙豪庭等房地产项目建设，以上项目总计建设2000多套（户），计容30万多平方米，陆河房地产行业发展实现了历史性突破。

三、农村电商加快发展

2015年，陆河县举行"农村淘宝"项目建设启动签约仪式，标志着阿里巴巴农村淘宝项目正式进驻陆河县。阿里巴巴农村淘宝项目的进驻，成为陆河县农村电子商务事业的良好开端。目前为止，通过与阿里巴巴集团通力合作，建成县级服务中心1个，村级服务站106个，全职服务站33个，村淘服务站73个，打通村级二段物流，实现了快递覆盖全县最后一千米。

2015年农村淘宝项目进驻之后，乐村淘、京东、苏宁易购等电商企业相继进驻，陆河县电子商务行业迅速发展起来。通过电商平台不仅实现了电话费、宽带费、电费、水费的代收代缴，还实现了陆河县特色产品的网上销售。比如青梅、菜干、青梅制品、黄酒、美人芋丝等产品在网上销售，实现了送工业品下乡、引农副产品回城的线上线下销售模式。至2017年底，陆河县实现电商交易额约2200万元。2018年9月，陆河县成功申报2019年省级电子商务进农村综合示范县，电子商务产业已成为陆河县推动产业转型升级的重要抓手、推动农村信息化建设的重要举措、促进农民增收致富的重要途径。

四、金融助力实体经济发展

建县以来，陆河县金融业始终坚持服务实体经济的宗旨，通过构建有效的金融体系，降低隐性交易成本和风险，不断提高实体经济发展的投融资效率，有效促进了陆河实体经济发展。建县以来，陆河全县金融机构存款期末余额从1988年的0.47亿元增至2017年的81.34亿元，年均增长19.5%。银行机构、保险机构、证券公司等金融机构先后在陆河设立分支机构，全县金融机构数量已达44家。目前在陆河境内设立的金融机构有：工商银行、农业银行、建设银行、邮政储蓄银行、农村信用社等银行机构，人寿保险、人保财险、平安保险、泰康保险、中华保险、天安保险、泛华保险等保险机构，还有泰鑫小贷公司、安信证券陆河营业部等，初步形成了多种金融机构并存，大中小型机构协同发展的多样格局，基本满足了各层次经济主体的金融需求。

为防范化解金融风险，进一步优化县域金融生态环境，陆河县于2007年启动了停业整顿城信社退市工作，对河口城信社、河城城信社、通达城信社等三家城信社进行了整顿退市处理。2017年9月启动陆河农村信用合作社改制组建农村商业银行工作，目前改制各项工作正在有序推进，陆河农村商业银行于2019年5月挂牌开业，致力打造陆河人"自己的银行"。

社会事业发展篇

建县初期，陆河县社会事业基础十分薄弱，可谓"一穷二白"。建县后，陆河乘着改革开放的春风，坚持"两手抓、两手都要硬"的方针，积极推动社会各项事业快速协调发展、努力让广大人民群众共享改革开放和陆河经济、社会发展的成果，人民满意度不断提高。

一、教育事业优先发展

"百年大计，教育为本。"陆河县历届党政领导高度重视教育，始终把教育摆在优先发展的战略地位。全县上下"崇文重教，尚学尊师"的氛围良好。

校舍危房改造工作取得显著成绩。1988年建县时，全县有中小学校128所，学生近4万人，教职员工约2000人。建县伊始，正逢全省实施"一无两有"工程（实现校校有校舍，无危房，学生人人有课桌椅），陆河县委、县政府把校舍危房改造工作放在首位，多渠道筹措资金加快校舍建设。1989年12月，时任广东省委常委、秘书长方苞带领省教育厅领导亲临陆河参观校舍改危情况。1990年，全省山区贫困县中小学危房改造工作现场会在陆河召开，陆河县在会上作了经验介绍，陆河校舍改危工作得到省委、省政府的充分肯定，全省推广陆河县多渠道筹集改危资金的经验做法。至1991年底，陆河共投入约1000

万元资金（含政府投入、捐资、集资）用于校舍改危，拆除了23112平方米的校舍危房，新建了8.2万平方米钢筋混凝土结构教学楼和师生宿舍。同年，陆河县被省委、省政府授予"学校危房改造工作先进县"称号。

如期实现普及中小学九年义务教育。1993年，陆河县政府与省政府签订责任状，确保1995年通过省"普九"验收。硬件建设方面，每所中小学建设"四室一场"（指图书室、仪器室、实验室、电教室、运动场）。软件方面，义务教育学校在普及率、入学率、巩固率、辍学率、毕业率以及教师学历等必须达标。据不完全统计，1994—1997年多渠道筹措改善办学条件资金5019万元，新建、续建砖混（框架）结构校舍10多万平方米，全县中小学校校舍80%实现砖混结构。1995年10月通过省的"普九"验收。至2004年，全县共有中小学校132所（其中小学118所、中学14所），在校学生7万多人，教职员工3000多人。中小学校舍占地面积从1988年的45万平方米增加到105万平方米，建筑面积从1988年的7.4万平方米增加到27.1万平方米，中小学校的办学条件不断完善。

建设教育园区，普及高中阶段教育。为切实解决高中学位不足，"上高中难"的瓶颈问题，确保2011年实现普及高中阶段教育的目标，2009年，县委、县政府作出"举全县之力建设教育园区"的决定。教育园区规划总面积1340亩，依照"适度超前，实用大方，统一规划，分步实施"的原则，规划建设陆河中学、陆河外国语学校、县职业技术学校、县委党校（县开放大学）、县特殊学校和县文体综合馆。通过争取上级支持、增加财政投入、利用银行贷款、发动社会捐资、引进BT[①]和

---

① BT：是政府利用非政府资金来进行非经营性基础设施建设项目的一种融资模式。

BOT①等模式筹措资金，截至2018年投入资金近5亿元。其中，陆河中学投入资金1.8亿元，2009年9月1日建成使用；陆河外国语学校（民办学校）投入资金1.2亿元，2010年9月1日建成使用；陆河县职业技术学校一期建设投入资金3500万元，2015年9月竣工使用；中共陆河县委党校（陆河县开放大学）投入资金2500万元，2016年9月竣工使用；陆河县特殊教育学校投入资金3000万元，2017年9月竣工使用。陆河县文体综合馆是融体育馆、文化馆、博物馆、图书馆、科技馆于一体的综合性大型文化体育场馆，投入资金9000多万元，2017年1月竣工使用。2011年12月陆河顺利通过广东省普及高中阶段教育督导验收，如期实现普及高中阶段教育目标，陆河县政府获得省教育厅、人社厅颁发的"全省普及高中阶段教育先进单位"称号。

　　教育园区的建成，使陆河县教育事业实现了跨越发展，提前实现高中阶段教育毛入学率达到85%以上的目标，辐射全县基础教育，对全县的教育事业起着重要的推动作用。将多所学校集中在教育园区建设可实现联合办学，整合资源，优势互补，充分发挥其辐射、示范作用，拉动县内其他学校加快发展，使扩大优质教育资源过程成为促进共同发展的过程，提高教育的整体竞争力，拉动当地经济、文化发展。陆河县教育园区选址在县城东郊，对带动所在区域经济发展和市政建设乃至提高全县社会经济发展总体水平将起到重要推动作用。陆河县教育园区建设是一项功在当代、利在千秋的民心工程。

　　成立陆河县振兴教育基金会。县委、县政府高度重视教育

---

① 　BOT：是基础设施投资、建设和经营的一种方式，以政府和私人机构之间达成协议为前提，由政府向私人机构颁布特许，允许其在一定时期内筹集资金建设某一基础设施并管理和经营该设施及其相应的产品与服务。

工作。县委六届六次全会确定把"崇文重教，尚学尊师"作为加快提升文化软实力的核心灵魂来抓，于2010年5月成立陆河县振兴教育基金会。这是经省相关部门批准注册的全省第二个县级教育基金会，旨在通过多渠道筹措教育基金，开展奖教奖学、扶贫助学活动。为募集教育基金，县委、县政府于5月20日召开陆河县振兴教育基金会筹款动员大会，并先后到深圳、广州、东莞、惠州等地组织召开了十多场募捐座谈会。社会各界、外出乡贤企业家、机关干部踊跃捐款。至2010年12月共募集教育基金3210多万元。陆河县振兴教育基金会成立后，充分调动了教师教学、学生学习的积极性，教育教学质量迅速提高，特别是高考本科人数有了质的飞跃，同时在全县形成了尊师重教的良好社会风尚。

创建"广东省教育强县"。2012年启动创建"广东省教育强县"工作。2013年南万镇作为全市创建"广东省教育强镇"的先行点通过督导验收。2013年在全面推进其他镇创建"广东省教育强镇"的同时，启动"全国义务教育发展基本均衡县"的创建工作。在"教育创强"和"教育创均"的双创工作中，紧密结合中小学校舍安全工程、义务教育标准化学校建设等，累计投入资金3.5亿元，全县所有学校实现校舍楼房化、校园硬底化。建设了8个镇的中心幼儿园和社区文化活动中心。2014年12月，全县8个镇全部通过"广东省教育强镇"督导验收。2015年6月通过"县域义务教育发展基本均衡县"和"广东省教育强县"督导验收。2015年11月通过"全国义务教育发展基本均衡县"督导评估。2016年初，陆河启动教育现代化先进县的创建工作。

二、精神文明建设深入推进

建县以来，陆河思想文化建设工作认真贯彻落实中央、省、市和县委决策部署，牢牢把握"高举旗帜、围绕大局、服务人民、改革创新"的总要求，着力抓好理论武装工作、把好舆论导向、推进精神文明建设、开展文化惠民活动，为推动全县社会经济发展和文明进步发挥了积极作用。

县域文化事业蓬勃发展。1988年起，陆河县文化事业较快发展，县城新建1座新城小型电影院，河田、水唇、南万、上护、河口、新田影剧院等文化设施不断完善。1988年7月，陆河县文化体育委员会成立。2002年3月，增挂陆河县新闻出版局、陆河县社会文化管理委员会牌子。1988年6月设立县新华书店（1989年1月改为县委宣传部管理）。同年11月，设立县文化馆、县图书馆。1998年12月，设立县博物馆。2000—2002年，实施省政府《关于大力扶持山区文化建设，抓紧改变山区群众文化生活贫乏落后状况议案》，投入资金490万元，建成河田、水唇、东坑、南万、螺溪、上护、新田7个镇文化站办公楼。随着生活水平的提高，人民群众的文化生活不断丰富，一些村还建立了图书室。2004年，全县第一个村级文化广场水唇镇高塘村文化广场动工建设。至2017年底，陆河县广播电视综合覆盖率为99.2%，综合覆盖人口达到30万人；剧场、影院各1个，体育场馆5个，公共图书馆图书总藏量超过18万册，全县人民群众的文化生活日益丰富。

非物质文化遗产丰富。2007年，东坑地景入选广东省非物质文化遗产代表性项目名录；2008年，河田高景入选国家级非物质文化遗产代表性项目名录；2012年，陆河山歌、陆河擂茶入选第四批广东省非物质文化遗产代表性项目名录，昂塘古洋楼被列为广东省文物保护单位，水唇镇墩仔寨围龙屋和高峰莲心湖被评为省第三批古村落，墩仔寨同时被评为广东十大最具特色古村落；2014年，制作发行陆河原创MV（音乐短片）作品集《陆河之歌》。水唇镇石下坝村被评定为第四批广东省古村落。2015年，水唇"螺洞木偶戏"入选第六批广东省非物质文化遗产代表性项目名录。2018年，陆河县被中国楹联学会授予"中国楹联文化之乡"称号，陆河中学、河口中学同时被授予"中国楹联教育基地"称号。组织陆河擂茶制作技艺等特色文化产品参加深圳会展中心举办的第十四届中国（深圳）国际文化产业博览交易会进行展览。

百姓精神文明生活丰富多彩。2008年，邀请中央电视台《激情广场》栏目到陆河县组织《客家新县·生态陆河》文艺演出；2010年，组织采编建县以来首部大型综合画册《相识陆河》；2012年，陆河原创的《人文吉康 "六色"陆河》荣获"三门峡杯"首届全国市县形象电视宣传片推选活动最佳作品奖，向全国推介了陆河，展示了陆河的风采。2014年，"陆河发布"官方微博、陆河宣传网、"陆河宣传"和"陆河县广播电视台"微信公众发布平台等网站、微信、微博宣传平台20多个，成功进驻新华客户端地方频道。2017年，邀请中央电视台CCTV-7到陆河举办《乡村大世界·走进陆河》和《农民春晚》等节目的录制工作。2018年6月，陆河县首部本土客家话网剧《我的村我的家》在陆河开拍，2018年12月杀青，预计2019年6月上映。该网剧的成功杀青，填补了陆河影视行业发展的空白。

精神文明创建工作纵深推进。建县以来，陆河县始终坚持把学习实践社会主义荣辱观和现代公民教育与建设社会主义核心价值体系有机结合起来，把培育和践行社会主义核心价值观贯穿到宣传思想文化工作的方方面面。2005年，螺溪镇、河田中学分别被中央文明办评为"全国创建文明村镇工作先进单位"和"全国精神文明建设工作先进单位"，陆河县烟草局（公司）被省文明办评为"广东省文明单位"；2009年，水唇镇高塘村被中央文明办评为"全国创建文明村镇工作先进村镇"；2013年，推荐罗文娟荣获孝老爱亲类"广东好人"称号；2014年，推荐上护镇樟河村评选为"广东省文明村"，推荐陈和平荣获爱岗敬业类"广东好人"称号，水唇镇高塘村被评为省级生态文明村；2015年，螺溪镇各安村荣获"全国文明村镇"称号、郭伟光荣获"中国好人"称号、罗洪希家庭获评"广东省最美家庭"，因救落水者而牺牲的丘义正荣获省政府"见义勇为"奖及被省文明办评为见义勇为类"广东好人"称号，完成了社会主义核心价值观主题广场（岳溪广场）项目建设；2017年被省文明委授予"广东省县级文明城市提名城市"称号，水唇镇螺洞村被授予"广东省文明村"称号。

三、医疗保障水平不断提高

建县初，陆河卫生事业非常落后，全县只有8个乡镇卫生院。河口镇中心卫生院的业务用房属混凝土楼房，其余7个镇卫生院都是土坯瓦房，且年久失修，部分楼房成了危房。卫生院医疗设备简陋，主要靠血压计、体温计、听诊器等"老三件"开展诊疗活动。农村卫生站作为县农村三级医疗保健网的网底，在建县初期，全县仅39个管理区有乡村医生在行医，由于当时医疗条件落后，乡村医生大多选择外流，或改行，村卫生站无法满足当地群众的基本医疗保障需求。全县卫生专业技术人员严重缺乏，群众"看病难、住院难"问题突出。

建县后，针对陆河县卫生事业如此落后的状况，各级党政高度关注，通过加大财政投入、安排经济较发达的市、县和省直单位开展挂钩帮扶等多种形式，努力推动陆河卫生事业加快发展。1990年开始，陆河县在全县开展"一无三配套"（无危房，房屋、设备、人才配套）建设，到1994年底，全县基本完成卫生院危房改造任务，被省评为乡镇卫生院"一无三配套"建设先进单位。1993年5月，县人民医院建成开业，结束了过去一般危重病人辗转几十里到外地医院就医的"看病难、住院难"的历史。2016年陆河县人民医院成功创建二级甲等医院，启动乡镇卫生院标准化建设，其中螺溪镇卫生院被评为全国2015—2016年度群众满意的乡镇卫生院。目前全县7个镇卫生院（不含河口镇卫生院）均已完成标准化建设。2017年，启动村卫生站公建规范化建设，县人民医院综合大楼投入使用，县人民医院住院大楼建设工程、中医院迁建工程、妇幼保健计划生育服务中心工程先后动工建设，对县级医院进行升级建设、配备医疗设备，县级医院服务能力全面提高，陆河县镇村医疗卫生服务能力得到全面提升，综合实力得到进一步增强。

四、人民生活水平大幅提高

建县以来，人民生活水平不断提高。全县城乡居民储蓄存款从1988年的0.09亿元增至2017年的51.89亿元，年均增长24.5%。全县在岗职工工资从1988年的1381元增至2018年的51275元（预计），年均增长12.8%；农民人均纯收入（农民人均可支配收入）从1988年的326元增至2017年的10461元，年均增长12.7%。

建县以来，陆河县国民经济快速发展，城乡居民收入来源向多元化趋势转变。城镇居民由改革前单一的工资向基本工资与资金、津贴和其他收入并举的方向转变；农民家庭收入来源也不断扩大，由单纯靠种养业收入向多种产业多渠道拓展。建县后，农民家庭收入靠种养业在整个经济收入中的比重逐年下降，非种养业收入逐年上升。农民家庭收入渠道向多产业的多元化转变，这不仅为农村脱贫致富开辟了广阔的道路，而且冲击了传统的小农经济观念，开阔了视野，为农村进一步调整产业结构，发展农业商品经济，走城乡一体化道路打下了思想基础。

由于国民经济的迅速发展，城乡居民收入大幅增加，国家和城乡居民投入住房建设的资金猛增。建县以来，陆河县广大农村每年都有一批居民喜迁新居，告别了祖祖辈辈为之栖身的草寮、泥土房。城乡居民不仅住房面积逐年增加，而且住房质量也明显改善，由钢筋水泥或砖木结构的楼房取代了过去"三合土"木瓦结构的平房。绝大部分村庄还实现了路道硬体化、四旁绿化、厕所无害化。

城乡居民收入大幅度增加，人们的消费结构也发生很大变化，由过去只顾吃穿的温饱型向吃穿用乐等各项生活消费发展。城乡居民餐桌上不再是昔日粗粮加咸鱼青菜，而是白米饭加鱼肉和菜肴，有的家庭还从量的满足转向质的追求，朝主食和副食合理搭配的营养型方向发展。据统计，陆河县城乡居民用于衣食的开支比重逐年下降，用于提高住行等生活质量的消费逐年增加。

生活消费方面，建县以前人们渴望得到的"三转一响"（自行车、缝纫机、收音机、手表），已成为历史的陈词，新的"四大件"（电视机、洗衣机、电冰箱、热水器），已进入寻常百姓家，成为普通得不能再普通的家庭必备。除"四大件"外，摄像机、小轿车、家庭影院等逐渐成为一些城乡富裕家庭的生活配置，外出观光旅游也已成为一些群众日常生活休闲活动的选择。所有这些，说明在城乡居民的生活消费方面，用于文化精神生活、服务支出的消费逐年增长，人们的文化精神生活得到了明显的改善。

基础设施篇

建县前，陆河山门闭塞，全县基础设施相当落后。建县后，陆河县积极借助社会和群众力量，千方百计加大投入力度，累计完成固定资产投资达261.6亿元，基础设施不断改善，城乡面貌日新月异。

一、通信水平跻身全省山区县先进行列

建县初期，全县通信设备是清一色的"摇把子"，县城河田镇仅有磁石电话交换机150门，全县8个乡镇的磁石电话交换机总容量也只不过650门，实占用户才405户；仅有一条至陆丰的人工电路是整个西北山区赖以联系外界信息的通道。"打电话没坐汽车快"，这是当时流传在陆河的一句顺口溜，也是当时陆河通信落后面貌的真实写照。

1989年1月1日，位于县城吉康街的应急通信大楼建成投入使用；同年1月30日，县城开通了1000门步进制史端乔自动电话，宣告陆河县城"摇把子"退出了通信历史的舞台。1990年，先后开通了陆河—深圳、惠州、广州等直拨全国的长途电路四条，有效缓解了打电话难、打长途电话更难的问题。1991年1月换装开通了2000门纵横制自动电话；同年12月，螺溪镇开通了400门纵横制自动电话，成为全县第一个开通自动电话的乡镇；1992年5月，开通了容量为1万门的181无线寻呼台，结束了

陆河没有无线寻呼的历史。1993年2月，率先开通了DMS10型集装箱2500门程控电话，初步实现了县城电话交换程控化；同年3月，县城开通了模拟移动电话，标志着陆河通信由此跨入了先进通信行列。同年7月，火山嶂微波通信机房建成并开通了480路直达汕尾的数字微波电路，解决了陆河人民长久以来打长途电话难的问题。至1994年12月，陆河县城镇全面实现了"交换程控化、传输数字化"。1995年6月，陆河电话号码升为七位并更改长途区号。2000年，在全省开展的扶贫"两大会战"（以行政村通机动车为重点和解决贫困农产人均半亩"保命田"为主的扶贫会战）工作中，陆河提前完成了全县6个未通电话行政村和部分自然村的"村村通电话"工程。2002年8月，陆河开通了ADSL数据宽带业务。2008年3月，完成覆盖全县所有行政村宽带基础网络的建设，开通了126个农村党员远程教育接收站点。2009年，陆河推出了光纤宽带业务，2014年9月，移动4G网络建成投入使用。至2017年4月，全县光纤宽带渗透率超过80%。

二、广传千里，电传万家

陆河县有线电视台于1992年8月份成立并开始试播，1993年6月份正式播出，传输中央台等12套节目，用户4000多户。1995年，时任广东省委书记谢非回到家乡陆河调研，他高度关注家乡的广播电视发展建设，不辞辛劳登上海拔700多米的火山嶂，指出"山区因交通闭塞，造成了信息的闭塞，山里的人不知道外面的情况，报纸难看到，只有电视才能迅速传递党和政府的声音，传递外面世界的信息"。打开山门，首先就要打开山里的信息大门。当时陆河周边山区贫困县揭西、紫金、五华等地也存在类似实际情况，在谢非的关心指导下，当时的广东省广播电视厅通过认真考证，确认了陆河火山嶂的优越地理优势，在山顶建成了省微波中继站，成为粤东转播站的骨干站，信号覆盖了周边的市县，切实解决了粤东广大市县的电视收播信号差问题。2004年12月，陆河县有线电视台与螺溪、水唇、东坑、河口、上护、新田6个乡镇有线电视网络光纤联网，统一传输中央台等25套电视节目，截至2005年11月，全县有线电视用户有2.3万多户。2016年5月，启动了数字电视整转工作，信号覆盖全县，统一传输中央台等110套节目，有线电视用户达到2.7万户。2017年3月，陆河县广播电视台开设自办频道（陆河1台），有线电视用户达到2.72万户。2018年3月，在陆河建县30周年之际，陆河人民广播电台正式开播。

三、交通路网四通八达

新中国成立以后，贯彻"人民公路人民修"的方针，发动群众民办公助、大搞公路建设。修筑了陆丰县城至河田公路，全长45千米，20世纪80年代后，党和政府重视交通建设，采取"民办公助""民工献募""以地换地""以路养路"等多种形式大办公路。乡镇公路则实行"民办公助"的形式动员全社会集资捐资办交通，使公路建设得到迅速发展。1988年，陆河县公路通车里程为136.6千米，除省道揭陆公路属四级砂土路外，地方公路皆不上等级。全县有桥梁55座，其中31座为石拱桥，占57%；营业性机动车124辆，客运周转量3200万人千米，货运量13万吨。从1989年起，全县加快公路基础设施建设，先后开通了与普宁、海丰、紫金、五华等邻县公路，并对全县公路升级改造，公路建设迅速发展。2000年，在全省"村村通公路"大会战中，全县共投入资金6364万元，开通公路279.9千米，全县127个村（居）委会实现村村通公路，提前两个月完成任务，受到省委、省政府的表彰。至2004年末，全县公路通车里程达681千米，密度为68千米每百平方千米。全县有桥梁289座，其中210座为钢筋混凝土桥梁。随着交通公路设施的逐步完善，公路运输业也不断发展。2018年，全县交通运输系统营运车辆282辆（含公交车），公路客运量67.9万人，公路客运周转量13574万人千米；公交客运量112万人，公交运营里程477万千米，货运量213.3万吨，货运周转量35232万吨千米。

经过30年的不懈努力，陆河的交通路网日益完善，全县群众的出行条件大大改善。截至2018年，全县公路总里程达到1 598千米，密度为159.8千米每百平方千米。其中高速公路即潮惠高速公路（陆河段）总里程39.2千米；国、省道4条，总里程140.6千米；县道8条，总里程195.9千米；乡村道路1222.7千米；桥梁289座。全县形成了以高速公路（潮惠高速和华陆高速陆河段）为骨架，以国道235线，省道240线、238线、337线为支脉，以县乡公路、行政村公路为网络的交通运输新格局。

四、供水需求保障有力

建县初期，县城自来水生产能力为日供水1万吨，基本能满足县城群众用水需求。随着县城规模的发展，用水人口和用水量的增加，供水需求日益紧张。2002年经上级批准，扩建了日供水能力达3万吨的水厂。水厂选址在县城人民北青龙背，占地面积3万多平方米。水厂设有水质化验室，对水厂的水源水、出厂水进行严格检测，出厂水质达到国家饮用水质标准。为保证水源水质，保障县城群众的用水安全，2009年县委、县政府投入2000多万元引南告水库的水作为水厂生产水源，引水管道全部采用口径DN710毫米的PE环保塑料管材，总长达7千米。

自来水事业经过30年的发展，各项设施建设不断完善，水厂设备、供水设施、安全保障配套逐步齐全。目前，供水管网已覆盖整个县城，东到教育园区、高速路收费站，西到岳溪、内洞、圳口、共联村，南到溪东村、碧桂园，北到人民北、河北村。主供水管道口径DN100毫米至DN500毫米的管网共计达70多千米，其他小口径管网已覆盖全部居住小区。据统计，现有用水户1.3万户，用水人口约7万多人，日供水达1.8万吨。

7

第七章
阔步走进新时代

第一节 县域综合实力提档进位

面对新一轮深化改革、振兴发展大潮，全县人民始终保持开拓创新的精神动力，继续解放思想，敢于革故鼎新，全面破除故步自封、保守陈旧等思想观念的桎梏，坚决清除一些影响建设、制约发展等体制机制的障碍。尤其是紧密结合陆河县情实际，坚定信心、凝聚共识，统筹谋划、协调推进，把改革创新作为推动经济发展和社会进步的根本动力，以积极的态度和稳妥的思路推动全面深化改革，以改革创新的不懈探索和全面落实促进陆河大建设、大发展，推动全县综合实力稳步提升。

"十二五"期间，全县经济建设和社会各项事业蒸蒸日上。2010年，陆河县域经济综合增长率达42%，全省排名第八位；2011年，陆河县域经济综合增长率达到43.2%，全省排名第五位，在全省16个扶贫开发重点县中排名第一位；2012年，陆河县域经济综合发展力继续保持全省第五位；2015年，陆河县域经济综合增长率仍达到22.7%。

一、"十一五"时期发展实力不断增强

"十一五"时期，是陆河建县以来发展最快的时期之一。5年间，全县经济保持快速增长，运行质量明显提升，发展实力不断增强。全县生产总值由2005年的16.03亿元增加到2010年的31.37亿元，年均增长13.1%，实现翻番目标。县财政一般

预算收入由2005年的4939万元增加到2010年的1.61亿元，年均增长26.8%，实现翻两番目标。现代农业快速发展，外向型工业增势强劲，第三产业不断壮大。农业总产值由2005年的7.2亿元增加到2010年的10.84亿元，年均增长8.5%；工业总产值由2005年的9.4亿元增加到2010年的17.59亿元，年均增长14.7%；三次产业结构由2005年的25.3：31.4：43.3调整为2010年的21.8：29.4：48.8，产业结构逐步优化。

2005—2010年，是陆河县社会事业全面进步的5年。5年间，全县优先发展教育取得显著成效，河田中学续建工程全面完成，新建陆河中学、陆河外国语学校基本完成，河口中学、水唇中学、河城中学等学校扩建工程取得新成就，5年内完成新建和改扩建中小学校建设项目95宗。初中毕业生升学率、高中阶段毛入学率分别由2005年的66.7%、44.2%上升到2010年的96%、85%。县城文体设施建设取得新进展，完成了县城体育训练馆主体工程、岳溪生态公园登山步道部分工程建设以及县体育馆规划设计等项目前期工作。河田高景、东坑地景分别入选国家级和省级非物质文化遗产代表性项目名录。基层医疗卫生服务设施建设成效显著，完成了东坑、水唇、南万等镇卫生院及河口卫生院住院楼工程建设。人口自然增长率由2005年的7.24‰下降到2010年的6.57‰，实现二类地区管理目标。殡改工作力度不断加大，完成了镇级公益性公墓山建设、县殡仪馆立项审批工作。

2005—2010年，是全县人民生活大为改善的5年。社会保障体系逐步健全，城镇企业职工基本养老水平稳步提高，新型农村养老保险试点工作扎实推进，农村五保供养对象、优抚对象和城镇"三无"（无子女、无劳动能力、无生活来源）救济对象最低生活保障标准逐年提高。截至2010年，实现基本社会养老保险覆盖率63%，基本医疗保险覆盖率39%，新型农村合作医疗参保率99.5%。农民人均年纯收入由2005年的3733元增加到2010年的6070元，年均增长10.5%。社会消费品零售总额由2005年的8.05亿元增加到2010年的20.57亿元，年均增长20.6%。

二、"十二五"时期经济社会全面进步

"十二五"时期，陆河县委、县政府带领全县人民深入贯彻落实党的十八大和十八届三中、四中、五中全会精神，全力推进生态文明县建设，加快转变经济发展方式，紧紧围绕"生态发展保障区、特色产业集聚区、绿色崛起新山城"定位要求，按照"园区工业、基地农业、生态旅游、美丽城乡、活力陆河"发展战略，顺利完成"十二五"规划的主要目标和任务。

2011—2015年，全县经济实力稳步提升。全县实现地区生产总值48.3亿元，年均增长9.9%；人均地区生产总值达到16803元，年均增长9.8%；农业总产值17.45亿元，年均增长4.2%；规模以上工业总产值实现翻番目标，年均增长25%；固定资产投资19.72亿元，年均增长23.9%；城乡居民储蓄存款40.61亿元，年均增长11.9%；社会消费品零售总额31.73亿元，年均增长6.0%；公共财政预算收入2.64亿元，年均增长5.2%；外贸出口总值实现翻一番目标，年均增长21.1%，5年累计引进外商直接投资总额4724万美元，5年出口总额17464万美元；农村常住居民人均可支配收入年均增长11.6%。

2011—2015年，全县产业发展提质增效。三次产业结构由2011年的21.9：27.9：50.2调整为2015年的21.6：18.5：59.9。基地农业不断壮大，被评为全国油茶产业发展重点县和国家有机产品认证示范创建县，"陆河木瓜"获得国家地理标志产品称号；

重信公司获得国家核准灵芝健字号证书和省级现代农业示范园区称号。园区工业快速发展，新河工业园被纳入广东省产业集聚区管理，基础设施不断完善，陆河首创企业竣工投产，总投资百亿元的比亚迪等项目动工建设，全县规模以上工业企业增至22家，规模以上工业总产值达5亿元以上。农村电子商务逐步发展，阿里巴巴农村淘宝项目顺利推进，县级服务中心和21家村淘服务站建成投入运营。科技创新投入不断加大，2015年研究与开发经费投入占全县国内生产总值比重提高至0.52%。生态旅游蓬勃发展，"十二五"期间全县接待游客总人数约202万人次，比期初增长270%；旅游总收入近6亿元，比期初增长280%。

2011—2015年，城镇扩容提质成效明显。编修新一轮县城总体规划（2013—2030年），提升中心城区土地综合利用，优化民生项目配置，调整产业发展布局，突出县城综合服务中心地位。城东新区、岳溪生态博览园、改河带状公园工程初见成效，中心城商住项目、润达花园、螺河湾等重大项目的建设进一步提升县城城市品位。建成县城供水管网65千米，排水管网49千米。县城建成区面积增加到7.5平方千米。河口全国重点镇规划建设进程加快，河口镇扩容提质项目列入2015年省市重点建设项目。

2011—2015年，生态文明建设不断增强。积极创建国家级生态文明先行示范区，立足发展实际和生态优势，注重生态功能定位，以"圈轴联动"的空间开发模式，明确全县功能区布局，走以人为本、集约高效、绿色低碳的新型城镇化道路。"十二五"期间，水唇镇列入省新型城镇化"2511"试点①，河

---

① "2511"试点：即选择2个地级市、5个县区、10个建制镇作为新型城镇化综合试点，选择10类项目作为新型城镇化专项试点

口镇扩容提质项目被列为省市重点建设项目并全面启动，螺溪镇省级新农村示范片项目加快推进，全县成功创建4个省级生态示范镇、8个生态示范村。实施"百村百园"工程，全县127个村（社区）全部建成了农村生活垃圾堆放点，并建成了83个生态小公园。至"十二五"期末，单位国内生产总值能耗基本完成市下达任务，污染源100%达标排放，全年环境空气质量优良率保持100%，森林覆盖率保持在73%以上，全县自然保护区面积共8641公顷，森林公园面积共7800公顷，县城建成区绿化率35.4%，城镇生活污水集中处理率81%，全县、城镇生活垃圾无害化处理率分别达到80%、98%，被确定为农村生活垃圾分类处理工作试点县。红锥林生态公园入选"汕尾八景"之一。

2011—2015年，扶贫开发工作扎实推进。累计投入扶贫资金3.4亿元，实施村级集体帮扶项目1146个，贫困户帮扶项目13471个，53个贫困村4785户26442名贫困人口基本实现脱贫，"两不具备"（不具备生产条件，不具备生活条件）村庄整村搬迁和水库移民工作有序开展，新一轮扶贫开发任务顺利完成。底线民生有效保障，城乡低保、农村五保、孤儿供养全面提标。全面完成保障性住房建设任务，农村危房改造工作顺利推进，完成住房改造任务3095户；新建一批贫困村基础设施建设，资助贫困子女838人次就读大中专和高中；加快了产业扶贫步伐，发展了主导产业3.55万亩；推广了智力扶贫，选送免费技工和扶贫勤工俭学贫困生837名，开展了农村种养实用技术和短期专项技能等培训。

2011—2015年，机制体制改革不断深化。基层治理机制改革试点工作成效显著，县政务服务中心、8个镇便民服务中心和69个村（社区）便民服务站建成投入使用，网格化管理模式、基层治理运行机制基本形成。在全市率先完成农村集体经济组织登记发证和土地所有权确权登记工作，农村土地承包经营权确权登记工作全面铺开，8个镇"三资"（资金、资产、资源）交易平台建成投入使用。农村普惠金融试点、行政审批制度、商事登记和公务用车等各项改革任务顺利推进。

第二节 三大抓手促振兴发展

陆河坚持把加快发展作为解决落后问题的根本出路，牢牢把握广东省委、省政府进一步促进粤东西北地区振兴发展的历史机遇，紧紧扭住交通基础设施建设、产业园区建设、城市扩容提质三大抓手，以推进潮惠高速公路和华陆高速公路建设为龙头，构建快速交通运输体系，打造交通区位新优势；以加强产业园区建设为抓手，推进产业集群，做大做强工业经济，打造经济增长新引擎；以加快中心城区扩容提质为着力点，努力构建城乡融合发展新格局，打造区域发展的增长极。全县经济社会实现了平稳快速发展，呈现出发展环境优化、发展后劲增强、发展态势向好、发展保障有力的喜人局面。

一、狠抓高速公路建设，打造交通区位新优势

一直以来，不通高速公路是制约陆河加快发展的瓶颈。潮惠高速公路和华陆高速公路的建设，无疑使陆河区位优势得到根本性的改变。

潮惠高速公路起于潮州市古巷镇，接于惠东县大岭镇惠莞高速公路惠州段，途经潮州、汕头、揭阳、汕尾、惠州五市十县（区），全程共243千米。其中，陆河段贯穿境内水唇、东坑、河田、上护、河口、新田6个镇，主线全长39.24千米（大小桥共11千米），连接线4.4千米，总投资约40亿元。陆河段设

置陆河东、陆河南、新田三个互通口，在新田镇设置一对服务区。潮惠高速（陆河段）建成后，陆河至广州市区约260千米，至深圳市区约225千米，至东莞市区约240千米，至惠州市区约140千米，至揭阳潮汕国际机场约100千米。

为确保潮惠高速的顺利建设，陆河专门成立了陆河县高速公路建设指挥部，由县长任总指挥，主管副县长任副总指挥。指挥部下设征地、拆迁、治安维稳、督查和后勤四个工作组，各镇抽调精干力量，成立工作领导机构。陆河全县上下全力以赴，把它作为决定陆河兴衰成败的头等大事和"一号工程"全面抓落实，县、镇、村三级联动，干群齐心协力，紧紧围绕"确保无障碍施工"的目标，及时解决阻碍高速公路建设的各类问题，让高速公路建设"一路绿灯"。同时，县委、县政府加强对全县广大干部群众，特别是沿线村民的政策宣传和法制教育工作，广泛宣传陆河即将迎来高速时代的重要性和现实意义，全面贯彻落实"确保无障碍施工"的要求，在全县形成人人关心交通、支持交通发展的良好氛围，通过阳光征迁，潮惠高速公路于2013年底顺利完成了陆河段全线5048亩的征地任务。2015年底，陆河县城通揭阳"县县通"段建成通车；2016年12月28日，潮惠高速实现全线通车。

陆河以推进潮惠高速建设为龙头，紧紧把握机遇，主动作为，千方百计加大对公路建设的投入，以实施通畅工程、完善县镇村公路网络为重点，全力构建快速交通运输体系，狠抓全县干线公路升级改造和通镇、通村公路建设，县内过境公路、县城通镇公路、行政村道路和绝大部分自然村道路实现水泥硬底化。同时，先后完成了揭紫公路改建工程、北环公路新建工程、县道004线螺溪至五华公路改造等公路建设任务，形成了以省县道为主干、向各镇村辐射的四通八达的公路交通网络。截至2018年底，完成农村硬底化公路993.98千米，全县四级以上公路总里程达到1598千米，全县公路密度达到每百平方千米158千米，全面完成了"十二五"交通发展确定的各项目标，全县交通事业迈上了新台阶。随着潮惠高速的建设开通，大交通格局已初步形成，陆河进入了"高速时代"，有力地推动陆河振兴发展，加快融入珠三角和汕潮揭城市群。

华陆高速公路（陆河段）主线长4.5千米，连接线长1千米，总投资约5.5亿元，养护中心落户水唇镇。该项目涉及陆河县水唇镇高塘、万山、黄塘、下社共4个村委，征地总面积为767.84亩。该项目于2017年8月15日动工建设，预计2020年底建成通车。

高速公路的建成通车，让陆河从一个四面群山阻隔的山区一跃成为粤东地区的交通要地，珠三角发达地区的"后花园"，为珠三角等发达地区提供广阔的经济腹地，进一步融入了汕潮揭城市群。从此，陆河的经济社会建设迈进了一个新时代。

二、狠抓产业园区建设，打造经济发展新引擎

陆河县为推进工业结构调整和合理布局、转变经济发展方式，推动产业集聚发展，2006年与深圳市宝安区水田村委会合作在河口镇共建深圳水田（陆河）产业转移工业园，后来由于征地问题和不可抗拒的因素，工业园建设一度陷入滞缓状态。2013年，广东省委、省政府吹响了粤东西北地区振兴发展的号角，陆河县委、县政府审时度势，紧紧抓住潮惠高速即将通车和深圳坪山区对口帮扶陆河的有利机遇，重新启动了园区的建设，并将园区定名为陆河县新河工业园区。陆河把新河工业园区作为全县经济发展的重要引擎和战略支撑，举全县之力，大干快上，不断提升园区的承载能力和服务水平，为引来"金凤凰"做好全面的准备。

筑巢引凤，切实加大园区基础设施建设。经过不懈努力，新河工业园区全面理顺了与深圳水田社区的权属关系，妥善解决了征地拆迁等系列遗留问题，卸掉了历史包袱轻装上阵，新河工业园区迎来了发展的春天。县委、县政府进一步完善了新河工业园区的管理，建立了新河工业园区联席会议制度、新河工业园区管委会、新河工业园区投资开发有限公司三级架构。园区紧紧围绕"进笼子、搭平台、出形象"的总体要求，采取"统一规划、分期开发"的方式，坚持高起点、高标准规划设计，依托陆河是全国唯一"中国建筑装饰之乡"的品牌优势并瞄准中国建筑装饰材料市场前景，以发展新能源和建筑装饰产业为重点，采用"园中园"发展模式，打造集建筑装饰材料加工、研发、采购、交易为一体的特色环保产业园。同时，承接符合环保政策要求的先进设备制造、电子产品、电工器材等高新技术产业进园，实现产业集聚发展。围绕第三代工业园"有生产、有生活、有生态"的建设要求，以提升园区承载能力为目标，全力推进园区扩能增效，园区道路、地下管网、污水处理及其他生产生活项目配套日趋完善，坪山大道等"三纵两横"道路实现通车。园区实现了通路、通水、通电、通天然气、通邮、通广播电视、通有线网络，公共实训基地、省级质量检测中心、创业孵化器、标准化厂房等配套项目也相继动工建设，助力入园企业快速发展。2015年，新河工业园区被成功纳入省级产业集聚地管理，享受省产业集聚区的各项优惠政策。新河工业园区总体规划用地33平方千米，人口规模为12.8万人，可建设用地24平方千米，其中首期已开发7平方千米。

多措并举，全力推进园区招商引资工作。实施招商引资优惠政策，拓宽招商引资渠道，加大招商引资力度，落实好各项服务措施。一方面，紧紧利用陆河与深圳坪山共建合作园区的有利契机，加强与坪山新区的沟通联系，突出产业链对接，扩大合作领域，把陆河潜在优势与深圳发达地区的管理、资金、技术、人才和体制机制等优势相结合，每季度组织一次大型招商推介活动，双方一起推介，一起招商，实现多元招商。为争取比亚迪落户陆河，陆河县紧抓机遇，全县上下一心，团结一致，主动出击，调动一切力量，围绕比亚迪项目做好前期土地征收平整及基础设施配套建设等工作。从2015年9月6日启动比亚迪陆河项目招商谈判开始，陆河新河工业园区同时启动征地和平整土地等前期准备工作。至同年10月中旬，仅历时40余天，比亚迪所用土地已完成征地和土地平整，提前完成了比亚迪入户园区的建设用地要求，11月5日，双方正式签订投资协议。陆河以优惠的政策、一流的服务终于促成投资额达65亿元的比亚迪新能源项目落户新河工业园区。在此期间，陆河一边征地，一边进行土地平整，比亚迪方则同步进行厂房施工。2016年4月16日，比亚迪第一部新能源大巴下线。陆河紧紧抓住深圳市坪山区全面对口帮扶及产业共建的契机，以加倍的努力和超常的付出换来了比亚迪大项目的落户，从招商谈判到第一部新能源大巴下线仅用了半年多时间，创造了多项"陆河速度"。作为陆河建县以来第一个产值超百亿元的大项目，比亚迪项目的落户对带动就业、带动招商、带动下游产业链发展等方面意义重大，示范带动效应显著，吸引了上下游众多企业前来陆河考察。另一方面，大力实施乡贤反哺工程。充分利用外出乡贤创办建筑装饰企业较多，资金量大，回乡创业热情高涨的有利条件，切实转变"坐等客来"的传统招商观念，主动走出去，党政主要领导多次率队到珠三角地区招商，想方设法打好乡情牌、温情牌，通过商会、乡亲联谊会等平台联络乡贤乡情、展示发展成果、推介招商环境，积极引导动员陆河籍企业家回乡投资兴业。安星、维业、伟泰等多家装饰公司纷纷落户园区，掀起了乡贤回乡投资兴业的热潮。同时，充分利用比亚迪项目入驻陆河的契机，全方位开展精准招商，瞄准央企、上市公司和行业龙头企业，着力引进新能源新材料、电子信息、智能家居等战略新兴产业，为县域经济跨越发展提供强有力支撑。2014年至今，园区已引进包括比亚迪、广东维业、华南铝业、燕浩材料、陆河首创、普圣文创、中深爱的、豪顶建材、智炬环保、华南装饰、永诺科技、广泰华科技、天地良实业等20多家企业，预期投资100多亿元。截至2018年底，园区工业生产总值突破100亿元，预计到2020年园区总产值将突破200亿元。

从宽待商，不断提升园区服务管理水平。一方面创优硬件设施，着力打造功能完备的创业平台。围绕企业需要，坚持基础设施先行，采取政府投入、企业开发、社会筹资等多种融资模式，为入园企业搭建一流的创业平台。另一方面创优软件服务，着力打造高效、便捷的服务机制。充分利用与坪山区合作共建机会，引进深圳大工业区科学的规划建设、先进的管理理念、高效的服务水准，进一步改进服务方式方法，开通了行政审批绿色通道，主动为落户企业提供良好发展平台。目前，园区编制完成招商指南和产业规划，园区管理办法、企业准入制度等规章制度已经颁布实施，招商引资机制日趋完善，园区办事效率和服务水平明显提升。2018年2月，新河工业园区被纳入《中国开发区审核公告目录》（2018年版）；2018年6月，新河工业园区被确认为广东省产业转移工业园。

三、狠抓城镇扩容提质，打造区域发展新平台

陆河始终坚持"以人为本、城乡互动、产城融合、集约高效、绿色低碳、突出特色、集群发展"的原则，坚持统筹区

域、城乡发展与重点打造相结合，大力推进"一轴三圈"战略规划，着力挖掘城市内涵，增强城市底蕴，提升城市品位，突出自然和谐，狠抓生态文明发展，强化"山城"和"绿城"特色，构建城乡一体化发展格局，努力建设美丽的山水城市，努力创造美好的人居环境。

强化规划引领。坚持把科学规划作为总抓手，按照以人为本、立足长远、彰显特色的原则，修编完成了《陆河县城总体规划（2013—2030）》和县城中心区、旧城改造区和重要控制区域编制控制性详细规划，对县城发展方向、功能分区、重点建设项目及公用设施等进行了科学的定位。县城建成区面积有序扩展，比建县初扩展了16倍，规划控制面积扩展了40倍。制定《陆河县振兴发展行动计划（2014—2020）》，确立了"一轴三圈"发展规划。一轴：以潮惠高速公路（陆河段）作为县域经济发展带动轴，借助便捷的交通条件和沿线新区块的开发，打造轴线经济带。三圈：以县城河田镇为中心，辐射周边乡镇，打造中部服务发展圈；以河口镇为中心，依托新河工业园区辐射带动周边地区，打造南部产业聚合圈；以螺溪镇为中心，依托西北部绿色生态长廊，打造北部生态涵养圈。通过"一轴三圈"的全面开发，使陆河的资源优势、区位优势和后发优势得到充分发挥，最终形成产业优势、经济优势。

强化城市提质。陆河是个小山区县，却从不因小而简，降低做事业的要求，始终坚持高起点规划、高标准建设，围绕"着力重点拉框架、主攻难点抓配套、突出亮点抓特色"大手笔、大动作、大气魄规划和建设好县城几大片区，不断提高完善城市承载能力，持续提高城市品位。县城中心作用日益凸显，建成区从建县初期的0.5平方千米发展到现在的8平方千米，规划控制区达到21平方千米。县城教育园区控制面积2000余亩，概算总投入约4亿元，创新规划理念，按"五校四馆"规划建设陆河中学、陆河外国语学校、县职业技术学校、县委党校（县开放大学）、县特殊学校和县体育馆、文化馆、博物馆、图书馆，集义务教育、高中、大学及成教培训于一体，打造全县教育文化产业集中区，使其成为广东山区县中大办教育的一个亮点。高尚住宅区螺河一号、吉康华苑、聚福苑、螺河湾等商住一体的房地产蓬勃发展；"一河两岸"建设初具规模，螺河东路、西路拓宽升级，并进行了绿化、亮化、美化，成为县城一道亮丽风景线；岳溪生态博览园、县城污水收集管网、排水管网、螺河防洪堤围、改河带状公园工程等一系列城市配套功能设施进一步完善。

强化平台拓展。以县城提质带动中心城镇扩容，加快中心城镇建设，使之尽快成为经济繁荣、设施完善、生活舒适、功能齐全、产业发达、示范带动作用强的区域聚合中心。聘请北京清华同衡规划设计院高起点、高标准总体规划中心镇河口镇南部新城和螺溪镇新农村示范片。扎实推进河口南部新城建设，充分结合自然与人文环境条件，使新区与老镇区有机融合，相互促进，坚持顺山、顺水、顺势原则，沿螺河和新河工业园区建设，打造特点鲜明、交通便捷、旅游观光、休闲养生、科技教育、生态和谐为一体的宜居宜业、宜商宜贸、宜学宜游、宜养宜疗的生态示范区；该项目用地规划控制面积约7000亩，总投资为30亿元，采用PPP建设模式开发运营。目前，该项目已被列为广东省重点项目，已委托纽斯凯威（加拿大）国际顾问有限公司进行建筑设计，完成征地2000亩，计划于2016年1月启动项目建设。2018年10月，世界500强企业中信集团的一级全资子公司中信城市开发运营有限责任公司落户陆河，在陆河成立了中信陆河龙腾投资有限公司，与陆河县共同开发南部新城项目，全力助推陆河经济发展。螺溪镇新农村示范片获得省级新农村示范片项目扶持资金1亿元，项目启动建设以来，5个建设主体村道路桥梁、河道堤岸、村头公园和村容村貌整治等新农村项目已完成资金投入13697.9万元，146个建设项目全部竣工，为全县新农村建设起到了良好的示范引领作用。

第三节

脱贫奔康，老区人民一个不能少

在陆河这片红色土地上，老区人民继承和发扬"敢为人先、无私奉献"的革命精神，在上级党委、政府及有关部门的关怀、帮助下，在历届县委、县政府的带领下，奋发图强、拼搏进取，有力推动了老区经济社会发展，老区人民生活逐步改善，老区面貌发生了巨大变化。特别是近年来，陆河县认真贯彻落实党的十八大、十九大精神，以习近平新时代中国特色社会主义思想为指引，紧紧抓住省委、省政府促进粤东西北地区振兴发展的重大机遇，全面推进产业园区扩能增效、中心城区扩容提质和交通基础设施建设，推动老区经济社会加快振兴发展。但是，由于受区位、自然、历史等多重因素影响，陆河仍属于经济欠发达地区，经济基础十分薄弱，县域经济发展远低于全国平均水平，各项民生事业发展欠账多，人民群众生活水平整体偏低，甚至部分群众仍处于贫困状态，如期全面建成小康社会的任务依然繁重艰巨。

一、扶贫攻坚号角嘹亮

中共中央总书记习近平多次强调，"要让老区人民过上更加幸福美好的生活"，并将其提高到政治责任的高度来认识，郑重地指出，"加快老区发展，使老区人民共享改革发展成果，是我们永远不能忘记的历史责任，是我们党的庄严承诺"。

　　中国老区建设促进会（简称"老促会"）在《让革命老区人民过上更加幸福美好的新生活学习习近平总书记关于革命老区建设发展的重要论述》中指出，这个承诺彰显着党的宗旨和社会主义的本质要求。党和政府多次提出"要加大对革命老区支持力度"，先后出台了一系列政策和举措。习近年总书记在河北阜平县老区考察时指出，"支持贫困老区加快发展，使发展成果更多更公平惠及人民。把帮助困难群众特别是革命老区、贫困地区的困难群众脱贫致富列入重要议事日程，既是我们党坚持全心全意为人民服务的重要体现，也是消除贫困、实现共同富裕的具体行动"。

　　这个承诺兑现着老区群众殷切期盼的实际行动。战争年代，革命先烈抛头颅、洒热血，老区人民捐粮捐物、送子送女，为的就是过上幸福美好生活。目前，革命老区建设发展同发达地区相比大多处于相对滞后状态，有不少地区仍处于贫困之中。部分革命老区发展滞后的现实，已成为制约实现全面建成小康社会目标的凸显部分，成为扶贫攻坚的"硬骨头"。实现全面建成小康社会目标，关键在农村，难点在老区。统筹解决区域、城乡的贫富差距问题，让革命老区经济社会发展跟上全国步伐，是全面建成小康社会的迫切需要。

　　党中央、国务院历来高度重视革命老区开发建设工作，省委、省政府和省老促会等部门一直用心倾情、鼎力支持海陆丰老区的发展和人民群众生活水平的提高。特别是省委、省政府主要领导多次批示、指示，要求积极向中央争取对海陆丰革命老区的政策扶持；省委、省政府及省老促会、党史办、扶贫办等部门充分依据海陆丰革命史实和发展实际，反复向国务院和国家发改委、中央党史办等部门反映、争取，并于2015年12月17日向国务院上报广东省人民政府《关于广东海陆丰革命老区贫困县纳入国家贫困革命老区扶持范围的请示》。

2016年2月5日，国家发改委批复了广东省人民政府《关于广东海陆丰革命老区贫困县纳入国家贫困革命老区扶持范围的请示》，明确海陆丰革命老区正式纳入国家贫困革命老区扶持范围，全面享受一系列扶持政策。该请示复函充分体现了党中央、国务院和省委、省政府对海陆丰革命老区建设发展的高度重视和大力支持，对老区人民群众殷切期盼过上更加美好幸福生活的深切关怀，为老区建设、发展注入了强大推动力。作为海陆丰革命老区的一部分，陆河的发展也标志着进入了国家战略扶持层面，全县30多万人民为此备受鼓舞、倍感振奋。

2018年8月，广东省人民政府原则同意《海陆丰革命老区振兴发展规划》正式实施，明确了海陆丰革命老区振兴发展的八大任务，分别是加快基础设施建设、做大做强特色优势产业、加强区域发展平台建设、推进精准扶贫精准脱贫、提升基本公共服务水平、加强生态建设和环境保护、统筹城乡发展、推动区域合作与改革开放，陆河县进一步享受老区扶持政策。

二、脱贫攻坚成绩斐然

1988年建县之初，陆河被列为国家重点贫困县。县委、县政府对贫困山区的发展高度重视，1989年5月成立陆河县贫困地区山区工作领导小组办公室，1995年5月成立陆河县扶贫开发领导小组办公室，负责全县扶贫开发的工作规划、组织和指导，协调、配合各级对口帮扶单位开展对口帮扶工作。一段时期来，在上级党政的坚强领导和大力支持下，陆河认真贯彻落实扶贫开发战略，全力推进扶贫开发工作，促使全县贫困状况得到极大改善。

1988—2000年，陆河主要通过走治山致富道路，以解决绝对贫困人口温饱为主要目标，努力减少绝对贫困人口总量。至1997年末，全县绝对贫困人口尚有391户1956人，占全县农业总人口的比例下降到0.8%，实现基本消除绝对贫困目标。同时，大力发展交通、通信等基础设施建设，努力改变全县交通、农业生产等方面的落后状况。至2000年末，全县实现116个行政村通机动车、113个村通广播电视、村村通邮、通电话，人均拥有半亩"保命田"的目标。2000年10月，全省扶贫两大会战现场会在陆河召开，陆河经验在全省得到推广。

2001—2009年，扶贫对象由绝对贫困人口向相对贫困人口转变。陆河大力实施省十项民心工程，把全县年人均收入1500元以下的相对贫困人口列为重点扶持对象，着力解决农村"一保五难"（最低生活保障，行路难、看病难、读书难、饮水难、住房难）问题，大力增加村级集体经济收入，以整村推进的方式把扶贫工作引向纵深发展。对全县32个重点贫困村实施"千村扶贫"工程，投入160万元扶持32个贫困村发展村集体经济，投入40万元入股螺溪三渡水水电站和河田鹰嘴水电站，年收益作为全县32个重点贫困村发展集体经济扶持资金。解决农村"一保五难"等问题，实施农村安居工程，期间投入财政补助资金1525万元，完成省危房改造任务2570户；注重贫困农民的技能培训和劳务输出，实施免收贫困家庭子女入读技工学校学费。2002—2009年，全县选送1769名贫困家庭子女入读技校并转移就业；实施产业带动，全县投入产业化帮扶资金1130万元，扶持壮大农业龙头企业4家，带动贫困户1750户实现增收脱贫。

2009年8月，按照省委、省政府的部署，中山市5个镇对口帮扶陆河县15个贫困村；2013年以来，深圳市罗湖区对口帮扶陆河，8个帮扶单位、24个帮扶小组的干部职工带着对陆河老区人民的深厚情谊，离开繁华都市、长驻农村基层，进村入户开展对口帮扶工作，在扶贫"双到"（规划到户，责任到人）和市政建设、社会民生等领域，用心倾情、不遗余力，对陆河实施了全方位、强有力的支持和帮扶。在此期间，中山市委、市政府和深圳罗湖区委、区政府各级领导多次到陆河考察、指导帮扶工作，两地党政领导多次互访，加强多领域、多层次的交流合作。

在2009—2012年第一轮扶贫开发"双到"工作中，陆河县有省定贫困村32条，贫困村占本县行政村27%；贫困户3296户、贫困人口19135人。制订县级实施方案后，确定省直单位帮扶10条村、中山市帮扶15条村、市直单位帮扶2条村、县直单位帮扶5条村。陆河县认真贯彻落实省委、省政府扶贫开发"规划到户、责任到人"的工作部署，围绕"一年夯实基础，两年基本达标，三年巩固提升"的目标，切实加强领导，落实责任，强化措施，狠抓落实，扎实推进扶贫开发"双到"工作。各帮扶单位结合陆河实际，立足各村、各户资源，努力在"县有龙头、镇有基地、村有项目、户有收益"的"四个有"上下功夫。在各对口帮扶单位、全县扶贫干部和人民群众的共同努力下，截至2012年底，全县累计投入帮扶资金20560万元（含社会资金），其中帮扶到村资金12747万元，帮扶到户资金7813万元；落实帮扶项目8751个，其中村项目511个、户项目8240个。全县32条贫困村的村集体经济收入均已达到3万元以上，基本实现改变落后面貌的目标；贫困村的3296户贫困户中有3290户年人均纯收入达到2500元以上，占贫困村贫困户的99.8%，基本实现既定的帮扶目标。2013年1月，陆河县顺利通过全省扶贫"双到"工作三年总验收。

2013年11月，习近平到湖南湘西考察时首次作出了"实事求是、因地制宜、分类指导、精准扶贫"的重要指示。党的十八届五中全会提出到2020年全面建成小康社会——这是我们党向人民、向历史作出的庄严承诺。全会从实现全面建成小康社会奋斗目标出发，明确到2020年中国现行标准下农村贫困人口实现脱贫，贫困县全部摘帽，解决区域性整体贫困问题。习近平提出"科学扶贫、精准扶贫"的新要求，同时强调指出，"全面建成小康社会，最艰巨、最繁重的任务在农村，特别是在贫困地区。没有农村的小康，特别是没有贫困地区的小康，就没有全面建成小康社会"。"全面建成小康社会，一个都不能少；共同富裕的路上，一个都不能掉队。"这一系列论断，为各级党委、政府带领广大人民群众全面建成小康社会提供了根本遵循，明确了目标和方向。一句话概括，精准扶贫就是全面建成小康社会的根本需要。

在2013—2015年第二轮扶贫"双到"工作中，陆河县有省定贫困村21条，贫困户1489户，贫困人口7307人。其中，省直单位对口帮扶5条村，深圳市罗湖区对口帮扶8条村，市直、县直单位分别帮扶2条和6条贫困村。陆河县认真贯彻落实上级扶贫开发工作的决策部署，紧紧围绕扶贫"双到"目标任务，高度重视，精心组织，瞄准贫困户稳定脱贫和贫困村面貌改变两大目标，采取有力措施，强势推进，精准扶贫，取得了显著成效。全县累计投入帮扶资金12391万元（含社会资金、行业资金。其中生产经营类2953万元、基础设施类6820万元、民生类2618万元），平均每条村590万元。其中省直单位帮扶的5条村投入3229万元，平均每村645.8万元；深圳罗湖区帮扶的8条村投入资金5250万元，平均每村656万元；市县帮扶的8条村投入3912万元，平均每村489万元。实施帮扶项目5866个，其中到村项目635个、到户项目5231个。截至2015年，在扶贫项目的带动下，21条贫困村的村集体经济年收入都达到了6万元以上，贫困户的年人均纯收入达到8000元以上，纳入帮扶范围的21条贫困村7307名贫困人口实现稳定脱贫，人均收入和生活水平显著提高。贫困村基础设施和人居环境明显改善，产业发展和集体经济明显加强，基层基础工作明显改进，促进了全县经济社会协调发展。在省市考核验收中，21条村都达到了优秀等次，如期实现省委、省政府提出的新一轮的扶贫开发工作目标。

2016年，按照中央、省、市脱贫攻坚工作部署，陆河县全面启动精准扶贫精准脱贫工作。省核定陆河县相对贫困村20条、在册建档立卡贫困户5734户18491人。20条相对贫困村由省直单位帮扶6条，深圳市帮扶13条，汕尾市直单位帮扶1条。近三年来，各级帮扶单位、干部群众立足本地实际情况，坚持统筹实施、分类施策，全面落实陆河县扶贫攻坚十项文件和"一村一策、一户一法"帮扶措施，以产业扶贫、就业扶贫、金融扶贫、旅游扶贫、党建扶贫等为抓手，大力推进脱贫攻坚工作。2016—2018年，落实扶贫资金3.6亿多元，其中各级财政资金2.6亿元，各帮扶单位筹集资金1亿多元，实现脱贫4539户14257人，脱贫率达77.10%。

陆河县精准扶贫精准脱贫工作开展以来，省、市各级帮扶干部怀着对陆河老区人民的深切关爱之情，全身心投入到对口帮扶陆河的工作中。他们深入到脱贫攻坚的最前线，在一线掌握村情民意，在一线解决实际问题，在一线凝聚民心。无论是对口扶贫，还是园区共建、产业帮扶，他们都以更坚定的信心、更明确的思路、更精准的举措、超常规的力度，在陆河大地上谱写了一曲曲激荡人心、平凡而壮丽的精准扶贫"交响曲"。

第四节 推动乡村振兴，建设美丽家园

党的十九大提出坚持农业农村优先发展，实施乡村振兴战略的重大决策，为新时代农业农村改革发展明确了重点、指明了方向。近年来，陆河充分利用生态资源优势，发挥水唇螺洞、螺溪欧田等村的示范带动作用，借助全国农村综合性改革试点政策以及外出乡贤反哺家乡的大力支持，推动乡村振兴各项政策措施有效落实，努力在连片示范打造、全局乡村旅游、资金安全高效使用、产业带动精准脱贫、绿色品牌农产品供给、共建共治共享等方面积极创造陆河特色，谱写新时代乡村振兴发展新篇章。

一、绘就"一河一路一镇六片区"美好蓝图，陆河全面吹响乡村振兴号角

陆河县坚持以习近平新时代中国特色社会主义思想为统领，深入学习贯彻习近平总书记"三农"（农业、农村、农民）思想，狠抓产业兴旺这一重点，突显生态宜居这一亮点，攻坚社会治理这一难点，传承乡风文明这一优点，结合全县实际，围绕"一河一路一镇六片区"发展思路，推动农业全面升级、农村全面进步、农民全面发展，大力实施具有陆河特色的乡村振兴战略。

一河：指螺河。螺河是全县工农业生产及人民生活的主要

水源，是孕育陆河文化和人民赖以生存和发展的"母亲河"，是陆河重要的生命线。坚持高起点、高标准规划建设，精致打造"一河两岸"，使之成为展示陆河新形象的靓丽名片。加强对沿河各镇村的规划指导，引导规范农村自建房，确保村庄统一规划建设。全力落实河长制，强化污染源控制，加强水环境综合整治。抓好全县生活污水处理设施整县捆绑PPP项目建设，严厉打击盗采河砂、垃圾入河、向河（库）偷排及乱排等违法行为，严格管好全县禽畜养殖功能区。加强沿河亲水景观建设，打造集客家文化、休闲运动、酒吧娱乐、音乐山歌为一体的螺河两岸特色夜间文化，形成陆河全域旅游新亮点。

一路：指国道235线、省道240线及其延伸。加快交通基础设施建设，全力推进国道235线主干公路改造和省道240线及其延伸公路建设，大幅提升全县公路网总里程。改善和提升全县交通条件，加强陆河对内对外通达能力，为陆河实施乡村振兴战略提供基础保障。坚持规划引领，加强沿路村庄规划建设，抓好房屋外立面和"穿衣戴帽"工程，打造沿路景观带，提升城乡颜值。谋而后动，加强"一路"沿线的土地储备，为陆河形成实实在在的产业、带动区域经济社会发展提供基础保障。

一镇：指南万客家文化养生小镇。按照"田园养生+"理念，在打造田园综合体的基础上，高品质、高标准将南万镇建设成客家文化养生小镇。以花海项目为中心，辐射周边村庄，重点突出万东、南告特色民宿村，发展全局性生态旅游。发展现代化农业，引导农民整合荒地种植花卉、发展特色农业，把荒田变良田，良田变公园，带动农民致富。加大土地流转发展乡村旅游，流转房屋打造民宿，突出小镇特色，结合自然生态风光，坚持在打造旅游景点上下功夫，在开辟精品线路上做文章，在提升旅游质量上求突破，兴建完善特色餐饮、民宿、购物、娱乐、户外运动、文化体验等配套设施，形成特色产业链，留住人群，促进消费，闯出一条具有南万特色的乡村旅游发展之路，为乡村振兴战略注入新活力。

六片区：指螺洞——共光片区、欧田片区，内洞——富溪片区、联安片区，营下——北中片区及湖坑——激石溪片区。结合陆河实际实施乡村振兴战略，统筹片区，联动发展。六大片区找准自身定位，结合自身的自然禀赋、历史文化、产业特色、生态优势等资源，因地制宜，探索符合当地实际的乡村振兴发展模式，以发展产业、建设美丽乡村、发展乡村旅游为抓手，全力加快污水处理、垃圾转运、集中供水、管网改造及"四好"（建好、管好、护好、运营好）农村路等基础设施建设，打造出各具特色的示范片区。

陆河按"一河一路一镇六片区"的布局，立足县情农情，顺势而为，因势利导，举全县之力落实好乡村振兴各项任务，按照"3年取得重大进展、5年见到显著成效、10年实现根本改变"三步走战略安排，将示范乡村建设成陆河版的"富春山居图"，推动农业全面升级、农村全面进步、农民全面发展。

二、水唇镇螺洞村：大力实施乡村振兴战略，开创新时代"三农"工作新局面

螺洞村位于陆河县水唇镇东部，是陆河县20个省定贫困村之一，下辖3个自然村，共10.62平方千米，现有人口298户1855人。全村种植青梅上万亩，是粤东地区最大的梅花连片观赏基地，村内山、水、石、林等自然景观独有神奇，一年四季总能吸引各地游客前来体验游玩。螺洞村是全国农村综合性改革（陆河县）15个试点村之一、国家AAA旅游景区——螺洞世外梅园所在地，是省级文明村、省级卫生村、广东省休闲农业与乡村旅游示范点、汕尾市十大休闲基地。螺洞村建设总投资约6052万元，其中，中央旅游专项发展资金1000万元、坪山对口帮扶及省食品药品职业技术学院帮扶资金80.5万元、新农村建设资金1067万元、社会资金1400万元、其他上级支持配套资金2504.5万元。

（一）推动产业融合发展，带动农户脱贫奔康

一是创新发展模式，激发乡村发展活力。积极探索"镇府+村委会+企业+农户"的股份制发展模式，2015年11月，螺洞村民和外出乡贤积极响应政府号召，成立了汕尾市第一家股权由镇村、公司、村民三方共享的村级股份制公司——广东螺洞投资发展股份有限公司。公司注册资本1 000万元，全力推动以"股份农民"为核心的"三变"（资源变资产、资金变股金、农民变股东）改革，鼓励村民（农户）以土地、山林、现金等形式入股，与公司形成利益共享、盈亏共担的利益共同体。村民以主人翁身份直接参与乡村旅游开发决策、生产经营和利益分配，同时保证每年享有不低于8%入股股金分红回报率。2017年，公司给当地140个股民发放分红50多万元。全村年人均可支配收入10601.11元，相比2016年翻了一番，村民生活水平日益提高。

二是推动土地流转，盘活农村资产资源。螺洞村紧紧抓住被列入全国农村综合性改革试点的契机，以集约农村土地、整合发展要素为原则，以土地流转为突破口，成立了旱水各土地股份合作社，农户可自愿以农村土地承包经营权入股合作社（是村民入股螺洞投资发展有限公司的另一选择），目前已流转农村土地100多亩。入社土地由合作社统一经营，可打包租赁给企业经营旅游或农业项目，农户除劳动收益外，可享受年底

分红。同时，为最大化保障农户利益，水唇镇政府还按照市均价每亩每年1000元的标准向农户支付土地保底金，并积极打造平台，引入项目，帮助股份合作社发展壮大。

三是探索旅游新业态，掀起返乡创业热潮。近年来，螺洞村深入贯彻落实"绿水青山就是金山银山"的生态发展战略，全面发展梅花旅游产业，加强生态保护，开发旅游产品，取得了不错的成效。积极探索"旅游+"发展模式，如"旅游+青梅采摘体验""旅游+手工传统长寿面线制作体验""旅游+擂茶制作""旅游+螺洞木偶传承"等多种新业态。螺洞世外梅园景区的快速发展给当地居民带来了可观的经济收入，掀起外出乡贤返乡创业热潮。2017年，螺洞村吸引了超过140名外出人员回乡创业，目前已有大小农家乐12家、民宿9家，特产、农副产品销售等旅游辐射行业遍地开花。2018年螺洞梅花节期间，该村共接待游客25万人次，日均人流量达上万人次，实现旅游总收入约300万元。

四是精选"造血"产业，带动村民脱贫奔康。螺洞村借力省食品药品职业技术学院对口帮扶，精选"造血"路径，依托螺洞丰富的蜜粉资源，采取保护蜜源生态、实施产品监测等综合性措施，开发绿色蜂产品。全村13户贫困户63人在村"两委"及驻村扶贫工作队带领下，成立养蜂合作社，实现产业帮扶。2017年，贫困户人均可支配收入达到6883元，全部达到脱贫标准，率先完成脱贫目标。

（二）筑牢绿色生态屏障，建设幸福宜居家园

一是保护青山绿水，严守生态保护红线。螺洞村长期坚持绿色发展理念，所有景点的打造都在原生态的基础上进行，村庄依山而建，村民傍水而居，生态环境得到有效保护。制定

《螺洞河生态九项禁令》，严禁一切破坏环境行为；实施桉树林退出和改造工程，全村辖区内禁止种植任何危害生态的树种或作物；划定螺洞村饮用水源地保护区，树立水源点告示牌，明确保护区实际边界；积极整合各方资源，建立市、县、镇三级项目库，实施螺洞河生态清洁型小流域治理工程，严格落实河（库）长制，切实保护好绿水青山。

二是实行精细管理，人居环境不断优化。螺洞村严格落实农户、保洁员、村委会、镇政府四位一体的环境卫生保洁管理工作责任制，实行人畜分离、家禽集中定点圈养和垃圾分类处理、定点投置制度，切实维护好村容村貌，人居环境始终保持整洁干净优美。实施景区"厕所革命"，投资70多万元，拆除露天厕所、茅房30座，新建标准化卫生间9座，彻底解决景区内厕所难寻及脏乱差等问题。

（三）外塑形象内提真功，乡风民风更加文明

一是外塑形象，螺洞世外梅园声名远扬。螺洞村把发展乡村旅游作为提升对外形象、实现乡村振兴的一大重要载体，以特色塑品牌，以宣传助推旅游，通过组织活动、承办展览、宣传推介来塑造螺洞良好的乡村旅游形象，先后邀请省市多家电视台到水唇拍摄制作了《螺洞世外梅园宣传片》《老广的味道·陆河擂茶》等多部纪录片，成功举办、承办了央视《乡村大世界》《中国新歌声》第三季"醉美螺洞"等40多场活动。通过宣传片、摄影作品、影视作品等方式向外界充分展示推介，有效提高了螺洞世外梅园的知名度。

二是内提真功，乡村文化内涵日益提升。大力开展乡村文化提升行动，建成全县最美乡村图书馆、螺洞木偶戏剧场及擂茶体验馆等文化体验场所，进一步渲染乡村文化氛围，推动乡

村文化振兴。加强乡村文明建设，以社会主义核心价值观为引领，深入挖掘优秀传统农耕文化、乡土文化及客家文化，制定了具有约束力的村规民约，大力培育文明乡风、良好家风、淳朴民风，改善农民精神风貌，提高乡村社会文明程度，焕发乡村文明新气象。

（四）创新基层治理机制，凝聚发展强大合力

一是红色引领，构建社会治理新格局。加强党对农村一切工作的领导，形成在村党组织领导下健全的自治、法治、德治相结合的有效乡村治理体系，发挥社会组织积极作用，全面提升基层自治能力，打造共建共治共享的社会治理新格局。在村党支部的带领下，螺洞村已率先全面完成"三清三拆1"工作任务，房屋外立面整治等村庄美化工程正在深入推进，目前已完成2000多平方米的外立面整治工作。同时，充分发挥螺洞投资发展股份有限公司党支部的领导作用，在旱水各土地股份合作社成立党小组，探索落实"支部+协会"机制，促进农村农民持续增收。

二是四民共治，助推农村发展新态势。筹建螺洞村理事会，实施"四民"（民议民决、民事民办）理事会制度，建立"以奖代补"激励机制，发动群众积极参与到旅游开发、新农村建设中。在涉及民生事业的各个方面均按照村级理事会制度，进行表决通过，将景区桥梁扩宽、旅游道路建设等部分工程项目放权给村级理事会作为实施主体。村内项目建设充分尊重群众意愿，由理事会自主决策、实施和监管，大大提高了村

---

① 三清三拆：清道路，清杂草杂物和垃圾，清淤泥；拆危房、露天厕所，拆违章建筑，拆非法违规广告。

民参与景区景点建设的积极性。依托"四民"制度，螺洞投资发展有限公司成立短短两个月时间便完成了雷打石新建停车场2万多平方米的征地任务，由村级理事会牵头实施的项目20多个，涉及金额共300多万元，工程效果得到群众的一致好评。

三是智慧管理，打造互联网信息服务平台。为提高农村管理和服务水平，螺洞村与汇信商通信息便民服务有限公司签订委托合作协议，在螺洞村打造一个以政务、民生、商务为基础的双线服务平台，充分利用线上互联网信息服务平台加线下服务站去服务百姓。目前已启动螺洞村"智慧门牌"录入和公共服务站点建设工作，依托村公共服务平台、乐村淘及农村淘宝服务站点，积极打造本地农产品网上交易平台。

三、螺溪镇欧田村：党建引领，产业导向，多元参与，走出精准扶贫新路子

欧田村位于陆河县螺溪镇南部，下辖4个自然村，总户数为325户，总人口约1788人，党员48名，村"两委"干部4名。全村有贫困户57户242人，2017年底已完成脱贫52户223人。自2017年来，螺溪镇欧田村按照县委、县政府工作部署，创新思路，以党建为引领，以乡村旅游为核心抓手，通过"文化+旅游+城镇化"创新发展模式，推动党建、乡村旅游与精准扶贫工作深度融合，一条以优质旅游项目驱动当地经济社会发展的精准扶贫之路由此开启。

（一）主动作为，共建共享

贫困群众是扶贫攻坚的对象，更是脱贫致富的主体，必须充分发挥贫困群众的主体作用，让贫困群众发自内心地想脱贫、要脱贫。欧田村高度重视发挥广大基层干部群众的首创精

神，让大家的心热起来、行动起来，通过自己辛勤的劳动改变贫困落后面貌。

一是"双创"引领，共建共享。以创文创卫为抓手，广泛发动干部群众和外出乡贤，建言献策、筹资投劳、捐资捐物、共建共享。全村乡贤群众投工投劳600多人次，大力开展城乡环境"十大整治、十大提升"行动，积极推动新农村示范村创建，全面开展"三清三拆三整治①"。全村共拆除违章建筑13间，拆除危旧瓦房65间，拆除露天茅厕、猪牛栏49间，清理污水沟渠15条，清理积存垃圾、建筑垃圾共3204吨，全面对居民的房前屋后、道路两旁、水渠池塘进行了整治，建设村口小公园一个，绿化美化500多平方米，种植景观小灌木15株，安置村口景观石一面，村容村貌焕然一新。

二是加大投入，改善民生。以脱贫攻坚为契机，大力推进农村"水电路气讯房"等建设，确保"水户户连通，电稳定贯通，路条条畅通，讯高速互通"。2017年以来，全村铺设道路硬底化400米，开通河背滨河人行栈道1000多米，下一步将实施硬底化。完善4个自然村村民活动小广场的建设，投入26万元对欧田文化广场进行硬底化1000多平方米，安装健身器材一批；欧田文体活动中心主建设项目正在申报中。投入26万元完成了村卫生站的主体建筑。全面实施安全饮水工程，欧田硿仔里、河背自来水提升工程已完成供水管道铺设及制水净化池建设；占地2000多平方米的河背村生态污水处理设施主体沉淀池正在施工中，欧田圩生态净化池完成选址规划。

三是创新机制，有效治理。通过建立健全决策机制，突出党支部的领导核心作用，形成"4+N"的决策机制。欧田村在

---

① 三整治：整治垃圾、生活污水及水体污染。

现有村党组织、村民代表会议、村民委员会、村务监督委员会等4个村级自治组织体系基础上，围绕"民事民议民决民监"原则，积极探讨"N"个治理管理模式。重点在村民小组一级增设村民小组议事会，作为村民小组议事机构，解决村级"谁说事"问题。将涉及村民小组的财产、项目建设等民生福祉问题交由村民小组议事会事先商议，镇、村两级加以引导，把"说事权"真正交给村民。

（二）引进名企，合作共赢

习近平强调，内外结合才能有发展。贫困地区发展要靠内生动力，如果凭空救济出一个新村，简单改变村容村貌，内在活力不行，劳动力不能回流，没有经济上的持续来源，这个地方下一步发展还是有问题。一个地方必须有产业，有劳动力，内外结合才能发展。欧田村遵循习近平的这一要求，积极探索内外结合的产业发展方向。2017年由对口帮扶单位深圳坪山区"搭桥牵线"，在陆河县、镇两级党政的大力支持下，欧田村依靠优质的生态资源，打破群众思想藩篱，成立了欧田商务公司，通过品牌合作、项目联营等模式，积极引进华侨城·螺溪谷项目。

一是乡村旅游助推脱贫攻坚。华侨城·螺溪谷项目是深圳市坪山区人民政府和深圳华侨城东部投资有限公司联合对口帮扶陆河县的重点旅游扶贫项目，通过整合农村生态、环境、乡风、文化等多方面资源，激发农民创业热情，激活乡村内在活力，实现农民脱贫目标。项目分两期建设，总投资达1亿元。第一期选址螺溪镇欧田村�仔里自然村，占地面积约570亩，预计总投资5000多万元，总建筑面积5022.7平方米，其中欧田书舍220平方米，文化名宿1950平方米，围屋会馆940平方米，度假山居674.7平方米，客家美食博物馆360平方米，田园风景餐厅525.2平方米。华侨城·螺溪谷将旅游发展与扶贫攻坚精准对接，以景区建设和旅游发展推动美丽乡村建设，着力于乡村环境提升、乡村设施完善、乡村文化构建、村民就业培训、特色农产品开发五大方面，探索形成全新的旅游扶贫措施体系。

二是资源盘活助力增收脱贫。华侨城·螺溪谷项目的实施，全面盘活了农村各类资源，动员村民共同参与发展，融合了土地、技术、资金、劳力等生产要素，通过免费为农户提供种苗、肥料、技术指导，流转闲置土地，提供就业机会，保价收购产品等帮扶方式促进农民增收。此外，农户以农村土地承包经营权入股合作社，把土地经营权变成股权，资金变成股金，农民变成股东，每年给予10%的分红收益，用于贫困户增收。项目运营后，预计年经营收入约为640万元。预计至2020年，可带动100间民宿或农家乐发展，直接或间接吸纳1000多人就地就业，可解决约500人脱贫致富，预计年游客接待量可达20万人次，年旅游收入约5000万元。同时，通过旅游示范，孵化1~3个文创农礼品牌，形成10~30个主题休闲农庄群落，拉动10万公斤农产品消费，带动"旅游服务业、休闲农业、田园综合体"三大特色产业发展升级，形成巨大产业效益，实现乡村旅游产业的"洼地崛起"，推动扶贫开发由"输血式"向"造血式"转变。

三是节点示范联动辐射全县。螺溪谷秉承"时尚与乡土融合、居民与游客共享、旅游与社区共进"的发展理念，通过乡村环境整体提升、闲置建筑创新利用、客家文化演绎展示、地方特产创意开发，创新打造火龙广场、欧田书舍、农礼铺子、青梅酒吧、客家擂茶馆、文化民宿、风景餐厅、生态农场等10余个各具特色的乡村旅游体验空间，构建一套文旅产业驱动的乡村振兴解决方案。华侨城·螺溪谷文化旅游综合项目作为陆河县最具代表性的乡村旅游示范性标杆项目，是创新型精准扶贫的典范。项目通过对乡村传统资源的整合利用，构建起可持续的乡村内生经济系统，探索可复制、可推广的旅游扶贫开发模式，最终实现盘活乡村资源、示范乡村建设、传承乡村文化、振兴乡村产业、示范旅游扶贫。欧田村将以螺溪谷为示范点，逐步构建螺溪镇"一道一心五基地十农庄"的乡村旅游格局，通过全镇联动，辐射陆河全县特色旅游景区建设，振兴乡村客家文旅产业，走出"文化+旅游+城镇化"的旅游扶贫新路子。

四、螺溪镇省级新农村示范片：乡村"蝶变"换新颜，绘就美丽新画卷

陆河县省级新农村示范片位于该县螺溪镇中北部，属陆河县的生态涵养圈，是汕尾市的重要生态屏障。示范片包括新良、良洞、正大、南和、各安5个行政村，辖30个自然村，总面积54.9平方千米，总人口约1.39万人。

2014年，螺溪镇在全市省级新农村示范片区遴选中胜出，获得省政府1亿元扶持资金，并启动新农村示范片项目建设。示范片以科学规划为基础，以现代农业生态旅游为支撑，围绕"生产发展、生活宽裕、乡风文明、村容整洁、管理民主"的新农村建设目标，按照"力争一年初见成效，两年基本实现目标"的步骤要求，五村连点连线连片推进，全力开展人居环境综合整治和美化、绿化、亮化工程，累计投入建设资金13697.92万元（其中，省级专项资金9364.92万元，县级项目配套资金和群众自筹资金4333万元），146个建设项目全部竣工，新农村示范片示范效应明显。2017年12月，示范片通过中共广东省委农村工作办公室专家组"两年基本建成"绩效考核评估，获

得了"优秀"等次。

陆河县坚持规划先行,高度重视示范连片建设的总体规划,坚持"宁愿慢一阵子、不误农民一辈子"的理念,高标准制订规划,注重突出实在、实用、实效的特色。示范片聘请资质较高的北京清华同衡规划设计研究院的专家团队,依托现有交通网络以及生态环境优势,进行全方位、多层次的深度规划。为确保规划设计既符合建设要求又能凸显本土特色,在规划过程中陆河县充分考虑和尊重群众意愿,最终形成以"价值回归、社会认同、自身造血、走向繁荣"为规划理念、以"环境优先、和而不同"为宗旨,以点串线、连线成片推进5个主体村所有自然村的建设规划。规划重点是完善"三线"——以县道004线为主体的灰色发展轴线、以螺溪为主体的蓝色生态轴线、以乡村绿道串联的绿色生活轴线,实现基础设施先行,改善乡村生活环境和整体风貌,发展"一村一品"的特色产业,进而带动乡村旅游的发展,形成具有螺溪地方特色的美丽乡村形象。

陆河县积极营造全民共建氛围,充分发挥示范片建设工程的辐射带动作用,以"乡亲乡情、共建共享"的理念,凝聚政府、社会各方力量参与新农村建设,形成推动工作的强大合力。要求各单位和部门将重点项目和资金重点倾斜于新农村示范片建设项目,确保项目和资金配套,全力打造具有广东水平、陆河特色的宜居宜游的社会主义新农村。示范片内的干部群众热情高涨,对新农村示范片建设献计献策、出钱出力,形成干群共谋、共建幸福新农村的局面。期间,陆河县发动外出乡贤捐资3000多万元投入新农村建设。在农村环境卫生整治方面,5个主体村积极发动群众投工投劳,投工数为4600多个,折资额为40多万元。

同时，5个主体村自行解决好示范片涉及的用地问题，广大群众积极配合新农村建设涉及的征地、拆迁工作，做到"人工不补、用地不补、青苗不补、拆旧不补"，投工投劳共建美好家园，共享美好生活。

陆河县在新农村建设中，结合本地实际，以和而不同见特色，采取"留""拆""改""挖"四大措施，确保农村既传承优秀文化，又焕发出新的活力。

"留"，即保留客家元素，开展外立面改造。陆河县及设计单位利用农户空闲时间段深入农户反复征求群众意见，对外立面改造设计方案反复修改，严格按照群众意愿保留民居的客家元素，并在此基础上进行优化。据统计，示范片外立面改造总数达489户。

"拆"，即拆除危旧老房，推进村庄整治。陆河县结合"三大环境"整治工作，以省级新农村示范片为重点，按"一编二拆三清四改五建六美①"工作要求，共拆除违章建筑及老旧房屋186间，总计8000多平方米；拆除老旧泥砖垃圾池10个；彻底清理村内乡道、房前屋后、公共场所的各类积存垃圾和卫生死角，清理排污沟渠6千米、水渠12千米，实现村庄无积存污水。

"改"，即改水改厕改设施，建设美丽新村。陆河县大力开展卫生改厕工作，清除露天粪坑和简陋厕所，统筹解决农村的饮水安全问题，实行人居与禽畜养殖分离管理制度。目前，

① 一编：以自然村为单位编制村庄整治规划；二拆：拆违章建筑、拆乱搭乱建；三清：清理垃圾、清杂物、清小溪河道沟渠池塘；四改：改厕、改路、改水、改危房；五建：建污水处理设施、建长效保洁机制、建设洁净村庄、建"户前三包"责任制、建小公园、小型文体活动广场等；六美：美化村头村尾、村道两旁、房前屋后、公共场所、小溪河道和旧村旧居复绿等。

示范片内有30个自然村已全面实现了村村通自来水，并完成了卫生改厕工作、实行了禽畜集中圈养。同时对农村供电通信线路进行改造，从一定程度上改变了农村以往相对混乱的现象。

"挖"，即挖掘人文景观，保护传统文化。分布在各村的祠堂及良洞村的教堂为现有主要文化设施，也是村民重要节假日的主要集会场所。文化设施的布设以现有庙宇、教堂等村民主要活动场所为中心，以文化遗址、旧址为基础，通过宗族血亲联系，形成各村落组团的文化中心，并结合游憩、体育设施的设置，形成分级活动中心。

在坚持保护和改造原则的基础上，陆河县提出"保留与改造并举，修复、重建、新建相结合，健全管理模式，保护与发展并重"的保护策略。同时，对具有价值的古民居进行有针对性的修缮和改造，建设成为村史馆。

陆河县在新农村建设中突出强化基层治理工作，不断推进村民自治能力建设，通过各项公约、制度实现乡风文明，建立环境卫生"四有"长效保洁机制。"四有"，即有人员、有制度、有设施、有经费。通过定时间、定区域、定任务，切实做好村内保洁工作。结合"户清扫、村收集、镇转运、县处理"的转运机制，基本实现了村内垃圾每天清运，确保了农村环卫工作的有序开展。

螺溪镇大力开展"门前三包"。通过"不换思想就换人，不下功夫就下台，不想办法就法办"的办法，治懒、治庸、治拖，把干部的力量凝聚起来、干劲激发出来，在主体村率先开展农村环境卫生农户"门前三包"和环境卫生网格化管理工作，制定有关工作制度，同时与2256户农户签订"门前三包"承诺书，实现镇村垃圾定时收集、定时压缩、定时清运，做到日收日清，垃圾无积压，无二次污染。

　　螺溪镇全面实施网格化管理。在主体村率先落实网格化治理机制，镇领导、干部工作重心全面下移，全面落实工作责任，包片包干。通过开展网格化治理，农村计生、殡改、扶贫、国土管理、林业管护、禁毒、维稳等工作得到扎实有效的落实，确保了农村社会和谐稳定，实现农村纠纷调解率达到100%、火化率达到100%，违规建房现象得到全面遏制，青山绿水得到全面保护。

第五节 突出党建引领，建设红色村庄

"红色村"作为中华优秀传统文化的继承载体，也是继承革命优良传统的基层单元，不仅具有深厚的历史底蕴价值，还见证了中国共产党的执政历程，在社会主义核心价值观教育中发挥着巨大作用。陆河县是海陆丰革命根据地的重要组成部分，县内共有革命遗址103处，遍布全县8个镇部分村。其中，新田镇湖坑、激石溪和河口镇北中等3个村被省定为"红色村"。3个"红色村"村民共7738人，其中党员160人，外出流动党员55人。陆河县委、县政府高度重视"红色村"建设，将农村基层党组织建设与保护利用红色资源、实施乡村振兴战略、打赢脱贫攻坚战、引领基层治理紧密结合起来，各项工作有条不紊开展。

一、"红色村"基本情况

湖坑村。激石溪革命根据地的重要组成部分，东江纵队东北大队峨眉交通联络站旧址所在地，是省定贫困村，总面积约39平方千米，下辖湖坑、统坑、凹背、沥背、日周坑、百罗陶、百茫周、白石其、下吉、上吉、马石、横石、下楼、黎北坑、黄泥潭、黄竹头、江西坑、再头、斜寮、鹿湖等20个自然村。湖坑村现有村民415户2450人，其中贫困户64户296人。该村主要发展柑橘、杉木、茶叶、牛大力（中药材）、养蜂、

养猪等产业，其中正在建设发展的扶贫产业有湖园种养专业合作社（有机食品种植）、新吉种养专业合作社（特色养殖、野猪）。

北中村。该村是海陆丰革命战争时期较早较活跃的农民运动村庄之一，也是新中国成立前期陆丰县西北地区自卫大队的集结地和重要的交通网点。北中村是河口镇北溪片区的中心村庄，总面积10.8平方千米，距离河口镇中心6千米，下辖21个自然村，共736户4300多人，村民经济收入主要以农业种植和外出务工为主。宜笋自然村种植沉香1000多亩，被授予国家级沉香基地。北中村是省定贫困村，对口帮扶单位是深圳市坪山区坪山街道办事处，村内精准扶贫户107户371人。

激石溪村。中国工农革命时期中国第一个红色苏维埃政权——海陆丰苏维埃革命政权的后方根据地。激石溪村总面积15.27平方千米，下辖坝仔、上屋、暗径、桥头、上垅、宫排、博背、梅章等8个自然村。现有村民223户共988人，主要发展柑橘、杉木、茶叶等特色种植和养蜂产业。

二、"四大举措"全力提升"红色村"党建质量

第一，抓学习提素质。坚持以习近平新时代中国特色社会主义思想武装头脑，做到"三入"。一是"入目"。3个"红色村"创新形式学习宣传党的十九大和习近平总书记重要讲话精神，村前村后显眼处张贴宣传标语，入村路口悬挂有宣传横幅，村委会办公楼前设置有学习宣传党的十九大精神专栏、橱窗，形成人人学习十九大、人人学习习近平总书记重要讲话精神的氛围。二是"入耳"。依托镇级党校，组织3个"红色村"开展党的十九大精神、习近平总书记重要讲话精神和《习近平谈治国理政》（第二卷）等学习培训，每人至少撰写一篇学习

体会，并利用节日课堂、上门课堂和夜间课堂，积极开展送书送学活动，辅导农村党员、老党员和外出党员学习，实现学习培训全覆盖。三是"入心"。通过宣传、宣讲、学习、教育和培训，村支部书记带头讲党课，并邀请县、镇有关领导到村讲党课，使党建工作观念根植每一位党员心中，党组织优势转化为"红色村"建设优势。

第二，抓活动提能力。一是健全制度建设。明确了村"两委"干部的分工，明确村党支部的领导核心作用。完善"三会一课"制度，着力提高村党员、干部思想政治素质。二是开展"亮身份、作承诺、见行动"活动。党员佩戴党徽亮身份，共产党员户挂标识牌；党员作出一句话承诺，党支部将党员姓名、职务、照片、联系方式、一句话承诺等内容在公开栏公开；3个"红色村"分别设立党员责任岗，为村民提供定向服务；开展争创"党员先锋岗"活动，激励党员当表率、作贡献。三是党员帮扶贫困户。组织村党支部成员和有帮带能力的农村党员，每人至少结对帮扶1户建档立卡贫困户。组织外出务工经商党员，及时为家乡提供就业、农产品销售等信息服务。

第三，抓阵地强基础。一是抓好硬件建设。3个村党支部对办公场所进行粉刷翻新，场所设施功能设置较为完备，标牌设置统一规范，管理制度较为健全，达到有场所、有设施、有标志、有党旗、有书报、有制度"六有"标准。湖坑村在显眼处设置大型党旗造型，设立"红色胜地、美丽湖坑"大型宣传牌；在湖坑村设立陆河县党性教育基地，利用红色资源对全县党员干部队伍加强党性教育，提升党性修养。二是抓好软件建设。3个村都统一配备了电脑、打印机、读卡机、扫描仪等必需办公设备，安装了宽带光纤，省、市委组织部还分批为各村更换远教高清机顶盒、高清电视机。三是着力办好新时代"讲习所"。准备在湖坑村、北中村建设村级"讲习所",在"讲习所"挂好牌子,完善讲习工作制度,村党支部班子轮流讲课。

第四,抓保障强党建。一是班子保障。注重从在职村干部、乡村能人、外出成功人士等人员中选拔支部书记,把一批素质好、威望高、能力强的优秀农村党员选进支部班子。切实提高支部班子整体素质,成为服务群众、推动发展工作中的领头羊。二是经费保障。在经济困难的情况下,县委把村级组织党建经费保障放在重中之重,出台了《关于进一步落实农村基层组织工作经费保障的意见》,村级组织年办公经费提至10万元,其中三分之一用于党建。另外,每个贫困村单独增拨5万元用于党建示范建设。三是人员保障。在各个村建成公共服务站,每个村聘用1名大学生担任公共服务站站长助理,为群众提供精准服务,使百姓在家门口就可以享受各项服务,充分发挥公共服务站"凝聚党心、服务群众"作用。四是帮扶保障。从县直机关挑选20个战斗力强的党支部与20个省定贫困村党支部结对帮扶,以帮班子建设、帮队伍建设、帮制度建设、帮能力提升、帮廉政建设等"五个帮"为抓手,开展"手拉手"帮扶活动,带好建强贫困村党支部。五是督查评估保障。建立村基层党建工作督查机制,将省定贫困村党组织示范建设工作细化成9个方面31个指标,采取定期检查、随机抽查、明察暗访等形式,加强督促检查量化评估,有力推进了党建工作抓严、抓实。

三、深挖红色资源,构筑党建教育"精神高地"

一是坚持高位推动,加强组织领导。县委、县政府高度重视"红色村"建设,县委常委会多次专题研究部署工作。县委书记、县委副书记、县委常委、常务副县长分别挂驻3个"红色村",蹲点督导工作开展。县四套班子成员和有关部门领导干部先后多次到"红色村",现场协助解决具体问题。县委办公室牵头成立全县革命遗址普查领导小组,对各镇村的革命遗址和红色史料开展普查,并对红色文化资源进行调研,形成调研报告。县委组织部组织"红色村"党支部书记及所在镇党委书记、组织委员到惠东县高潭镇考察学习"红色村"建设经验;从全县党员干部中挑选出12名普通话标准、熟悉本地历史的青年骨干,担任兼职红色讲解员。编辑出版了《红色新田》《红色河口》和《红色北中》专辑。

二是注重资源整合,科学规划建设。一是聘请广东工业大学建筑设计研究院专家到湖坑村实地勘察,进行规划设计;升级改造多条进村主要道路,修筑了村委会至战壕及鹿湖炮台旧址1千米环山水泥道路,路面宽达到6米;村道两旁安装了新型路灯,灯柱上悬挂社会主义核心价值观主题造型;在村委会办公楼、学校及民居外墙喷绘上红五角星图案,营造红色氛围。建设4000多平方米的停车广场,广场对面山坡上树立"红色胜地、美丽湖坑"大型宣传牌,建造大型党旗造型。在原旧址上修建"东江纵队东北大队峨眉交通联络站",主体工程已经完成。将原村委会办公楼改造成红色史料展览馆,将原小学教学楼改造成党员活动室。修复了红军桥,在桥头树立红军桥碑文。投入750万元建设湖坑村红色革命雕塑。二是总投资1200多万元,建设激石溪革命先烈纪念园,园地面积1万多平方米。纪念园内设有英烈纪念碑、烈士纪念馆、杨其珊雕像、革命英雄浮雕、景英亭、烈士陵园、宣誓碑、"浩气长存"牌坊、廉政教育基地等。纪念园区附近还有红二师纪念亭、红军医院、兵工厂、军需仓库遗址,目前这些红色资源都在保护、修复中。纪念园先后被定为"广东省中共党史教育基地""广东省干部党性教育现场教学基地""汕尾市党员教育基地""陆河县党员教育基地"等，每年到纪念园缅怀先烈、接受教育的党员干部达数万人。三是对北中红色村高规格进行规划设计，以宜笏村为红色村庄进行重点打造。完成宜笏村农会旧址、东北大队北溪交通站（白马站）重建基础工程，开始修复宜笏村红色广场、游击队射击训练场，建设红军路。推进北中村通往宜笏村道路扩宽工程，完成1.2千米3米宽路硬底化，北中村周围涂绘解放战争主题壁画，营造"红色村"氛围。

四、围绕"民生+"模式，引领乡村振兴发展

湖坑村采取"2+4"新路径，大力发展地区产业。"2"就是两个100万元，第一个100万元是以本地龙头企业牵头按照兜底的方式，由帮扶单位、龙头企业共同出资建设农业生态茶园，发展第三产业，24户贫困户，每户每年可获得分红3000元；第二个100万元，即通过自筹资金100万元入股陆河县产业园区，利用每年分红利润解决12户五保、无劳动能力的贫困户生活问题。"4"是成立4个农民种植专业合作社，28户社员每户可分红3000~5000元。另外，积极开展"三清三拆"专项行动，清理垃圾、卫生死角200多处，拆除危旧房30余间，乱搭乱建10余处，拆除废弃围墙、棚寮等40余处，清运建筑垃圾3000多吨；安装新型环保路灯20余盏，安装大小宣传牌（栏）30多个；村道建设及排水管道铺设3500多米。

激石溪村党支部以"党建+"的方式，带领村民成立茶叶种植经济合作社，带动群众种茶580亩，种植柑橘230亩、沙田柚160亩，鼓励20多户贫困户发展养蜂业，共养蜂2700多箱，户均年增收达2万多元。

北中村按照"村庄美、功能全、设施棒、百姓富"的定位，打造生态型新农村，规划"一河两岸"景观带、宜笏红色

村庄、衣屋红色村庄、文化休闲广场、休闲公园等。一是投入59万余元扶持宜笏村沉香种植基地，打造"一村一品"特色产业。另外，推动宜笏村实行"三变"改革，村民以土地、山林等资源入股，在2018年5月成立汕尾宜笏股份公司，注册资金600万元。宜笏股份公司以股份制盘活了农村资源，同时大力推行土地流转、土地转租，风风火火地推开了彩虹滑梯、红军路、遗址展厅、足球场等建设项目，让宜笏村的面貌有了极大的改观，更是极大振奋村民对家乡发展信心和热情。二是利用北溪河资源，打造北中村滨河休闲绿地，计划修建河堤1.5千米，沿河修建人行道2.5千米，滨河广场3000平方米，铺设绿地4500平方米，沿河道及乡道推进"穿衣戴帽"工程，打造北中靓丽名片。三是推进门山村新农村示范村建设工作，完成村道硬底化1000平方米，补绿面积600平方米，拟改造民宿12个房间，打造养老宜居村庄。四是后径村按照"文明整洁，宜居休闲"推进新农村建设，围绕邻里广场建设荷花公园和乡野公园，将后径村规划成北中村南部后径片区的文体活动中心。后径村已完成道路绿化500米，环村村道硬底化800米，完成绿道建设400米，公共场所绿化700多平方米，完成健身器材安装9套，升级改造文化广场500平方米，建设篮球场1个，利用村内三个废弃鱼塘打造荷花公园及休闲娱乐场所，沿池塘边铺设人行道，并利用村后山头打造乡野公园。

风正帆悬再启航

　　风起扬帆正当时，凝心聚力再出发。展望陆河未来，机遇与挑战并存，但机遇大于挑战，发展前景可期。

　　改革开放的春风在祖国大地上吹了40年。2018年，陆河迎来了建县30周年，这30年陆河经历了大建设、大跨越、大发展。特别是近年来，潮惠高速建成通车，工业园区初具规模，城乡面貌大幅提升，陆河正以崭新的面貌打开山门，迎来厚积薄发的高速发展时期。后发的优势让陆河可以站在前人的肩膀上更科学地谋划未来，但也要清醒地认识到，发展并不是一蹴而就的。习近平总书记在党的十九大报告中指出，中华民族伟大复兴，绝不是轻轻松松、敲锣打鼓就能实现的。这通俗形象地告诫全党，要实现中华民族伟大复兴之梦，必须准备付出更为艰巨、更为艰苦的努力。党的十九大还提出，我国经济已由高速增长阶段转向高质量发展阶段。对陆河来说，在保护好青山绿水的基础之上，如何保持县域经济又好又快发展，是陆河未来一段时期经济社会发展的重点。"好"，就是要坚持新发展理念，紧扣我国社会主要矛盾变化，推动陆河经济高质量发展，努力实现更有效率、更可持续的发展；"快"，就是要抢抓机遇，夯实基础，加快发展实体经济，在新时代的发展浪潮中迎头赶上，改变陆河后进形象。

一、发展机遇

当前，陆河正处于各项发展机遇的叠加期。

从国家层面来看，党的十九大作出科教兴国、人才强国、创新驱动发展、乡村振兴、区域协调发展、可持续发展、军民融合发展七大战略的重大决策部署。与此同时，中央全力实施脱贫攻坚战略，海陆丰革命老区被纳入国家扶持范围，政策红利持续释放。陆河既是革命老区，又是贫困山区县，将获得更多的政策红利，可积极对接推动中央支持海陆丰革命老区政策落地，争取更多的政策优惠和项目支持，发展前景无比广阔。

从全省及区域层面来看，加快粤东西北振兴发展已上升为全省战略，广东省将促进珠三角与粤东西北地区开展多方面合作。省委提出全省全域参与粤港澳大湾区建设，加快构建"一核一带一区"区域发展新格局，加快推动广东区域协调发展。同时，明确把沿海经济带作为新时代发展的主战场，将汕尾作为东翼沿海经济带承东接西的战略支点来打造，赋予汕尾建设成为沿海经济带靓丽明珠的全新定位。陆河作为国家重点生态功能区，既要在高水平保护中实现高质量发展，为全省筑牢绿色生态屏障提供有益补充，也要切实发挥好邻近珠三角核心区的地缘优势，加快融入珠三角，对接深莞惠，实现跨越发展，为汕尾建设沿海经济带靓丽明珠作出应有贡献。

从自身发展条件来看，陆河是年轻的客家县，有良好的生态环境、丰富的自然资源，有实现绿色崛起的先天优势，也为今后在生态文明新常态下实现"弯道超车"积蓄了后发优势。一要打好生态牌。陆河县第八次党代会提出"打造优雅陆河、实现绿色崛起、努力建设宜居宜业宜游客家新山城"的奋斗目标，完全符合新时代新发展理念的要求。陆河的发展，最大的亮点是生态，最大的优势也是生态，坚持"绿水青山就是金山银山"的绿色发展理念，打造优雅陆河、实现绿色崛起，将是陆河需要长期坚持的前进方向，也是接下来必须一以贯之的发展道路。二要打好乡贤牌。陆河是"中国建筑装饰之乡"，要借助陆河外出乡贤众多的优势，大力实施乡贤反哺工程，充分发挥香港、广州、深圳、东莞等的地陆河商会、行业协会的纽带和平台作用，积极动员引导更多乡贤回归家乡、投资家乡、建设家乡、推介家乡；发挥乡贤的示范引领作用，搭建乡贤文化平台，建立乡贤联系机制，激发乡贤参与乡村振兴和乡村建设的积极性，助力家乡发展。三要打好区位牌。潮惠高速公路建成通车，华陆高速动工建设，随着山门打开，限制陆河经济社会发展的瓶颈将彻底被破除，陆河的区位优势、空间优势和资源优势开始凸显，陆河将从一个四面群山阻隔的山区一跃成为粤东地区的交通要地、珠三角发达地区的"后花园"，融入珠三角两小时经济生活圈。陆河更容易承接珠三角的辐射带动和产业转移，让发达地区先进的管理服务和技术、资金向陆河推进并与本土的资源和劳动力等优势有效融合，实现陆河社会经济又好又快发展。

发展需要经历一个长期探索的过程，不可能面面俱到，任何一个地区的发展都有其短板和优势。谋划推动陆河的发展，我们既要看到存在的弱项，增强忧患意识和紧迫感，更要看到自身优势和有利条件。要用运动的、辩证的、发展的眼光，准确把握新的历史方位下陆河发展中的"变"与"不变"，因势而谋、顺势而为、乘势而上。要善于利用自身长处，发挥自己的强项，以长补短、以强补弱，立足长远夯实基础，不断巩固和厚植发展优势。

陆河建县30周年，30年来一代代陆河党员干部群众风雨兼程、接续奋斗，改变了家乡一穷二白的落后面貌。时至今日，陆河取得的每一点进步都来之不易，我们最需要传承的，是老一辈共产党人负重前行、艰苦创业的奋斗精神，是改革开放先行者们敢为人先、开拓进取的勇气担当，是历届领导班子始终坚持走正道、讲真话、办实事的务实作风。全县广大干部群众要倍加珍惜陆河当前大好的发展时机，全面认清和把握我们所面临的形势和任务、机遇和挑战，始终坚持以习近平新时代中国特色社会主义思想为指导，真正把党的十九大精神学深悟透做实，把陆河的县情实际摸清看准，调频对表，突出抓重点、补短板、强弱项，推动经济高质量高效率发展，确保与全省同步率先全面建成小康社会。

二、发展前景

2018年8月，广东省人民政府同意《海陆丰革命老区振兴发展规划》正式实施。规划范围包括汕尾市城区、陆丰市、海丰县、陆河县，惠州市惠城区、惠阳区、惠东县，河源市紫金县，揭阳市普宁市、揭西县、惠来县，汕头市潮阳区、潮南区等13个县（市、区），总面积20122.45平方千米。2016年末常住人口1456万人，地区生产总值5448.12亿元，地方一般公共预算收入208．68亿元，地方一般公共预算支出658.87亿元。

1. 重大意义

全力支持海陆丰革命老区加快振兴发展，有利于增强自我发展能力，为全省老区振兴发展提供示范；有利于进一步推进粤东西北振兴发展，缩小区域发展差距，补齐扶贫开发短板，促进区域协调发展；有利于适应经济发展新常态，挖掘经济增长新动力；有利于进一步弘扬老区精神，传承红色基因，告慰先烈、激励后辈，加快老区脱贫攻坚步伐，保障和改善民生，让老区人民同全省人民共享全面建成小康社会的成果。

2. 指导思想

以习近平新时代中国特色社会主义思想为指导，全面贯彻党的十九大和十九届二中、三中全会精神，深入贯彻习近平总书记重要讲话精神，坚持以人民为中心的发展思想，大力实施区域协调发展战略和乡村振兴战略，以改变老区落后面貌和提高老区人民生活水平为目标，不忘初心、牢记使命，大力弘扬老区革命精神，着力补齐基础设施短板，着力推动产业升级发展，着力加强生态文明建设，着力解决民生领域突出问题，进一步加大扶持力度，不断增强老区自我发展能力，努力探索老区振兴发展、绿色发展、持续发展的新路子，推动老区与全省同步全面建成小康社会，加快社会主义现代化进程，使老区人民过上更加幸福美好的生活。

3. 基本原则

牢固树立创新、协调、绿色、开放、共享五大发展理念，以理念和工作方式方法的创新，全力推动县域经济社会加快振兴发展，使全县人民共享改革发展成果。

——坚持改革创新。继续深化改革创新，健全市场在资源配置中起决定性作用的制度体系，积极推进政府职能转变。以经济体制改革为重点，创新完善各方面体制机制，着力引进新产业、新技术、新业态，培育创新企业，集聚创新人才，实现创新发展。

——坚持统筹协调。统筹推进新型工业化、城镇化、信息化、农业现代化进程，积极推进基础设施和公共服务向乡村地区延伸，促进城乡一体化发展，进一步缩小城乡差距，走出具有陆河特色的统筹推进、互为支撑、相互融合、协调发展的新路子。

——坚持绿色发展。充分发挥陆河的生态和资源优势，处理好加快发展与生态"红线"的关系，加强生态建设和环境保护，注重节能减排，完善生态文明制度建设，积极推进绿色低碳的生产和生活方式，实现经济社会、人口、资源环境的有机统一。

——坚持扩大开放。主动落实"融珠"战略，充分利用深莞惠经济圈平台，对接深化深圳全面对口帮扶机制，主动接受珠三角辐射带动，对标学习珠三角先进理念、办事效率和体制机制，积极参与区域协作，全面提升开放发展水平。

——坚持公平共享。坚持以人为本，把保障和改善民生作为经济社会发展的根本出发点和落脚点，着力推进基本公共服务均等化，使广大人民更加公平地共享发展改革的成果，切实增进民生福祉。

4. 发展目标

到2020年，陆河老区与全国同步全面建成小康社会，综合经济实力显著增强，全县国内生产总值总量达128亿元，比2010年翻两番以上，年均增长16%以上；人均国内生产总值超过3万元，年均增长15%以上，实现全县人均国内生产总值接近或达到全国平均水平。城乡居民人均可支配收入比2010年翻一番以上，年均增长9.5%以上；固定资产投资达到70亿元，年均增长30%；一般公共预算收入年均增长16%以上，到2020年力争达到6亿元以上。

同时，要实现"立业、立基、立根、立新"目标：

——立业，县域综合实力显著增强。大力发展实体经济，培育主导产业。立足新河工业园区，逐步形成以新能源汽车为主导、建筑装饰材料为特色的新型工业载体，园区经济成为县域经济的产业支撑和新的增长极；大力发展生态农业、观光农业和特色小镇、美丽乡村旅游业，把陆河的生态之美打造成为多种业态叠加、多种增值功能累加的软产业，树立优雅陆河新品牌。

——立基，社会事业基础有效夯实。加大基础设施投入，狠抓"三大攻坚"，补齐民生社会事业短板，全县交通、水利、文化、教育、扶贫、医疗卫生等领域的发展基础不断夯实，使民生社会事业发展与全面建成小康社会相适应，促进政治、经济、社会、文化、生态等五大文明建设协调发展。

——立根，干事创业热情全面激发。坚定客家文化自信，通过挖掘客家文化根源，弘扬客家人吃苦耐劳、坚韧不拔、敢于胜利的精神，激发全县广大党员干部群众艰苦奋斗、开拓进取的热情，凝聚社会各界力量，推动陆河加快振兴发展。

——立新，对外发展形象迅速提升。通过改革释放创新活力，加快经济发展，加强社会建设和管理，促进经济社会发展呈现新变化、新面貌、新风尚。通过优化发展环境、净化政务环境，让陆河的内外形象焕然一新、党员干部的精神面貌焕然一新、党风政风社风民风焕然一新。

5. 空间布局

依据不同城镇的特色以及功能，强化城镇之间的互动联系，促进形成由点带面的城镇发展格局。进一步优化城乡空间资源配置，着力打造"一轴三圈"县域发展新格局。

——培育县域经济发展带动轴。依托潮惠高速沿线打造南北向发展轴线，吸引发展资源向沿线地区集聚发展。加强以县城为中心的现代服务枢纽建设，依托新河工业园区培育特色产业集群，加大北部特色农业向第二、三产业链延伸，构筑中、南、北三大特色发展圈，全面提高地区生态农业、绿色产业和综合服务业服务能力。

——做精做优中部服务发展圈。以县城扩容提质为抓手，提升县城作为政治、经济、文化、商贸中心的集聚能力，加快河田镇"三旧改造"（旧城镇、旧厂房、旧村庄），辐射带动水唇、东坑两镇发展。完善文教卫体等公共服务设施，打造区域公共服务枢纽。发展商住、物流、金融、商务、教育培训等现代服务业与农副产品精深加工产业，大力推进城东新区、教育园区、水唇新型城镇化"2511"试点建设、水唇农业科技园等重要平台建设。到"十三五"期末，县城城市化水平达到65%，县城建成面积达15平方千米，人口规模达15万人以上，建成各项功能基本完善的宜居宜业新型城市。

——做大做强南部产业发展圈。借力河口全国重点镇的政策红利以及省级质量检测公共技术服务平台，积极对接珠三角产业转移，加快与深圳坪山共建新河工业园区。以新能源汽车、建筑装饰新材料、机械设备制造等产业为核心，完善园区产业链布局；完善科技研发、商贸物流、休闲旅游等生产性和生活性服务布局，加快园区快递物流园、河口镇扩容提质项目、河口特色小城镇等配套建设。到"十三五"期末，实现生产总值超过100亿元规模，河口、新田两镇中心区和工业园区总人口规模达到8万人，区域总人口规模达到14万人，打造成为省内有一定影响力的集工业化、城镇化、商贸旅游一体化的现代产业新城。

——做特做美北部生态发展圈。以螺溪镇为服务中心镇，联动南万镇、上护镇共同发展。以特色农业基地建设为突破口，推进"一村一品"建设，加快上护香蕉和火龙果、南万中药材等特色生态农业从种植向精深加工、休闲观光体验服务延伸。坚持以生态保护为前提，加强护林造林与水源保护工作；整合螺溪白水寨、书村李花、上护温泉、新田激石溪革命先烈纪念园、南万绿色生态旅游长廊、南万红锥林自然保护区、南告水库、神象山等生态旅游资源，规划建设螺溪、南万北部生态绿色旅游服务中心，发展休闲养生服务。大力推进完善螺溪新农村省级示范片区建设。到"十三五"期末，实现森林覆盖率达到75%以上，螺河水质保持在二类以上水质标准。

三、工作措施

（一）坚持解放思想，持续深化老区改革开放

进一步解放思想、开拓创新，以更坚定的信心、更有力的措施把改革开放不断推向深入，让陆河的改革之路走得更快更稳、开放之门敞得更大更宽。

1. 加大改革力度

加快推进政府职能转变，科学配置行政资源，构建优化协同高效的机构职能体系。深化金融体制改革，加强金融风险排查防控，坚决打好防范化解重大风险攻坚战。扎实推进商事制度改革、培育新型农业经营主体、义务教育资源均衡配置机制、医疗联合体建设、党的建设制度等重大改革，突出抓好全国农村综合性改革试点、省创新城乡社区治理专项改革试点、省农村集体产权制度改革试点等工作。围绕中央、省委、市委改革工作部署，聚焦国有企业混合所有制改革、事业单位员额制改革、农村土地股份合作制改革、党建引领的基层治理模式、政府购买社会公共服务制度改革等重点难点，谋划推出一批创造型、引领型的改革举措。在构建科技创新体系、推进要素配置市场化、深化人才体制改革、完善民生保障体系、绿色发展体制机制等方面抓好协同配套，增强改革措施的协调性，使各项改革同向共进，提高整体效益。

2. 持续扩大开放

深刻认识粤港澳大湾区建设、全省构建"一核一带一区"发展新格局、海陆丰革命老区振兴发展规划、深汕特别合作区管理体制机制调整对陆河发展的全局性、牵引性重大意义，更加主动地接受珠三角辐射带动，以更加开放的姿态全面融入粤港澳大湾区建设。加快推进交通路网建设，全力挤进全省高铁路线规划的盘子，重点推进华陆高速、国道235线、省道240线建设，拓展外连通道，逐步形成以高速、国道、省道为骨架的放射式路网格局，为扩大开放水平夯实交通基础设施网络，加快融入粤港澳大湾区一小时交通圈。加强市场要素对接，牢牢抓住深圳坪山全面对口帮扶历史性机遇，主动加强沟通和对接，争取深圳市在产业、城建、交通、改革、民生等各领域更大帮扶，引进粤港澳大湾区高端装备制造、生物医药、新能源动力等战略性新兴产业的生产环节和发展要素，推动"融珠"向"融湾"升级。

（二）坚持新发展理念，着力推动老区高质量发展

坚持发展第一要务，准确把握经济形势新变化，不断提高发展质量和效益，让老区人民群众更多地共享高质量发展成果。

1. 坚定不移发展实体经济

继续在发展壮大实体经济上下功夫、见成效，防止经济脱实向虚。坚决落实国家税费减免政策和省《关于促进民营经济高质量发展的若干政策措施》，持续深化"暖企行动"，坚持以企业需求为导向，提供"一企一议""一企一策"的"保姆式"服务，全面深化"放管服"改革，大幅减少审批、核准、备案、管理事项，创新和完善事中事后监管，建立以信任为核心的新型市场监管方式，做到有求必应、无事不扰，大

力支持民营经济做强做优做大。加快完善新河工业园区设施建设、承载平台和运营机制，把好环保、产值、税收三关，加大招商选资力度。培育壮大电子信息、电力能源、新能源汽车主导产业，做大做强旅游业、现代农业特色产业，加快培育产业集群新支柱。构建完整产业链、供应链，扶持发展行业龙头企业和骨干配套企业，支持龙头企业、骨干配套企业联合打造完整上下游产业。大力推进县域经济加快发展，构建产业发展新格局，重点发展新能源汽车、建筑装饰材料、机械设备制造、生态旅游等产业。加快发展金融等生产性服务业，建立金融机构服务实体经济的考核和激励机制。加强人力资源开发，实施技能人才倍增计划，形成与产业发展相适应的在职教育培训体系，建立技能人才的职业发展通道。加快规划建设县第二产业园区，推动园区经济成为县域经济的产业支撑和重要增长极。

2. 全力以赴加快项目建设

积极主动向上级争取政策支持，大力推进华陆高速、国道235线、省道240线等重大交通基础设施建设。加快完善县域通道，加快推进陆河大道建设和市政道路升级改造工程，全面突破断头路、瓶颈路束缚，改善和提升中心城区交通条件，加强中心城区对内对外通达能力，构筑立体交通网络，推进中心城区扩容提质升级。大力推进市民文化活动中心、博物馆、档案馆、少年宫等城市公共服务基础设施建设，加快新时代广场、赖少其艺术馆等项目建设，规划建设县城规划展示中心。着力推进"一河两岸"建设，打造县城一河两岸、上下游延伸、亲水景观平台，不断完善市政配套设施和绿化亮化美化，拉开城市发展框架、补齐城市功能短板，进一步提升城市功能和县城品质，增强城市的美誉度、吸引力。加强与中信城开公司的合作对接，推进河口南部新城学校、医院及新田美食城餐饮、休闲娱乐等配套服务设施建设，实现产城互动、产城融合。

3. 持之以恒加强生态文明建设

持续践行"绿水青山就是金山银山"理念，坚持走绿色发展之路，统筹山水林田湖草治理，严守生态保护红线，全面落实河（库）长制、山长制，深化"六水①"共治模式，严厉打击垃圾入河、盗采河砂、破坏河流、破坏山体等违法行为。补齐环保基础设施短板，加快垃圾压缩转运项目建设，抓好县城污水处理厂提标改造及污水收集管网工程，推进县镇村污水处理和园区污水处理设施项目建设。要用最严格制度、最严密法治保护好生态环境，持续抓好中央和省环保督察反馈问题整改，落实打好污染防治攻坚战三年行动计划，坚决打赢青山、蓝天、碧水、净土保卫战，为高质量发展筑牢生态屏障。

4. 千方百计保障和改善民生

一是提升医疗卫生服务水平。着力建设健康陆河，加快县人民医院住院大楼、县中医院升级建设、县妇计中心升级建设等重点医疗卫生项目建设，加强基层医疗卫生服务能力建设，为群众提供优质的医疗服务。主动对接省、深圳坪山区的对口支援，引进医学优势学科和优秀人才，加大医疗卫生人才培养，加强重点专科建设和全科医生培养，补齐陆河县医疗人才短板。

二是提升教育整体质量。推动教育高质量发展，加快调整教育布局，持续统筹优化教育资源配置，完善设施设备等硬件建设，加速推进广东第二师范学院陆河附属学校、县职教中心、教师发展中心等项目建设步伐，完善各级学校（幼儿园）教育教学设施设备，推进教育现代化建设。加快义务教育优质均衡发展，推进教育城乡一体化改革，合理规划城乡义务教育

---

① 治污水、清河水、防洪水、排涝水、保供水、抓节水。

学校布局建设，推进城镇义务教育公共服务常住人口全覆盖，加快缩小县域内城乡教育差距。

三是提高就业质量和社会保障水平。加强社会保障，扩大社保覆盖面，探索建立城乡社保一体化制度体系，促进城乡、区域保障水平合理衔接，实现各类社保转移接续便利化。完善基本养老保险、基本医疗保险制度和大病保险制度，加强困难群众基本生活保障，加快发展社会福利和慈善事业，实现人人享有社会保障。实施积极就业政策，健全公共就业服务体系，完善创业扶持政策，鼓励以创业带就业。

四是全面补齐民生短板。抓好保障性住房和棚户区改造项目，创新住房供应模式，建立以公共租赁房、人才住房、共有产权房为主体，租售补结合的住房保障体系，确保全县人民住有所居。加快养老服务体系建设，推进养老机构公建民营试点工作。加快县殡仪馆建设，完善镇级公墓山配套设施，提高殡葬基本公共服务能力。

（三）坚持以人民为中心，着力提高老区发展平衡性和协调性

坚持抓重点、补短板、强弱项，统筹推进乡村振兴、脱贫攻坚、精神文明建设和平安法治建设，促进城乡区域协调发展，切实提升人民群众的获得感幸福感安全感。

1. 全力实施乡村振兴战略

按照"产业兴旺、生态宜居、乡风文明、治理有效、生活富裕"的总要求，聚焦"五个振兴"，以"一河一路一镇六片区"为示范引领，抓好"五条主线"（以党建为引领、以文化为抓手、以养老促服务、以村级事务管理抓规范、以壮大集体经济做保障），用好"五支队伍"（党员队伍，由村民小组长、村民代表、民主监管理事会成员组成的队伍，妇女队伍，

青年队伍，乡贤队伍），实施"五个所有"工作机制（所有决策村民决定、所有讨论都参与、所有决定都签字、所有干部不碰钱、所有财务都公开），建好"五个平台"（物业平台、农业平台、文创平台、养老平台、服务平台），构建自治为主、德治为基、法治兜底的乡村治理新模式。以党建促乡村振兴，扩大党组织覆盖面，符合条件的自然村全部设立党小组，确保做到"六个有"（有场所、有牌子、有制度、有人员、有活动、有经费），并落实好村党支部工作要求和任务安排。创新建立"党员设岗定责联户"机制，在县直机关单位中抽调选派党员干部挂驻到村，参照国道235线项目征拆工作做法，县镇村三级干部共推乡村振兴。

推进生态宜居美丽乡村建设。树立"房子不仅是用来住的，也是用来欣赏的"理念，强化规划引领，加强分类指导，坚持因地制宜，规范农村宅基地自建房建设，防止"千村一貌"、千篇一律。深入整治乡村人居环境，实施"千村示范、万村整治"工程，重点推进"厕所革命"、"四好"农村路建设、农村集中供水、垃圾污水处理、村容村貌提升，补齐水利、信息、物流、交通、电力、应急等农村基础设施建设短板。逐步实现道路沥青化、房屋景观化，沿路和景区铺开"穿衣戴帽"工程，不断提升乡村面貌。保护好具有历史文化和本土特色建筑，打造一批美丽乡村"样板工程"。高标准推进新田联安运动休闲特色小镇配套设施建设，打造全省最具乡村特色的赛事品牌。加快激石溪、湖坑、北中"红色村"建设，依托欧田螺溪谷、螺洞世外梅园、共光万亩梅园、内洞荷塘、圳口田园、正大田园、联安樱花基地、南万花海和"陆河八景"等自然景区资源，加大与华侨城合作力度，大力发展民宿经济，提升旅游接待能力，推出精品旅游线路，形成串点成线、全面开花的全域旅游格局。倡导移风易俗，弘扬文明乡风，加强农村先进文化阵地建设，推进法治乡村建设，着力打造"望得见山，看得见水，记得住乡愁"的生态宜居美丽乡村。

加快发展现代农业。推进现代农业园区建设，深化涉农领域改革，推动"资源变资产、资金变股金、农民变股东"，有效盘活农村"三资"，壮大集体经济。大力发展"一村一品、一镇一业"富民兴村产业，围绕有基础、有特色、有潜力的产业，打造一批田园综合体。借助省直部门、深圳坪山全面对口帮扶陆河契机，深化农业产业对接，打造现代农业产业基地。大力发展乡村旅游与休闲观光农业，推动农村一二三产业融合发展。加快青梅省级现代农业产业园、华侨城四大农业产业基地建设，积极培育特色农业品牌，延伸产业链，提高附加值，强化产销对接、拓展电商渠道，解决农产品营销问题，带动农民增收致富。探索城乡融合发展的体制机制和政策体系，推进农村拆旧复垦、垦造水田，推动建立城乡统一的建设用地市场，积极稳妥实施承包地和宅基地"三权分置"，建立统一的农村产权流转管理服务平台。推进农村综合改革，持续深化集体产权制度改革，加快农业农村现代化建设。

鼓励社会人才投身乡村建设。坚持全民动员，发动群众以主人翁姿态参与乡村振兴。推进人才"上山下乡"，实施"党员人才回乡计划"，从带富能力强的村民、复员退伍军人、经商务工人员、乡村教师、乡村医生、社会工作者、大学生村官、退休干部职工等群体中选拔党支部书记，教育引导广大党员争做"发展带头人、新风示范人、和谐引领人、群众贴心人"，协助抓好基层党建、乡村振兴、惠民政策落实等工作。建立人才返乡的体制机制，设立农校毕业生等新农民创业基金。实施新乡贤返乡工程，开展"乡贤回归给力乡村振兴"

行动，树立"新乡贤榜"，大力宣传弘扬为家乡建设作出贡献的杰出乡贤，支持企业家、党政干部、专家学者、专业人才等新乡贤，通过参与乡村治理、引资引智、担任志愿者、投资兴业、行医办学、捐资捐物等方式服务乡村。加强与省内外科研单位、高等院校合作，推动科技人才到陆河挂点开展课题研究、技术指导，加快科技创新与转化运用。

2. 坚决打赢精准脱贫攻坚战

把脱贫攻坚与实施乡村振兴战略有机衔接起来，统筹用好省直部门、深圳坪山和社会各界的帮扶资源力量，全面落实打赢脱贫攻坚战三年行动方案，确保到2020年如期完成脱贫攻坚任务。抓好脱贫攻坚"八大行动"，细化落实脱贫攻坚十项举措，健全"造血式"帮扶机制，重点解决好实现"两不愁三保障"面临的突出问题。实施增收脱贫工程，规划建设一批旅游扶贫、电商扶贫、光伏扶贫等特色产业扶贫村，促进产销对接。加强就业扶贫，完善劳务输出精准对接机制，发挥省直部门和深圳坪山帮扶单位面广线长优势，多渠道开发就地就近就业岗位。实施兜底保障工程，加大特殊贫困群体脱贫攻坚力度，减少和防止贫困人口返贫，深入实施扶志教育、健康扶贫，落实相对贫困户危房改造任务，做好农村最低生活保障制度与扶贫开发政策有效衔接。压实县镇村三级书记抓扶贫工作责任，构建专项扶贫、行业扶贫、社会扶贫互为支撑的大扶贫格局。认真研究解决收入水平略高于建档立卡贫困户的群体缺乏政策支持等新问题，不断巩固脱贫攻坚成果、提高脱贫质量，确保脱贫奔康路上不让一个群众掉队，如期实现高质量脱贫目标。

3. 积极推进精神文明建设

认真贯彻落实新时代宣传思想工作的新要求，自觉承担起

"举旗帜、聚民心、育新人、兴文化、展形象"的使命任务，推进物质文明和精神文明协调发展。深入实施习近平新时代中国特色社会主义思想传播工程，大力培育和践行社会主义核心价值观，建设新时代文明实践中心，强化革命文物遗迹活化利用，加大红色历史文化资源挖掘保护和开发，系统开展红色史料收集整理研究，努力打造红色文化宣传教育基地、党史革命研究基地，做实做活基层思想政治工作，教育引导广大干部群众特别是青少年坚定理想信念，培养担当民族复兴大任的时代新人。全域推进精神文明创建工程，推动群众性精神文明创建活动提质扩面、下沉基层，推进新时代村规民约修订工作，提升人民群众文明素养和社会文明程度。深化创文创卫工作，持续推进"十大整治、十大提升"行动，不断提升城乡环境品质和城市精细化管理水平。加强民生文化事业，加快完善基层公共文化设施配套建设，补齐基层公共文化体育设施短板，抓好文化阵地建设，建立一批乡村新时代文明实践中心（所、站）、村级文化讲堂，创新举办系列文化惠民活动，打造文艺精品、社会主义核心价值观的主阵地、老百姓的精神家园。坚定文化自信、增强文化自觉，依托丰厚的红色文化和客家耕读文化底蕴，实施文化提升工程，推进文化强县建设，让陆河优秀文化的"根"扎得更深更牢固。加大对外宣传推介力度，用心倾情讲好陆河故事，传播陆河好声音，不断提高陆河的美誉度和影响力。

4. 深入推进平安法治陆河建设

加快新时代法治陆河建设，大力推进严格执法、公正司法进程，提升各级领导干部以法治思维和法治方式开展工作的能力，以规范公正文明执法为导向，创新执法方式，加强执法监督。全面推行行政执法公示、执法全过程记录、重大执法决定法制审核制度。全面深化法治县、法治镇、民主法治村（社区）三级同创活动，实施法治副校长制度，完善一村（社区）一法律顾问制度，开展全民普法行动，推进法治宣传教育进企业、进农村、进机关、进校园、进社区、进网络，营造尊法学法守法用法的法治环境。以创新城乡社区治理专项改革试点为契机，逐步实现网格化管理、智慧化管理、"一村一辅警"全覆盖。深入开展扫黑除恶专项斗争，解决基层涉黑涉恶突出问题，铲除黑恶势力滋生土壤，构建基层长治久安的社会秩序。保持对违法犯罪的严打高压态势，重点打击涉黄赌毒、盗抢拐及电信网络诈骗等犯罪行为。常态化落实禁毒"五网①"措施，守好"三条底线②"，大力创建禁毒示范县。坚持分级分类预防化解社会矛盾，压实属地管理和行业部门监督管理责任，加大社会矛盾和风险隐患滚动排查化解力度，最大限度消除基层不稳定因素。持续开展安全隐患排查整治，强化交通安全常态化管理，有效防范和坚决遏制重特大事故发生，切实保障广大人民群众生命财产安全。

---

① 五网："天网（无人机+情报信息等）、地网（每个辖区网格化管理）、人网（落实五方面巡查）、查网、补网（查漏补缺）"
② 三条底线：拒制毒于县门之外、决不成为毒品交易集散地、决不成为聚众吸毒之场所

附　录

附录一 革命遗址及爱国主义教育基地

　　海陆丰革命根据地是党的十一届六中全会确定的全国13块红色革命根据地之一。海陆丰是中国大规模农民运动和武装斗争的发源地，是中国第一个县级苏维埃政权的诞生地，是中国最早开展土地革命的试验田，是新民主主义革命时期广东省的红色资源大市。在建党初期、大革命时期、土地革命时期、抗日战争和解放战争时期，中国共产党领导海陆丰人民，在探索中国革命道路、进行长期的革命斗争中，在陆河地区留下了丰富的红色历史和珍贵的革命遗址。县委、县政府高度重视红色资源的挖掘搜集工作。从2017年10月至2018年4月，县普查办公室先后两次将普查筛选的93处新增革命遗址资料上报广东省委党史研究室。6月2日，经省委党史研究室两轮严格审核后，最终审定陆河县新增革命遗址93处，加上2012年省委党史研究室认定的10处，陆河县目前已审定的革命遗址共有103处。

一、革命遗址

东坑镇（11处）

1. 大溪乡农会遗址
2. 墩背乡农会遗址
3. 东北大队尖山寺驻地旧址

4. 海陆丰人民自卫队东北大队活动纪念亭
5. 东洞农会遗址
6. 飞燕村农会遗迹
7. 丰树下乡赤卫队遗迹
8. 丰田乡农会遗址
9. 磜下乡农会遗址
10. 山下乡农会遗址
11. 石塔乡农会旧址

河口镇（33处）

1. 河口地下党活动遗址
2. 河口人民独立中队办公旧址
3. 东北大队茶仔凹应急转运站遗址
4. 北龙上村地下交通站联络点遗址
5. 北溪赤卫队活动遗址
6. 北溪农会遗址
7. 后径村农会遗址
8. 宜笏村游击队训练场遗址
9. 宜笏村农会遗迹
10. 北溪地下交通站（白马站）旧址
11. 下肖村农会遗迹
12. 大塘村地下交通站联络点遗址
13. 南溪地下交通站（湖南站）遗址
14. 南溪抗日宣传活动遗址
15. 南溪乡人民政府遗址
16. 南溪人民武装常备队活动遗址
17. 谢非故居
18. 枫树村农会遗址
19. 高潭村地下交通站联络点遗址
20. 高潭村赤卫队活动遗址

21. 朱荣旧居遗迹
22. 高潭农会遗址
23. 中共海陆丰特派员河口驻地遗址
24. 河口革命烈士纪念碑
25. 河口地下交通站遗址
26. 河口区农民协会、河口区苏维埃政府遗址
27. 剑门坑农军战斗遗址
28. 河口麦湖村抗日革命活动遗址
29. 中共陆丰县委西北区委旧址（西北区委交通站旧址）
30. 田墩村地下交通站联络点遗址
31. 土枝村三大片区农会遗址
32. 中共陆丰县委党训班遗址
33. 新华村农会及赤卫队活动地点遗址

河田镇（9处）

1. 内洞村农会遗址
2. 圳口村农会遗址
3. 陆丰县人民政府遗址
4. 新陆银行遗址
5. 粤赣湘边纵队政治部商贤祠驻地旧址
6. 粤赣湘边纵队东一支司令部、中共江南地委河田驻地旧址
7. 江南青年公学河田旧址
8. 东一支教导队、青干班、《大众报》旧址
9. 陆河县"三一八"革命烈士墓园

螺溪镇（5处）

1. 红二师无名烈士纪念园
2. 鸡爪地农会遗址
3. 鸡爪地革命烈士纪念亭
4. 矿隆坝地下交通站遗址
5. 嶂下尾（红二师）革命烈士纪念碑

南万镇（4处）

1. 罗庚坝农会旧址
2. 万东农会旧址
3. 岳坑农会遗址
4. 万全农会旧址

上护镇（3处）

1. 硁头乡农会旧址
2. 上护地下交通站（五台山站）遗迹
3. 下塘村农会旧址

水唇镇（10处）

1. 柏树村赤卫队遗迹
2. 付坑村农会遗迹
3. 欧坑村农会旧址
4. 仑硁乡农民协会遗址
5. 莲心湖战斗革命烈士纪念碑
6. 园罗洞乡农会遗址
7. 田心角乡农会遗址
8. 坪老村农会遗址
9. 中和乡农会遗址
10. 周恩来东征黄塘宿营地遗址

新田镇（28处）

1. 参城农军驻地遗址
2. 参城农会遗址
3. 红二师营长张宝光之墓

4. 杨其珊旧居遗址
5. 陆丰三次武装起义集结地遗址
6. 红六军第二师第一团驻地暨陆丰县人民自卫委员会遗址
7. 激石溪地下交通站（峨眉山站）遗址
8. 国民党军"围剿"苏区所建集中营遗址
9. 湖坑战壕、炮台遗迹
10. 湖坑红军烈士墓
11. 中共陆丰县委驻址遗迹
12. 陆丰县临时革命政府物资存放地遗址
13. 东北大队激石溪大本营遗址
14. 护送韩江领导人返回潮汕激石溪宿营地遗址
15. 范照南旧居遗址
16. 南昌起义部队到达激石溪休整地遗址
17. 红二师纪念亭
18. 红二师激石溪驻地遗址
19. 激石溪红军医院遗址
20. 激石溪革命根据地先烈纪念园
21. 激石溪农会遗址
22. 激石溪卧闷兜山战斗遗址
23. 红军路
24. 杨其珊牺牲地遗址
25. 海陆紫县委、县苏维埃政府激石溪驻地旧址
26. 仙草径农会遗址
27. 周恩来两次东征到新田的宿营地遗址
28. 新田区苏维埃政府遗址

二、爱国主义教育基地

单 位 名 称	批 准 时 间
海陆丰人民自卫队东北大队驻军旧址尖山湖（市级）	2004年11月18日
陆河县红二师革命烈士纪念碑（市级）	2010年10月13日
陆河县档案馆（市级）	2010年10月13日
谢非故居（县级）	2011年4月26日
革命旧址蟠龙祠（县级）	2012年9月6日
南万岳坑农会旧址祠（县级）	2014年8月20日
商贤家庙（县级）	2015年7月28日
五星祠（县级）	2015年8月

三、革命遗址选介

1. 激石溪革命根据地先烈纪念园

激石溪革命根据地先烈纪念园

激石溪革命根据地先烈纪念园位于陆河县新田镇西北端激石溪革命老区境内,地处海丰、惠东、紫金三县交界处,是中国工农革命时期中国第一个红色苏维埃政权——海陆丰苏维埃革命政权的后方根据地。纪念园位于激石溪村委上烷自然村,规划建筑占地面积20万平方米,其中首期占地面积13.3万平方米,主要设施有:英烈纪念碑、杨其珊雕像、革命英雄浮雕、景英亭、烈士陵园、宣誓碑、英雄石雕、"浩气长存"牌坊、广场、雨花石观光台、大理石台阶、园林绿化等,以及其他配套设施。

2. 红二师纪念亭

红二师纪念亭

红二师纪念亭位于陆河县新田镇激石溪村三江口自然村,坐西北向东南,总面积为5000平方米,始建于1997年12月。纪念亭是六角柱亭结构,尖钻顶,亭顶饰盖黄色琉璃瓦,地面铺设花岗岩板材,整体平面呈一锁匙状,意为红二师开创了激石溪红色革命根据地,亭座至虹梁底高为1.9米,柱高为2.7米、五星徽杆为1.07米，意为红二师到达激石溪的时间是1927年10月，亭座配以七级台阶，每级高10厘米，共高70厘米，意为红二师创建激石溪革命根据地70周年（1927—1997年）；五星标志是中国人民军队的军徽；亭底座为不等角六边形，对角面向南北，意为红二师为革命南征北战。1927年10月7日，南昌起义军1300多人进驻海陆丰革命根据地激石溪，后改编为中国工农红军第二师，该部队在师长董朗的带领下，与当地人民生死与共，坚持武装斗争，为捍卫海陆丰苏维埃政权与发动东江暴动作出了卓越贡献。

3. 剑门坑农军战斗遗址

剑门坑农军战斗遗址

　　剑门坑农军战斗遗址位于陆河县河口镇剑门村石塘下村，临靠普宁，方圆约三千米四面高山峻岭，地势险要，居民点周围山溪环绕，仅有一石峡门出入，剑门也由此得之。中国共产党领导的农军3000多人，在张威、刘琴西、吴振民等率领下，1926年6月30日，分三路对盘踞在剑门的反动地主武装杨作梅1000多人开展扫荡战，经过一天激战，攻陷了杨作梅全部堡垒，歼灭了反动武装大部分力量，缴获了大批枪支，农军捣毁了杨作梅巢穴，并建立了剑门坑农会。

4. "三一八"革命烈士纪念碑

"三一八"革命烈士纪念牌

    "三一八"革命烈士纪念牌位于陆河县河田镇螺河东岸内洞桥头。建于1951年，坐西向东，1956年3月修缮一次，2001年3月重修并扩建，纪念墓园占地面积363平方米。

    该纪念碑记载的是1950年3月18日，我党领导的陆丰县大队三连奉命赴上砂乡开展反霸斗争的返防途中，在上沙丝茅凹高地与反革命武装暴动匪徒进行英勇搏斗而壮烈牺牲的24位烈士。纪念碑红砖砂浆砌成，高8米，中座镶嵌二十四烈士姓名石刻匾，底座镶嵌"'三一八'烈士之墓"石刻碑，正面浮雕"'三一八'革命烈士永垂不朽"字样。为颂扬革命先烈的丰功伟绩，激励子孙后代继承先烈遗志，此纪念场地已成为陆河县革命传统教育的重要基地。

5. 螺溪鸡爪地烈士纪亭

螺溪鸡爪地烈士纪念亭位于陆河县螺溪镇金坑村，纪念的是6位先烈3对弟兄，他们也是同住一个屋的叔伯兄弟。1926年春，在地下党的领导下，建立自卫队、农会和交通情报站。当时在国民党"宁可错杀三千，莫落一匪"的白色恐怖下，在漫长的艰苦岁月中，他们英勇顽强坚持地下革命武装斗争。1932年农历六月初一日

鸡爪地革命烈士纪念亭

凌晨，敌伪"剿共"营长皱任远亲率数百兵力，第三次袭击鸡爪地革命根据地，抓走自卫队干部叶记春等9人（后放回3人）同时被搜走的还有枪支和会员证件。他们坚强不屈，面对严刑拷打，决不供出交通情报站的情况和其他队员的情况，叶匡成、叶记春、叶匡海、叶匡就、叶匡昌、叶国炎等6人，次日10时许，在南万黄塘岗被杀害，壮烈牺牲，他们用鲜血染红了鸡爪地革命根据地。

6. 商贤家庙

商贤家庙位于陆河县河田镇河田居委会塘子唇，始建于清代雍正年间，1932年重修，1990年再次重修，是彭姓族人为纪念彭氏始祖钱铿公的家庙。商贤家庙曾经是革命先烈彭湃领导农民运动创立苏维埃的办公地点，粤赣湘边纵队政治部驻地，谢非也曾经在此办公。

商贤家庙

7. 陆河富角沥革命烈士纪念碑

陆河富角沥革命烈士纪念碑

　　陆河富角沥革命烈士纪念碑位于陆河县螺溪镇。1928年2月，中国共产党临时中央政治局委员、中共东江特委书记彭湃，为了肃清残敌，巩固革命根据地，令红二师一部与西北地区赤卫队抵达螺溪。2月26日，该部在石壁下，富角沥两个地方与窜入上砂的国民党海陆丰保安大队激战，此次战斗中有80多位红军指战员壮烈牺牲，没有一个留下姓名。为了告慰革命先烈忠魂，教育后代继承英烈精神，螺溪镇许多老同志发起修建富角沥革命烈士陵园的号召，得到了上级政府及有关部门和外出人士的大力支持。该园区占地面积1000多平方米。

8. 陆河地下交通站（五台山站）旧址

陆河地下交通站（五台山站）旧址位于陆河县上护镇护二村委上村。始建于清末，占地151平方米。解放战争时期，这里是游击队活动据点和重要的秘密联络处。

陆河地下交通站（五台山站）旧址

9. 河口革命烈士纪念碑

河口革命烈士纪念碑位于陆河县河口镇河口村大树下。始建于1983年12月，占地面积650平方米。纪念碑刻录着第一次国内革命战争96名、第二次国内革命战争时期138名、抗日战争

1名、解放战争1名、新中国成立后13名烈士的姓名。其中，在抗日战争中以身殉国的朱荣烈士，1904年出生在陆河镇高潭村一个贫困家庭，1925年参加革命，积极组织区乡农会。1926年冬动员组织河口农军配合陆丰农军大队和西北地区农军，攻打盘踞在剑门坑的杨作梅、罗一东的反动武装，接着攻打黄塘和上砂。1927年，海陆丰三次武装起义中，朱荣始终站在战斗前列。1937年秋，朱荣毅然参加抗日救亡运动，次年3月，在河口小学开展抗日宣传时，不幸以身殉职。

河口革命烈士纪念碑

10. 谢非故居

谢非故居位于陆河县河口镇对门村，坐落在四周群山环绕、青山绿水的农家村落中，是一座典型的客家砖木结构老屋。故居坐西向东，200余平方米，其中祖屋二房一厅建于百年前。1996年重修新添一个客厅和书房，书房现有谢非生前阅览过的图书5000余册。故居里面摆设简单、大方，体现了谢非一生勤俭节约、艰苦朴素的生活作风。现故居被列入陆河县文物保护单位及革命传统教育基地。

谢非故居

附录二 碑记碑文

陆河县建县碑记

陆河县境，春秋战国时为百越地。秦始皇三十三年（公元前214年）属南海郡之博罗县。晋咸和六年（公元331年），析博罗置海丰县而属海丰。至清雍正九年（公元1731年）析海丰之吉康、坊廓、石帆三都置陆丰县。

陆河县建县碑记

公元1988年1月7日，国务院批准设立陆河县，析河田、河口、新田、上护、螺溪、水唇、东坑、南万八个乡镇及吉溪林场为陆河县行政区域。同年3月29日，宣告陆河县成立。

陆河县山川秀丽，属山区县，宜林地辽阔，资源丰富。火山嶂、罗经嶂、五马归槽三支山脉，绵亘起伏其间；乌凸、观天嶂、狮子嶂，群峰矗立。源出螺溪旗头嶂南麓之螺河，汇诸水纵贯县境，奔流陆丰入海。河两岸，村寨圩镇交错，阡陌纵横。

陆河县为革命老区县，属全国著名海陆丰革命根据地。陆河人民在中国共产党领导下，1922年，积极参加彭湃发起之海陆丰农民革命运动，成立农会；1927年，建立苏维埃政权，并与南昌起义和广州起义之部分革命队伍并肩战斗；在抗日时期和解放战争时期，继续英勇斗争。1947年，配合海陆丰人民自卫队转战螺河（榕江）流域。1949年2月21日，河田胜利解放。3月，中国人民解放军粤赣湘边纵队、东江第一支队第六团之指挥机关及中共陆丰县委驻河田镇，河田成为东江南岸指挥中心。同年4月，陆丰县人民政府在河田成立。老区人民之光辉业绩，将彪炳千秋。

创业维艰，开拓非易，全县人民必将同心同德，继往开来，为振兴中华，建设陆河而努力奋斗。

中共陆河县委员会　陆河县人大常委会
陆河县人民政府　政协陆河县委员会
公元1988年11月24日
时值县城奠基　赖少其书

"三一八"牺牲烈士纪念碑序

县属上砂乡，反动恶霸庄照楼、庄凤声、庄照亚、庄左平等，数十年来横行乡里，践踏乡邻，实行其残酷的封建反动统治。对内则施行封建神权统治之伎俩，利用扶乩造谣惑众，煽动房派械斗，戕害贫苦人民；对外则利用"维持族纲"造成封建反动堡垒。解放前曾组织伪护乡团，进行反人民反革命之行为；解放后仍执迷不悟，继续

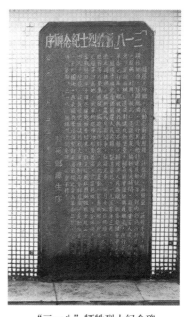

"三一八"牺牲烈士纪念碑

与人民为敌，秘密勾结香港美蒋匪特，组织黄旗党阴谋颠覆人民政权，制造暴乱。1950年3月，我县大队三连奉调该乡，协助农民反霸斗争，任务完毕，同月18日拂晓返防螺溪，该匪首乃聚集匪徒，威迫落后群众，乘机暴动，袭击我乡府税站，截击我军于丝芽凹高地，我军所处阵地形势险劣，众寡悬殊，经全体同志英勇冲杀，奋战终日，卒于弹尽援绝始告结束。计是役我壮烈牺牲战士政工人员等24人，随后，该黄旗党匪徒经我大军进剿而全部扑灭，反动匪首已全部落网，正以国法。为表扬我军顽强坚韧英勇战斗之崇高革命品质，彪炳日月之勋功，爰勒"三一八"牺牲烈士纪念碑，以垂千朽！

县长郑万生　序

公元1951年3月18日

河口革命烈士纪念碑碑文

　　英雄的河口区人民在中国共产党的领导下，长期坚持革命斗争，在第一、第二次国内革命战争中，抗日战争和解放战争中，河口人民的优秀儿女，为了人民的解放事业，不屈不挠，英勇奋斗，献出了自己的宝贵生命。烈士们的英名青史，高风亮节，永远铭刻在人们的心间，鼓舞着我们为实现"四化"、为共产主义事业

河口革命烈士纪念碑

而努力奋斗！为了纪念革命先烈的丰功伟绩，激励后代，谨立此碑。

　　为革命而英勇牺牲的烈士永垂不朽！

陆丰县人民政府立

1985年2月

附录三 重要历史人物

一、重要人物

赖少其

赖少其（1915—2000），笔名少麟，斋号木石斋，版画家。1915年5月出生于普宁县流沙镇华市村，少年时期在陆丰县（今属陆河县）新田镇长大。1932年考入广州市市立美术学校西画系，于报刊上发表不少木刻作品，被鲁迅称为"最具战斗力的青年木刻家"。1937年，在广东、广西举办巡回抗日木刻漫画展览。1938年，在武汉被选为中华全国木刻界抗敌协会理事。1938—1939年，任广西桂林《工作与学习》《漫画与木刻》抗战刊物的编辑兼发行人。1939年10月，参加新四军。1941年，在皖南事变中被捕，被关押在上饶集中营，在狱中坚贞不屈、顽强斗争，后越狱回到苏北解放区。1942—1948年，先后历任《苏中报》副刊编辑、新四军一师宣传部文艺科长、四纵队二十九团政治处副主任、四纵队宣传部副部长、八纵队宣传部部长。解放战争时期因立功运动，被评为"干部一等功臣"。1949年7月，参加第一届中华全国文学艺术工作者代表大会，为中国人民解放军代表第一副团长，同年作为代表出席第一届全国政协会议，为第三野战军代表团秘书长。1949年10月后，历任南京军管会文艺处处长、中共南京市委宣传部副部长兼南京市文学艺术界联合会（简称"文联"）主席。1952年，任中共中央华东局文化教育委员会委员、华东文联副主席兼秘书长，上海文联副主席、上海美术家协会副主席兼上海中国画院筹委会主任。1959年2月，任中共安徽省委宣传部副部长兼省文联主席、党组书记。1963年，当选为安徽省人大代表、第三届全国人大代表。1983年4月，任安徽省政协副主席。他长期兼任省美术家协会、省书法家协会主席，并为历届中国文联委员、中国美术家协会和书法家协会常务理事、中国版画家协会副主席、中国作家协会会员、杭州西泠印社会员。1986年调回广州，增补为第六届全国政协委员，续任第七届全国政协委员。1987年10月，为广州市美术家协会名誉主席，并任广东画院艺术顾问。工书，擅山水、版画、篆刻。出版有《创作版画雕刻法》《赖少其自书诗》《赖少其山水画册》《赖少其画集》等。2000年在广州逝世。

谢非

谢非（1932—1999），原名谢国香，陆丰县（今属陆河县）河口镇对门村人。小学时，被挑选进入抗日救亡宣传队。1947年，谢非前往海陆丰人民自卫队总部（海丰大安峒）接受军政培训，结业后分配到东北大队工作。1949年7月，加入中国共产党，先后任河田区民运组组长、河田区政府指导员、区委委员、土改工作队队长、区委书记。1951年，任陆丰县七区区委委员，兼任新田七个乡土改队队长。

1955年6月起，历任陆丰县委常委、宣传部部长、副县长、县委书记。他蹲点的长湖鱼村成为广东省宣传教育的先进单位。1959年初，主持召开宣传工作紧急会议，总结、纠正宣传工作的浮夸风和形式主义。

1960年8月起，先后任广东《上游》杂志社编辑、中共中央中南局政策研究室研究员、广东省革命委员会政工组政工办公室副主任、广东省科教政治部副主任、省文教办公室副主任。在"文化大革命"期间，他坚持原则，主持公道。粉碎"四人帮"后，调任《红旗》杂志社三人领导小组成员，为思想理论上的拨乱反正作出贡献。

1979年11月，任中共广东省委副秘书长兼办公室主任。1983年，任广东省委书记（时省委设第一书记、书记）兼省委秘书长、省委党校校长、省委落实统战政策领导小组组长。1986年11月，任广东省委副书记兼广州市委书记。1991年1月，任广东省委书记。1998年3月，谢非在第九届全国人民代表大会上当选为全国人民代表大会常务委员会副委员长。先后当选为中共第十二届中央候补委员、中共第十三届中央委员，中共十四、十五届中央政治局委员。1999年10月27日在广州逝世，终年67岁。

欧金谷

欧金谷（1944— ），1944年8月出生，陆河县河口镇人。1961年河口中学初中毕业，1962年12月参加中国人民解放军，历任战士、班长、排长、连长、营长、团长、师长、军长、广州军区装备部部长、广州军区副司令员等职务。2003年，晋升中将军衔。第十一届全国政协委员。在紧张的戎马生涯中，利用节假日和闲暇时间潜心翰墨，苦习书法，取得了较高的艺术成就，是中国书法家协会会员，擅长榜书和行草书，作品在继承传统的基础上，将人生感悟、生活阅历、文化积淀和军人气质融为一体，具有阳刚雄浑、酣畅淋漓的将军书法家的艺术风格。

彭云鹏

彭云鹏（1944—　），祖籍中国广东省陆河县东坑镇，他的祖父早年离乡背井、漂洋过海到印尼谋生。1944年5月，彭云鹏出生在印尼西加里曼丹三发县山口洋市孟加影的一个山区小镇，是第二代侨生。先后任印尼巴里多太平洋集团主席、印尼中国经济社会和文化合作协会指导委员会主席、印尼中华总商会资深名誉主席、中国北京市归国华侨联合会顾问。

20世纪60年代初中毕业后投身社会，当过学徒、店员、司机。1969年，在材源帝的木材公司工作，后擢升为高级经理，负责集团的行政和财政事务。1977年，彭云鹏成立了巴里多太平洋公司。截至1990年，该公司已发展成世界最大的胶合板生产商及出口商，拥有68条生产线。在印尼拥有的特许伐木区500万公顷，在巴布亚新几内亚有10万公顷的特许伐木区，获得"印尼木材大王"称号，多次荣获印尼总统授予的国家建设奖章。1995年，巴里多太平洋集团拥有180多家公司，业务范围包括伐木业、夹板业、造纸业、石油、地热发电、合成橡胶、石化生产联合体、银行业、酒店业及房地产业。其财富居世界华人50位超级富豪排行榜第13位。

杨其珊

杨其珊（1871—1929），出生在广东省陆丰县（今属陆河县）新田镇参城村一户贫困农民家中，中国共产党早期优秀党员，中国共产党早期农民运动领导人，海陆丰农民运动和苏维埃革命斗争时期的农民领袖之一。师从叔父杨育月学习武功和医术，到福建少林寺学成"神打五雷掌"后，活动于陆丰、海丰、紫金、五华、普宁、惠来等地，除恶扬善立正义，设馆授徒，行医济世。他在海丰开办有28家拳馆，在底层农民群众中有很高的威望。

1922年，杨其珊与彭湃相识，把先进的马克思主义与中国传统的"除恶扬善立正义"思想相互结合起来。杨、彭两人积极宣传组织农民运动，紧密配合坚强战斗。1923年1月1日，海丰县总农会成立，彭湃当选为会长，杨其珊为副会长，5月任惠州农会副会长，7月当选为广东省农会、执行委员。

杨其珊

1925年2月和10月，广东革命政府两次东征经海陆丰，彭湃随征回来，杨其珊积极组织农会带领农友支援东征，在周恩来的支持帮助下，建立农民自卫军及工会等组织。4月，中共海陆丰特别支部建立，杨其珊加入中国共产党。5月，杨其珊作为海丰县3名代表之一，出席在广州召开的广东省第一次农民代表大会，当选为执委。

1927年4月27日至5月9日，中国共产党第五次全国代表大会在武汉召开，杨其珊虽未出席大会，但因他在海陆丰农民运动中贡献突出，被选为中央委员。

"四一二"事件蒋介石叛变革命后，1927年5月1日至11月，杨其珊在家乡新田参城发动领导全国闻名的海陆丰人民三次武装起义，推翻封建顽固势力和国民党反动派政府，建立全国第一个县级苏维埃政权——海陆丰苏维埃政权，创建海陆丰革命根据地。

1929年后，海陆惠紫革命委员会、东江苏维埃政府先后成立，杨其珊当选为主要领导成员。在杨其珊等人的领导下，广东东江地区的土地革命形势如火如荼，海陆惠紫苏区成为东江革命根据地的重要部分。1931年，杨其珊的两个儿子杨土旺和杨水生相继牺牲。

1933年5月，杨其珊率领队伍转移到激石溪密林隐蔽，在极端困难下，继续坚持游击斗争。是年9月26日下午，杨其珊在新田镇激石溪暗径村后山的石壁寮，被叛徒万禄杀害。

范照南

范照南（1879—1932），出生在陆丰县（今属陆河县）新田区激石溪乡三江口村一个贫苦的农民家里。1922年，海丰农民运动兴起时，范照南便投入农民运动。1925年冬，范照南光荣地参加了中国共产党。先后任激石溪乡农会会长、新田区农民协会执行委员会委员长、中共陆丰县委委员、陆丰苏维埃政府委员、中共东江特委主席团成员和东江苏维埃政府委员等职。

范照南

因而，当1922年7月，海丰县在彭湃领导下农民运动兴起时，新田区农民首先受到教育与鼓舞。1923年1月1日，海丰县总农会成立同年6月陆丰县总农会成立，更有力地推动和领导了新田农民运动的发展。

1924年1月以后，新田区农运领导人范照南等建立了"贫人党"秘密组织，该组织成员都是农运的积极分子。

1925年2月和10月，广东革命政府两次东征经海陆丰到达新田，范照南积极协助杨其珊，积极组织农会带领农友支援东征。在周恩来的支持帮助下，建立农民自卫军及工会等组织。

1927年11月，中共东江特别委员会成立，范照南与彭湃、郑志云、颜昌颐等6人被选为主席团成员。

1928年2月，国民党十一师攻陷陆丰县城，建立了4个月的陆丰苏维埃政权退入乡村。是年3月，敌军1000多人，从紫金分三路进攻激石溪，经激战后，农军终因弹药缺乏被迫撤退。范照南等与赤卫队留在激石溪坚持斗争。敌人进入激石溪后，实行惨无人道的"三光"政策，见人开枪、见屋放火、见物就抢，一连几天，烽火漫天，烟云蔽空。

自从陆丰苏维埃政权失败后，陆丰党的领导机关一直以激石溪为据点，指挥全县人民群众在白色恐怖下坚持斗争。1928年5月10日，中共江江特委召开陆丰西北特委与各区委联席会议，林铁史、范照南、吴克绵等5人被指定为中共陆丰临时县委委员。6月27日，成立陆丰县委，范照南仍为县委委员。他们经常来往活动于激石溪的三江口、寨子、茅坪等地。

1929年冬，陆丰县苏维埃政府和新田区苏维埃政府在激石溪成立，并在激石溪、罗庚坝建立乡苏维埃政权。范照南被选为县、区苏维埃政府领导人。

1930年5月1日，东江苏维埃政府在八乡山成立，范照南被选为政府委员。

在这极端恶劣的条件下，范照南与赤卫队员坚持在深山密林中与敌人周旋。但由于较长时期在深山山洞中生活、战斗，年纪较高的范照南，过度劳累成疾，加上无粮食、缺医药，终于一病不起。1932年12月的一天，范照南在山门仔的一个山洞里与世长辞，时年53岁。

董朗

董朗（1894—1932），四川简阳人，黄埔军校首届毕业生，中共党员，参加过第一次东征、北伐战争、南昌起义等重大斗争，率南昌起义部队1300人到激石溪，改编为中国工农革

命军（后改称中国工农红军）第二师并
任师长，为建立海陆丰苏维埃政权、海
陆惠紫革命根据地作出卓越贡献。1932
年10月在湘鄂边区"肃反"中被害，时
年38岁。

董朗

彭培轩

彭培轩（1887—1928），出生于陆
丰县河田硐头乡埔子里村（今属陆河县
上护镇）一户中农家庭。少时读了几年
私塾。

1923年夏，海陆丰农民运动掀起
后，硐头乡农民在杨其珊、罗子和等的
帮助下，组织成立了硐头乡农会，彭培
轩被选为乡农会负责人。1925年8月，
彭培轩被选为河田区农会领导人。1927
年，彭培轩积极组织动员农民武装参加
陆丰第二、三次武装起义。

彭培轩

1928年2月末，国民党军队入境，
海陆丰苏维埃政权失败后，反动派大肆屠杀革命志士，彭培轩
与部分同志撤退到激石溪坚持斗争。3月，他在犁壁坑一户农民
家歇宿时被叛徒出卖，不幸被捕，次日押送到河田。

彭培轩被关押期间，受尽酷刑，4月15日，彭培轩终于在敌
人屠刀下壮烈牺牲。在押赴刑场时，反动派害怕他高呼宣传口
号，先在他口腔里横上竹签，用铁线穿过他的两个手掌，并横
绑在一条扁担上。残忍的刽子手，剥光他的衣服，割一块肉就
撒上一撮盐，还割掉耳朵、鼻子，最后砍断四肢，剖腹取心。

惨无人道的酷刑，使见者撕心，闻者落泪。

朱荣

朱荣（1904—1938），又名大荣、雪辉，出生于陆丰县（今属陆河县）河口高潭乡。因家境贫困，仅读了4年书。16岁时，曾到陆丰东海镇一药铺当药童。

朱荣

1925年第一次东征后，朱荣在陆丰县城参加革命工作，积极筹组店员工会，随后进入陆丰农民运动讲习所学习，结业后为陆丰县农会宣传组织员，派往陆丰西北地区宣传发动农民，组织区乡农会。1926年冬，朱荣动员组织河口农军配合海陆丰农军大队和西北地区农军，攻打盘踞在剑门坑的杨作梅、罗一东的"讨赤军"，接着进攻黄塘、上砂。

1927年，在海陆丰三次武装起义中，朱荣始终站在斗争前列。在此期间，由团转党，任中共河口区组织委员。是年冬，积极参加歼灭据守河口的杨作梅保安队和攻打黄塘、上砂等地封建堡垒的战役，为创建和保卫苏维埃政权立下了战功。

1928年大革命失败后，朱荣先后到激石溪、普宁船埠头、陆丰东南地区领导革命斗争，曾先后任船埠区苏维埃政府主席、金碣区委书记、陆惠县委领导成员。1933年，东江苏区失败，朱荣避居南洋槟榔屿。

1937年秋，抗日战争爆发后，朱荣毅然参加抗日救亡运动，1938年3月，以海陆丰旅港回乡服务团副团长身份回到海陆丰，同年8月回到河口。在河口小学开展抗日宣传时，不幸被昂塘反动地主雇用枪手杀害，壮烈牺牲。

二、革命先烈英名

（一）第一、二次国内革命战争时期烈士表（363人）

姓　名	曾用名	性别	出生年月	籍　贯	党团员	参加革命时间、牺牲时间、地点、原因	牺牲前单位、职务
杨其珊		男	1871	新田镇参城村	党员	1922年参加农民运动，1933年9月在激石溪被叛徒杀害	中共第五届中央委员会委员，广东省农会执委，海陆丰苏维埃政府委员
范照南		男	1879	新田镇激石溪枝	党员	1924年参加革命，1932年12月在南万游击战争中积劳成疾而亡	陆丰县委组织委员，陆丰功维埃政府委员
杨　炳		男	1902	新田镇参城村		1924年参加农民自卫军，1927年在麻石山战斗中牺牲	参城村赤卫队员
叶玉贤		男	1907	新田镇参城村	团员	1927年参加赤卫队，1931年在海丰县战斗中牺牲	河口区赤卫队宣传员
江乃妹		男	1905	新田镇参城村		1923年参加农民自卫军，1928年在麻石山战斗中牺牲	河口区赤卫队交通员

（续表）

姓名	曾用名	性别	出生年月	籍贯	党团员	参加革命时间、牺牲时间、地点、原因	牺牲前单位、职务
郭堂		男	1904	新田镇参城村		1924年参加革命，1928年在水东黄塘战斗中牺牲	参城村赤卫队员
叶伟祥		男	1895	新田镇参城村		1924年参加革命，1927年在海丰县战斗中牺牲	河口区赤卫队通讯员
丘斗	丘路斗	男	1884	新田镇田心村径口自然村		1926年参加革命，1927年在横陇战斗中牺牲	田心乡赤卫队通讯员
丘春有		男	1872	新田镇田心村维水自然村		1926年参加革命，1928年在维水村被捕遭杀害	维水村农会会长
叶记妹	叶子魁	男	1886	新田镇屯寨村寨顶自然村	党员	1924年参加革命，1927年在新维村被捕遭杀害	河口苏区干部
曹春庚		男	1874	新田镇屯寨村曹厝自然村		1923年参加农会，1927年5月在曹厝村被捕遭杀害	曹厝自然村农会会长
丘少海		男	1885	新田镇屯寨村寨顶自然村		1923年参加农会，1927年在河口剑门坑战斗中牺牲	河口区农会干部
叶春合		男	1861	新田镇屯寨村新维自然村		1923年参加革命，1924年8月在新田被捕遭杀害	河口区农会财政人员

（续表）

姓　名	曾用名	性别	出生年月	籍　贯	党团员	参加革命时间、牺牲时间、地点、原因	牺牲前单位、职务
叶林胜		男	1905	新田镇屯寨村新维自然村		1925年参加革命，1927年5月在河田战斗中牺牲	新维村赤卫队员
叶锦信		男	1906	新田镇屯寨村新维自然村		1926年参加革命，1927年在河口昂塘战斗中牺牲	新维村赤卫队员
叶茂修		男	1895	新田镇屯寨村新维自然村		1929年参加赤卫队，1930年在河口黄沙坑战斗中牺牲	新维村赤卫员
叶林选		男	1891	新田镇屯寨村新维自然村		1923年参加革命，1925年在河口战斗中牺牲	新维村农民自卫军战士
叶大凛	叶　灵	男	1904	新田镇屯寨村新维自然村		1923年参加革命，1932年在普宁县大南山战斗中牺牲	陆丰县赤卫队连长
刘云浪		男	1906	新田镇黄麻地村		1926年参加革命，1931年在大岭坳战斗中牺牲	河口区赤卫队通讯员
吕　启	吕现坑	男	1890	新田镇新田村下汤自然村	党员	1927年参加革命，1928年被捕在陆丰县城遭杀害	封山村赤卫队员
叶兰春	叶呈春	男	1878	新田镇新田村封山自然村		1922年参加革命，1928年在新田马地埔战斗中牺牲	下汤村赤卫队员

（续表）

姓　名	曾用名	性别	出生年月	籍　贯	党团员	参加革命时间、牺牲时间、地点、原因	牺牲前单位、职务
吕云祥		男	1911	新田镇新田村下汤自然村		1928年参加革命，1928年在水东黄塘战斗中牺牲	下汤村赤卫队员
叶甫松	叶永松	男	1900	新田镇新田村封山自然村		1922年参加革命，1928年在新田马地埔战斗中牺牲	封山村赤卫队员
吕浪古	吕　隆	男	1887	新田镇新田村田心子自然村		1926年参加革命，1929年被捕在陆丰县城遭杀害	新田乡赤卫队通讯员
吕木贤		男	1891	新田镇新田村下汤自然村		1924年参加农会，1926年在百罗窑战斗中牺牲	下汤村农民自卫军战士
练娘珍		男		新田镇联新村		1923年参加革命，1927年在河田战斗中牺牲	新田乡赤卫队员
练长青	练长发	男		新田镇联新村		1927年参加革命，1929年在河田战斗中牺牲	联新乡赤卫队员
范少波		男	1901	新田镇吉溪村		1923年参加革命，1926年在上砂战斗中牺牲	新田乡农民自卫军小队长
周付斗		男	1904	新田镇新坑村	党员	1923年参加革命，1929年在河田战斗中牺牲	新田乡赤卫队小队长

（续表）

姓　名	曾用名	性别	出生年月	籍　贯	党团员	参加革命时间、牺牲时间、地点、原因	牺牲前单位、职务
叶炳泉		男	1910	新田镇屯寨村新维自然村		1925年参加革命，1927年在南塘战斗中牺牲	新田乡农民自卫军战士
张林赐		男	1901	新田镇吉溪村		1926年参加革命，1927年在吉溪被捕遭杀害	新田乡农民自卫军战士
叶金妹		男	1910	新田镇北山村		1928年参加革命，1930年在葫芦峰战斗中牺牲	北山村赤卫队员
陈　囊		男	1903	新田镇湖坑村		1927年参加革命，1931年在南塘战斗中牺牲	湖坑村赤卫队员
陈娘发		男	1904	新田镇新田村坑角自然村		1926年参加赤卫队，1927年在大安被捕遭杀害	坑角村赤卫队长
肖统金		男	1901	新田镇横陇村		1927年参加革命，1929年在陆丰县城被捕遭杀害	横陇村赤卫队长
蔡娇妹		女		新田镇新田圩		1928年参加革命，1929年在吉溪黄泥潭战斗中牺牲	新田乡赤卫队员
张金水		男	1903	新田镇联新村新寨自然村		1928年参加革命，1930年在吉溪战斗中牺牲	新寨村赤卫队员

（续表）

姓 名	曾用名	性别	出生年月	籍 贯	党团员	参加革命时间、牺牲时间、地点、原因	牺牲前单位、职务
范 算		男	1905	新田镇吉溪村		1928年参加赤卫队，1928年6月在海丰县日中圩战斗中牺牲	新田乡赤卫队小队长
张振文	张仲新	男	1889	新田镇联安村渡头自然村		1928年参加革命，1929年在陆丰县城被捕遭杀害	联安乡农会财政人员
张子炎		男	1886	新田镇联安村西坑自然村	党员	1924年参加革命，1929年在新田被捕遭杀害	西坑村农会会长
黄雪琴		男	1890	新田镇联新村		1923年参加革命，1927年在新田被捕遭杀害	联新乡赤卫队小队长
肖石傅		男	1896	新田镇联新村	党员	1924年参加革命，1925年在新田被捕杀害	联新乡农民自卫军战士
邹娘顺		男	1894	新田镇联新村	党员	1924年参加革命，1928年被捕在新田遭杀害	联新乡赤卫队员
欧利就		男	1879	新田镇联新村新寨自然村		1923年参加革命，1928年在河口战斗中牺牲	联新乡赤卫队交通员
肖春发		男	1880	新田镇联新村仙草径自然村		1924年参加农会，1928年在新田战斗中牺牲	仙草径村赤卫队员

（续表）

姓　　名	曾用名	性别	出生年月	籍　贯	党团员	参加革命时间、牺牲时间、地点、原因	牺牲前单位、职务
邹娘福		男	1876	新田镇联新村	党员	1924年参加农会，1928年在河田被捕，在新田遭杀害	联新乡农会财政人员
肖玉莲		男	1870	新田镇联新村仙草径自然村		1922年参加革命，1925年在新田战斗中牺牲	联新乡农会会员
肖　溪		男	1901	新田镇联新村仙草径自然村	党员	1925年参加革命，1925年在水东黄塘战斗中牺牲	仙草径村农民自卫军战士
温石洋		男	1878	新田镇联新村仙草径自然村		1924年参加革命，1928年在渡子头被捕遭杀害	联新乡农会干部
肖石永		男	1888	新田镇联新村仙草径自然村	党员	1925年参加革命，1928年在陆丰县城被捕遭杀害	仙草径村赤卫队员
李石昌		男	1907	新田镇北山村田屋自然村	党员	1926年参加革命，1931年在河口石印战斗中牺牲	河口区委书记
谢陈光		男	1906	新田镇北山村		1928年参加革命，1930年在新田圩战斗中牺牲	北山村赤卫队员
叶林妹		男	1911	新田镇北山村		1928年参加革命，1930年在葫芦峰战斗中牺牲	北山村赤卫队员

（续表）

姓　名	曾用名	性别	出生年月	籍　贯	党团员	参加革命时间、牺牲时间、地点、原因	牺牲前单位、职务
朱陈云		男	1911	新田镇北山村鹿林自然村		1928年参加革命，1929年在新田圩战斗中牺牲	鹿林村赤卫队员
叶保印	叶采群	男	1901	新田镇北山村	党员	1926年参加革命，1928年12月在新田圩战斗中牺牲	河口区委副书记
刘关共		男	1910	新田镇横陇村		1928年参加革命，1929年在埔尾村战斗中牺牲	横陇乡赤卫队员
吕娘枝		男	1914	新田镇横陇村上铺子自然村		1929年参加革命，1930年在陆丰县城被捕遭杀害	横陇乡赤卫队员
叶燕桐		男	1897	新田镇横陇村寮前自然村	党员	1927年参加革命，1929年在大安被捕遭杀害	河口区委书记，中共陆丰县委委员
叶记通		男	1896	新田镇横陇村寮前自然村		1927年参加革命，1930年在海丰县战斗中牺牲	寮前村赤卫队员
刘　辉	刘　挥	男	1899	新田镇新村	党员	1926年参加革命，1931年在吉溪战斗中牺牲	新田乡赤卫队联络员
黄火茂		男	1907	新田镇新村	团员	1927年参加革命，1928年在联安战斗中牺牲	新田乡赤卫队员

（续表）

姓　名	曾用名	性别	出生年月	籍　贯	党团员	参加革命时间、牺牲时间、地点、原因	牺牲前单位、职务
余石联		男	1910	新田镇新村北坑自然村	党员	1928年参加革命，1931年被捕在陆丰县城遭杀害	新田乡赤卫队交通员
黄　叶	黄永业	男	1889	新田镇新村	党员	1926年参加革命，1927年在揭西上砂战斗中牺牲	新田乡赤卫队员
范　和		男	1907	新田镇吉溪村坝子自然村		1926年参加革命，1927年在揭西上砂战斗中牺牲	吉溪乡赤卫队员
安林桂		男	1901	新田镇吉溪村尖石自然村		1929年参加革命，1931年在海丰县战斗中牺牲	尖石村农会会员
陈丙欣		男	1911	新田镇吉溪村坝子自然村		1926年参加革命，1927年在揭西上砂战斗中牺牲	吉溪乡赤卫队小队长
陈水娘		男	1909	新田镇吉溪村上完自然村		1928年参加革命，1929年在水东黄塘战斗中牺牲	上完村赤卫队员
范王永		男	1901	新田镇吉溪村		1929年参加革命，1931年在吉溪战斗中牺牲	新田乡赤卫队后勤
叶　金		男	1899	新田镇吉溪村上墨塘自然村		1925年参加革命，1927年在吉溪战斗中牺牲	上墨塘村赤卫队员

（续表）

姓　名	曾用名	性别	出生年月	籍　贯	党团员	参加革命时间、牺牲时间、地点、原因	牺牲前单位、职务
黄　和		男	1904	新田镇新坑村下墨塘自然村		1925年参加革命，1930年在河口战斗中牺牲	下墨塘村赤卫队小队长
叶　乾		男	1900	新田镇新坑村		1925年参加革命，1928年在南塘战斗中牺牲	新坑村赤卫队员
丘　说		男	1900	新田镇新坑径村		1925年参加革命，1927年在新坑战斗中牺牲	新坑径村赤卫队员
丘林赔		男	1902	新田镇新坑村		1925年参加革命，1927年被捕在陆丰县城遭杀害	新坑村赤卫队员
黄少文		男	1893	新田镇新坑村下墨塘自然村		1925年参加革命，1928年在新田被捕遭杀害	下墨塘村赤卫队中队长
黄　深		男	1897	新田镇新坑村下墨塘自然村		1925年参加革命，1927年在吉溪战斗中牺牲	下墨塘村赤卫队员
罗　庆		男	1906	新田镇胡坑村江西坑自然村		1927年参加革命，1928年在新田战斗中牺牲	江西坑村赤卫队员
叶　标		男	1892	新田镇湖坑村		1926年参加革命，1929年在本地战斗中牺牲	湖坑村赤卫队炊事员

（续表）

姓　名	曾用名	性别	出生年月	籍　贯	党团员	参加革命时间、牺牲时间、地点、原因	牺牲前单位、职务
叶　相		男	1906	新田镇湖坑村		1927年参加革命，1932年在惠来县战斗中牺牲	湖坑村赤卫队宣传员
范辛桂		男	1907	新田镇湖坑村	党员	1925年参加革命，1927年在大安被捕遭杀害	湖坑村赤卫队员
陈　农	陈　宏	男	1903	新田镇湖坑村		1927年参加革命，1930年10月在新田战斗中牺牲	湖坑村赤卫队员
陈石妹	陈　曾	男	1896	新田镇湖坑村	党员	1926年参加革命，1933年在胡坑战斗中牺牲	新田乡苏维埃主席
丘天富		男	1908	新田镇湖坑村		1925年参加革命，1928年在胡坑战斗中牺牲	湖坑村赤卫队员
陈松茂	陈石助	男	1908	新田镇湖坑村		1927年参加革命，1929年在胡坑被捕遭杀害	湖坑村赤卫队员
叶其青		男	1908	新田镇参城村		1926年参加革命，1928年在海丰县白水磜战斗中牺牲	参城村赤卫队员
叶左杰		男	1911	新田镇参城村		1928年参加革命，1929年在惠来县战斗中牺牲	参城村赤卫队员

（续表）

姓　名	曾用名	性别	出生年月	籍　贯	党团员	参加革命时间、牺牲时间、地点、原因	牺牲前单位、职务
叶　双		男	1899	新田镇参城村		1922年参加革命，1926年在下油车被捕遭杀害	参城村赤卫队员
杨德照		男	1900	新田镇参城村		1926年参加革命，1932年被捕在陆丰县城遭杀害	参城村赤卫队勤务员
张仁喜		男	1876	新田镇新田村		1926年参加农民自卫军，1927年在新田马路埔被捕遭杀害	新田村赤卫队员
方茂添		男	1901	新田镇吉溪村		1929年参加赤卫队，1931年在南万罗庚坝战斗中牺牲	吉溪村赤卫队员
丘　七		男	1896	新田镇湖坑村		1922年参加革命，1928年在上护被捕遭杀害	湖坑村赤卫队员
肖木梅		男	1903	新田镇联新村		1924年参加革命，1930年在陆丰县城被捕遭杀害	联新村赤卫队员
黎云海		男	1879	河田镇下圳坝村		1924年参加农民自卫军，1926年在河口昂塘战斗中牺牲	下坝村农民自卫军队长

（续表）

姓　名	曾用名	性别	出生年月	籍　贯	党团员	参加革命时间、牺牲时间、地点、原因	牺牲前单位、职务
罗仕和		男	1886	河田镇宝金村		1926年参加农会，1927年在河田河北麻竹头被捕遭杀害	宝山村农会会长
陈召昌	陈文金	男	1897	河田镇圳口村		1926年参加农会，1928年在河田内洞被捕遭杀害	圳口村农会会长
张永兴		男	1896	河田镇圳口村		1928年参加赤卫队，1929年在海丰县公平战斗中牺牲	圳口村赤卫队员
黎进招		男	1882	河田镇内洞村		1926年参加农民自卫军，1927年1月在攻打昂塘战斗中牺牲	河田区赤卫队小队长
张玉田		男	1904	河田镇营下村障下自然村		1926年参加农民自卫军，1927年在河口战斗中牺牲	障下村农民自卫军战士
叶玉喘		男	1892	河口镇土枝村黄牛寮自然村		1922年参加农会，1922年在河口排子埔被捕遭杀害	黄牛寮村农会财经人员
叶逊旺		男	1881	河口镇土枝村黄牛寮自然村		1922年参加农会，1937年在河口营下被捕遭杀害	黄牛寮村农会财经人员

（续表）

姓 名	曾用名	性别	出生年月	籍 贯	党团员	参加革命时间、牺牲时间、地点、原因	牺牲前单位、职务
朱 傅		男	1914	河口镇北龙村	党员	1927年参加赤卫队，1934年5月在河口被捕遭杀害	北龙村赤卫队员
刘 宣		男	1895	河口镇麦湖村天湖自然村		1925年参加农民自卫军，1928年在河口排子埔被捕遭杀害	天湖村赤卫队员
朱启方	朱绍番	男	1904	河口镇西湖村西洋自然村		1925年参加农民自卫军，1927年在海丰县城被捕遭杀害	西洋村赤卫队员
李 溪	李乾溪	男	1892	河口镇土枝村黄枝塘自然村		1922年参加农会，1930年在陆丰县城被捕遭杀害	黄枝塘村农会会长
朱其寿		男	1904	河口镇田墩村冷饭坑自然村		1926年参加农民自卫军，1927年在昂塘被捕遭杀害。	天墩乡赤卫队员
朱福财		男	1892	河口镇西湖村西洋自然村		1926年参加农民自卫军，1927年在河口被捕遭杀害	西洋村赤卫队员
朱娘进		男	1882	河口镇西湖村大兴寨自然村		1925年参加农民自卫军，1927年在海丰县战斗中牺牲	大兴寨村赤卫队员

（续表）

姓　名	曾用名	性别	出生年月	籍　贯	党团员	参加革命时间、牺牲时间、地点、原因	牺牲前单位、职务
朱顺木		男	1890	河口镇西湖村保山下自然村		1926年参加农民自卫军，1930年在陆丰县城被捕遭杀害	保山下村赤卫队员
朱上林		男	1884	河口镇西湖村大兴寨自然村		1922年参加农会，1930年在陆丰县城被捕遭杀害	大兴寨村农会会长
朱作明		男	1885	河口镇西湖村大兴寨自然村	党员	1925年参加农会，1929年在新田激石溪被捕遭杀害	大兴寨村农会会长
朱纪科		男	1892	河口镇西湖村猫子寮自然村		1926年参加农民自卫军，1929年在海丰县战斗中牺牲	猫子寮村赤卫队员
朱日兴		男	1908	河口镇西湖村红角自然村		1927年参加农会，1928年在河口大树下被捕遭杀害	红角村农会会员
朱　茂		男	1887	河口镇西湖村林下排自然村	党员	1925年参加农民自卫军，1931年在河口田墩被捕遭杀害	林下排村赤卫队员
朱赐水		男	1887	河口镇西湖村大兴寨自然村		1925年参加农民自卫军，1925年8月在河口被捕遭杀害	大兴寨村农民自卫军战士

（续表）

姓　名	曾用名	性别	出生年月	籍　贯	党团员	参加革命时间、牺牲时间、地点、原因	牺牲前单位、职务
朱林娇	朱龙瑞	男	1894	河口镇北中村田面自然村		1926年参加农会，1927年在海丰县被捕遭杀害	北中乡农会秘书
朱鸿恩		男	1883	河口镇北中村后径自然村		1925年参加农会，1928年在河口被捕遭杀害	后径村农会会长
朱云浪		男	1892	河口镇北中村崩江面自然村		1926年参加农民自卫军，1927年在上砂被捕遭杀害	崩江面村赤卫队员
朱文妹		男	1894	河口镇北中村黄泥笏自然村		1926年参加农民自卫队，1928年在河口被捕遭杀害	黄泥笏村赤卫队员
叶天福		男	1892	河口镇河口圩		1927年参加农会，1928年在上护米程岗被捕遭杀害	河口圩农会会长
缪锦荣	缪仕荣	男	1911	河口镇云丰村三丰自然村		1927年参加赤卫队，1929年在新田激石溪被捕遭杀害	三丰村赤卫队员
李林吉		男	1904	河口镇营下村石上自然村		1927年参加赤卫队，1930年在陆丰县城战斗中牺牲	石上村农会会长
朱华清		男	1901	河口镇田墩村大风凹自然村		1926年参加农民自卫军，1927年4月在河口排子埔被捕遭杀害	大风凹村农民自卫军战士

（续表）

姓　名	曾用名	性别	出生年月	籍　贯	党团员	参加革命时间、牺牲时间、地点、原因	牺牲前单位、职务
朱宗佑		男	1897	河口镇田墩村墩下自然村		1926年参加农民自卫军，1926年在河口北中战斗中牺牲	墩下村农民自卫军战士
朱进喜		男	1909	河口镇田墩村冷饭坑自然村		1926年参加农民自卫军，1927年在大兴战斗中牺牲	冷饭坑村赤卫队员
朱火傅		男	1891	河口镇田墩村望坪自然村		1926年参加农民自卫军，1926年11月在河口北中战斗中牺牲	望坪村农民自卫军战士
潭利石		男	1909	河口镇河新村木公寮自然村		1927年参加赤卫队，1928年在大安战斗中牺牲	木公寮村赤卫队员
潭金水		男	1908	河口镇河新村木公寮自然村		1927年参加赤卫队，1928年在大安战斗中牺牲	木公寮村赤卫队员
潭亚城		男	1910	河口镇河新村木公寮自然村		1927年参加赤卫队，1928年在大安战斗中牺牲	木公寮村赤卫队员
黄文达		男	1905	河口镇昂塘村水流呈自然村		1924年参加农会，1928年在河口被捕遭杀害	水流呈村农会财政人员
黄桂欢		男	1894	河口镇昂塘村水流呈自然村		1924年参加农民自卫军，1928年在新田被捕遭杀害	水流呈村赤卫队员

（续表）

姓　名	曾用名	性别	出生年月	籍　贯	党团员	参加革命时间、牺牲时间、地点、原因	牺牲前单位、职务
叶君栏		男	1885	河口镇土枝村黄牛寮自然村		1922年参加农会，1929年在海丰县被捕遭杀害	黄牛寮村农会会长
叶　干		男	1884	河口镇土枝村黄牛寮自然村		1922年参加农会，1928年在河口排子埔被捕遭杀害	黄牛寮村赤卫队员
叶火生		男	1901	河口镇土枝村黄牛寮自然村		1922年参加农会，1929年在大安战斗中牺牲	黄牛寮村赤卫队员
徐秀栏		男	1890	河口镇土枝村硬土自然村		1925年参加农民自卫军，1930年在河口对门战斗中牺牲	硬土村赤卫队员
徐娘胜		男	1890	河口镇土枝村硬土自然村		1925年参加农民自卫军，1930年在陆丰县城被捕遭杀害	硬土村赤卫队员
徐文利		男	1895	河口镇土枝村硬土自然村		1920年参加赤卫队，1929年在河口排子埔被捕遭杀害	硬土村赤卫队员
徐　锡		男	1903	河口镇对门村南丫自然村		1924年参加农民自卫军，1928年在新田吉溪被捕遭杀害	南丫村赤卫队事务长

（续表）

姓　名	曾用名	性别	出生年月	籍　贯	党团员	参加革命时间、牺牲时间、地点、原因	牺牲前单位、职务
徐　捷		男	1904	河口镇对门村南丫自然村		1925年参加农会，1928年在河口被捕遭杀害	南丫村农会会长
谢祯祥		男	1898	河口镇麦湖村		1926年参加农民自卫军，1927年在河口被捕遭杀害	麦湖村赤卫队员
谢子荫		男	1892	河口镇麦湖村		1926年参加农民自卫军，1927年在河口被捕遭杀害	麦湖村赤卫队员
吴照轩		男	1877	河口镇麦湖村林娥埔自然村		1924年参加农会，1925年在河口被捕遭杀害	林娥埔村农会会长
朱石保		男	1887	河口镇北中村草坪自然村		1926年参加农民自卫军，1927年在上砂被捕遭杀害	草坪村赤卫队员
朱玉顺		男	1891	河口镇北中村笼底屋自然村		1926年参加农民自卫军，1927年在河口战斗中牺牲	北中乡赤卫队员
朱官兆		男	1871	河口镇北中村下销自然村		1925年参加农会，1928年在东坑大溪被捕遭杀害	下销村农会会长
朱运达		男	1910	河口镇北中村塘肚自然村		1928年参加赤卫队，1929年在普宁县大坪战斗中牺牲	塘肚村赤卫队队长

（续表）

姓 名	曾用名	性别	出生年月	籍 贯	党团员	参加革命时间、牺牲时间、地点、原因	牺牲前单位、职务
朱呈娇		男	1989	河口镇北中村塘肚自然村		1926年参加农会，1928年在河口排子埔被捕遭杀害	塘肚村农会会长
朱云清	朱作云	男	1899	河口镇北中村黄泥笏自然村		1926年参加农民自卫军，1927年在陆丰县城被捕遭杀害	黄泥笏村赤卫队员
朱启环		男	1894	河口镇北中村黄泥笏自然村		1925年参加农会，1928年在河口排子埔被捕遭杀害	河口区农会秘书
朱王玉		男	1888	河口镇北中村黄泥笏自然村		1926年参加农民自卫军，1928年在陆丰县城被捕遭杀害	黄泥笏村赤卫队员
徐如平		男	1899	河口镇土枝村硬土自然村		1925年参加农民自卫军，1929年在新田激石溪战斗中牺牲	硬土村赤卫队员
叶华欢	叶 欢	男	1891	河口镇土枝村黄牛寮自然村		1922年参加农会，1928年在河口排子埔被捕遭杀害	黄牛寮村赤卫队员
徐子文		男	1887	河口镇土枝村硬土自然村		1925年参加农会，1928年在河口战斗中牺牲	硬土村农会会长

（续表）

姓　名	曾用名	性别	出生年月	籍　贯	党团员	参加革命时间、牺牲时间、地点、原因	牺牲前单位、职务
李　三		男	1908	河口镇土枝村旱凹自然村		1925年参加农民自卫军，1929年3月在河口石印战斗中牺牲	旱凹村赤卫队小队长
李双月		男	1893	河口镇土枝村旱凹自然村		1929年参加赤卫队，1929年8月在河口石印战斗中牺牲	旱凹村赤卫队小队长
叶子孟		男	1899	河口镇土枝村黄牛寮自然村		1922年参加农会，1928年在河口排子埔战斗中牺牲	黄牛寮村赤卫队小队长
徐呈金		男	1896	河口镇土枝村硬土自然村		1929年参加赤卫队，1929年12月在陆丰县城战斗中牺牲	硬土村赤卫队交通员
徐四来		男	1890	河口镇土枝村硬土自然村		1925年参加农民自卫军，1929年在河口高潭战斗中牺牲	硬土村赤卫队文书
李永秋		男	1892	河口镇土枝村黄枝塘自然村		1925年参加农民自卫军，1929年在普宁县大坪战斗中牺牲	黄枝塘村农民自卫军战士
李苍付		男	1898	河口镇土枝村黄枝塘自然村		1925年参加农民自卫军，1929年在河口战斗中牺牲	黄枝塘村赤卫队员

（续表）

姓　名	曾用名	性别	出生年月	籍　贯	党团员	参加革命时间、牺牲时间、地点、原因	牺牲前单位、职务
叶乃保		男	1890	河口镇土枝村黄牛寮自然村		1922年参加农会，1928年在河口营下战斗中牺牲	黄牛寮村农会会长
李金龙		男	1893	河口镇土枝村黄枝塘自然村		1926年参加农会，1929年在河口石印战斗中牺牲	黄枝塘村农会会长
叶　宏		男	1892	河口镇土枝村黄牛寮自然村		1922年参加农会，1928年在河口排子埔被捕遭杀害	黄牛寮村赤卫队员
叶　兴		男	1902	河口镇土枝村黄牛寮自然村		1922年参加农会，1928年在海丰县战斗中牺牲	黄牛寮村赤卫队队长
叶初兴		男	1888	河口镇土枝村黄牛寮自然村		1922年参加农会，1928年在河口排子埔被捕遭杀害	黄牛寮村赤卫队员
李火旺		男	1886	河口镇土枝村黄枝塘自然村		1927年参加赤卫队，1928年3月在河口战斗中牺牲	黄枝塘村赤卫队员
李　森		男	1900	河口镇土枝村黄枝塘自然村		1929年参加赤卫队，1929年在湖南省被捕遭杀害	黄枝塘村赤卫队员
叶　水		男	1901	河口镇土枝村黄牛寮自然村		1922年参加农会，1928年在河口排子埔被捕遭杀害	黄牛寮村赤卫队长

（续表）

姓　名	曾用名	性别	出生年月	籍　贯	党团员	参加革命时间、牺牲时间、地点、原因	牺牲前单位、职务
徐石妹		男	1891	河口镇土枝村硬土自然村		1929年参加赤卫队，1929年在新田战斗中牺牲	硬土村赤卫队交通员
李　华		男	1900	河口镇营下村石上自然村		1927年参加赤卫队，1927年在西南屯埔战斗中牺牲	石上村赤卫队员
朱云生		男	1884	河口镇北龙村甘坪自然村		1926年参加农民自卫军，1928年在河口石印战斗中牺牲	甘坪村农民自卫军战士
朱石星		男	1906	河口镇北龙村下岩自然村		1928年参加赤卫队，1929年在河口昂塘战斗中牺牲	北龙乡赤卫队员
谢天晓	谢天昕	男	1896	河口镇营下村大塘自然村		1927年参加农会，1928年在陆丰县城被捕遭杀害	大塘村农会会长
徐振环	徐达光	男	1899	河口镇营下村枫树角自然村	党员	1928年参加农会，1928年在昂塘战斗中牺牲	枫树角村农会会长
李　布		男	1898	河口镇营下村	党员	1927年参加赤卫队，1929年7月在河口排子埔被捕遭杀害	营下村赤卫队员

（续表）

姓　名	曾用名	性别	出生年月	籍　贯	党团员	参加革命时间、牺牲时间、地点、原因	牺牲前单位、职务
谢　萍		男	1903	河口镇营下村大塘自然村		1927年参加赤卫队，1927年6月在河口排子埔被捕遭杀害	大塘村赤卫队员
张　枝		男	1892	河口镇营下村障下自然村	党员	1925年参加农民自卫军，1927年在河口战士中牺牲	河口区农民自卫军连长
徐　林		男	1901	河口镇对门村南丫自然村		1927年参加赤卫队，1928年在河口战斗中牺牲	南丫村赤卫队队长
朱华胜		男	1907	河口镇营下村障下自然村		1925年参加农民自卫军，1927年在陆丰县城被捕遭杀害	障下村赤卫队通讯员
谢桂扬		男	1905	河口镇营下村大塘自然村		1927年参加赤卫队，1928年在河口石印洋战斗中牺牲	大塘村赤卫队队长
李　和		男	1906	河口镇营下村下林自然村		1928年参加赤卫队，1928年在上砂战斗中牺牲	下林村赤卫队员
徐任桂		男	1882	河口镇营下村枫树角自然村	党员	1927年参加农会，1928年在河口营下战斗中牺牲	枫树角村农会会长

（续表）

姓 名	曾用名	性别	出生年月	籍 贯	党团员	参加革命时间、牺牲时间、地点、原因	牺牲前单位、职务
谢娘镇		男	1898	河口镇营下村大塘自然村		1927年参加赤卫队，1927年在河口战斗中牺牲	河口区赤卫队宣传员
李石松		男	1884	河口镇营下村石上自然村	党员	1925年参加农会，1928年在上砂战斗中牺牲	石上村农会会长
朱少楼		男	1897	河口镇营下村障下自然村	党员	1925年参加农会，1928年在河口营下战斗中牺牲	障下村农会会员
谢吉群		男	1902	河口镇营下村大塘自然村		1927年参加赤卫队，1927年4月在河口石印洋战斗中牺牲	大塘村赤卫队员
张林佑		男	1887	河口镇营下村障下自然村		1927年参加赤卫队，1927年在河口排子埔战斗中牺牲	营下村赤卫队通讯员
谢欢赐		男	1862	河口镇营下村大塘自然村		1927年参加农会，1927年在河口营下战斗中牺牲	大塘村农会会长
李培良	李 良	男	1900	河口镇新华村横楼下自然村		1925年参加农民自卫军，1928年在揭阳县河婆战斗中牺牲	河口区赤卫队小队长

（续表）

姓　名	曾用名	性别	出生年月	籍贯	党团员	参加革命时间、牺牲时间、地点、原因	牺牲前单位、职务
李荣财		男	1889	河口镇新华村华头岭自然村		1927年参加赤卫队，1928年在上砂战斗中牺牲	河口区赤卫队员
邓子金		男	1892	河口镇北二村上湾自然村		1925年参加农民自卫军，1927年在陆丰县城战斗中牺牲	上湾村赤卫队队长
李　高		男	1883	河口镇新华村龙树湾自然村		1924年参加农民自卫军，1928年2月在上砂战斗中牺牲	龙树湾村赤卫队员
李培城		男	1888	河口镇新华村横楼下自然村		1927年参加赤卫队，1928年在河口战斗中牺牲	横楼下村赤卫队员
李　开		男	1896	河口镇新华村兵营埔自然村		1926年参加农民自卫军，1927年在新田战斗中牺牲	河口区赤卫队宣传员
李陈海		男	1864	河口镇新华村龙树湾自然村		1926年参加农民自卫军，1928年3月在河口战斗中牺牲	河口区赤卫队小队长
李仁爱		男	1907	河口镇新华村川笼背自然村		1927年参加赤卫队，1928年在河口战斗中牺牲	川笼背村赤卫队员

（续表）

姓　　名	曾用名	性别	出生年月	籍　贯	党团员	参加革命时间、牺牲时间、地点、原因	牺牲前单位、职务
李娘福		男	1895	河口镇新华村龙树湾自然村		1927年参加赤卫队，1928年在河口战斗中牺牲	龙树湾村赤卫队员
朱石娇		男	1909	河口镇北龙村下岩自然村		1926年参加农民自卫军，1928年在河口石印战斗中牺牲	下岩村赤卫队员
李　彬		男	1902	河口镇新华村下埔仔自然村		1927年参加赤卫队，1928年在河口战斗中牺牲	下埔仔村赤卫队员
李　玉		男	1896	河口镇新华村兵营埔自然村		1927年参加赤卫队，1928年在河口战斗中牺牲	兵营埔村赤卫队员
谢元兴		男	1884	河口镇新华村华头岭自然村		1927年参加农会，1928年在河口战斗中牺牲	华头岭村农会会长
李石安		男	1888	河口镇新华村横楼下自然村	党员	1927年参加赤卫队，1928年在水东水岸洋战斗中牺牲	河口区赤卫队小队长
李学贤		男	1882	河口镇新华村华头岭自然村		1927年参加赤卫队，1928年在河田战斗中牺牲	华头岭村赤卫队员
李学益		男	1894	河口镇新华村华头岭自然村		1927年参加赤卫队，1928年在河口战斗中牺牲	河口区赤卫队交通员

（续表）

姓　名	曾用名	性别	出生年月	籍　贯	党团员	参加革命时间、牺牲时间、地点、原因	牺牲前单位、职务
李学统		男	1892	河口镇新华村华头岭自然村		1927年参加赤卫队，1928年2月在河口战斗中牺牲	华头岭村赤卫队员
李石珍		男	1907	河口镇新华村龙树湾自然村		1927年参加赤卫队，1928年在河口战斗中牺牲	龙树湾村赤卫队员
李石养		男	1892	河口镇新华村兵营埔自然村		1927年参加赤卫队，1928年在水东大溪战斗中牺牲	兵营埔村赤卫队员
李绍旺		男	1902	河口镇新华村华头岭自然村		1927年参加赤卫队，1928年在上砂战斗中牺牲	华头岭村赤卫队员
谢呈贤		男	1891	河口镇新华村竹篙坑自然村		1927年参加赤卫队，1928年在河田战斗中牺牲	竹篙坑村赤卫队员
李火旺		男	1897	河口镇新华村龙树湾自然村		1927年参加赤卫队，1928年在河口战斗中牺牲	龙树湾村赤卫队员
朱丁寿		男	1880	河口镇高潭村深湖自然村	党员	1927年参加赤卫队，1928年在上沙战斗中牺牲	深湖村赤卫队员
朱娘妹		男	1900	河口镇高潭村金山祠自然村		1926年参加农民自卫军，1928年在普宁县战斗中牺牲	河口区赤卫队员

（续表）

姓　名	曾用名	性别	出生年月	籍　贯	党团员	参加革命时间、牺牲时间、地点、原因	牺牲前单位、职务
朱木桃		男	1900	河口镇高潭村金山祠自然村		1928年参加赤卫队，1933年在河田战斗中牺牲	金山祠村赤卫队员
朱文金		男	1903	河口镇高潭村旱塘自然村		1926年参加农会，1928年在河口旱塘战斗中牺牲	旱塘村农会会员
朱文佑		男	1908	河口镇高潭村社背自然村		1926年参加农民自卫军，1932年在陆丰县城战斗中牺牲	社背村赤卫队员
朱有胜		男	1895	河口镇高潭村上高埔自然村		1925年参加农民自卫军，1927年在河口高潭战斗中牺牲	上高埔村赤卫队员
朱记茂		男	1897	河口镇高潭村金山祠自然村		1925年参加农民自卫军，1926年11月在水东黄塘战斗中牺牲	金山祠村农民自卫军战士
朱林兴		男	1901	河口镇高潭村社背自然村		1926年参加农会，1928年11月在大安被捕遭杀害	社背村农会会长
朱友石		男	1877	河口镇高潭村排仔下自然村		1924年参加农会，1930年在河口高潭战斗中牺牲	河口区农会会长

（续表）

姓　名	曾用名	性别	出生年月	籍　贯	党团员	参加革命时间、牺牲时间、地点、原因	牺牲前单位、职务
朱仁春		男	1899	河口镇高潭村寮顶自然村		1927年参加赤卫队，1930年11月在河口被捕遭杀害	寮顶村赤卫队员
朱玉赞		男	1897	河口镇高潭村金山祠自然村		1926年参加农民自卫军，1933年在陆丰县城被捕遭杀害	河口区赤卫队交通员
朱石清		男	1897	河口镇高潭村旱塘自然村		1926年参加农民自卫军，1932年4月在东海战斗中牺牲	旱塘村赤卫队员
朱玉意		男	1900	河口镇河口圩		1927年参加赤卫队，1928年在上沙战斗中牺牲	河口区赤卫队员
谢呈锦	谢子芳	男	1881	河口镇河口圩		1926年参加农会，1928年在河口被捕遭杀害	河口圩农会会长
叶金龙		男	1892	河口镇土枝村黄牛寮自然村		1922年参加农会，1928年在河口被捕遭杀害	黄牛寮村赤卫队员
罗　泉		男	1886	河口镇剑门坑村		1926年参加农会，1927年在大溪白石被捕遭杀害	剑门坑村村农会会长

（续表）

姓　名	曾用名	性别	出生年月	籍　贯	党团员	参加革命时间、牺牲时间、地点、原因	牺牲前单位、职务
黄帝湖		男	1891	河口镇昂塘村水流神自然村		1924年5月参加农民自卫军，1928年10月在河口圩被捕遭杀害	河口区赤卫队队长
朱日进		男	1901	河口镇西湖村新村		1926年参加农民自卫军，1928年10月在西湖村被捕遭杀害	新村赤卫队员
朱木堂		男	1891	河口镇西湖大兴寨		1925年参加农民自卫军，1925年8月在河口战斗中牺牲	河口区赤卫队员
朱永城		男	1902	河口镇西湖村大兴寨自然村		1925年参加农民自卫军，1925年8月在河口战斗中牺牲	河口区赤卫队员
朱清泉		男	1887	河口镇西湖村大兴寨自然村		1926年参加农民自卫军，1928年在河口排子埔被捕遭杀害	大兴寨村赤卫队交通员
朱石亮		男	1891	河口镇北中村塘肚自然村		1927年参加赤卫队，1927年在河口石印洋被捕遭杀害	塘肚村赤卫队员
朱满		男	1903	河口镇西湖村大兴寨自然村		1927年参加赤卫队，1929年在河口圩被捕遭杀害	大兴寨村赤卫队员

（续表）

姓　名	曾用名	性别	出生年月	籍　贯	党团员	参加革命时间、牺牲时间、地点、原因	牺牲前单位、职务
张　信		男	1904	河口镇麦湖村	党员	1926年参加农民自卫军，1928年在回来坪基时被捕遭杀害	麦湖村赤卫队队长
陈观德		男	1891	南万镇万西村岳坑自然村		1927年参加赤卫队，1928年在战斗中牺牲	岳坑村赤卫队员
钟　允		男	1904	南万镇罗营村宫背自然村		1925年参加农民自卫军，1927年在惠东县白黄坝战斗中牺牲	宫背村赤卫队员
汪春炎		男	1874	南万镇万东村石寮自然村		1926年参加农民自卫军，1928年6月在紫金县苏南战斗中牺牲	万东乡赤卫队员
范声相		男	1902	南万镇万东村中心自然村		1926年参加农民自卫军，1927年11月在紫金县庄田战斗中牺牲	万东乡赤卫队员
陈应专		男	1886	南万镇万东村坑仔下自然村		1926年参加农民自卫军，1928年11月在河田战斗中牺牲	坑仔下村赤卫队员
汪春焕		男	1887	南万镇万东村石寮自然村		1926年参加农民自卫军，1928年3月在紫金县苏南战斗中牺牲	石寮村赤卫队员

（续表）

姓　　名	曾用名	性别	出生年月	籍　贯	党团员	参加革命时间、牺牲时间、地点、原因	牺牲前单位、职务
陈石胜		男	1897	南万镇万西村小岳坑自然村		1925年参加农会，1928年5月在紫金县庄田战斗中牺牲	小岳坑村农会会长
陈北潭		男	1904	南万镇万西村上岳坑自然村		1925年参加农民自卫军，1933年在紫金县庄田战斗中牺牲	上岳坑村赤卫队员
陈连由		男	1900	南万镇万西村梅子头自然村		1925年参加农民自卫军，1927年11月在紫金县苏南战斗中牺牲	河田区赤卫队员
陈云双		男	1887	南万镇万西村梅子头自然村		1925年参加农民自卫军，1928年2月在万西岳坑战斗中牺牲	梅子头村赤卫队员
叶永高		男	1901	南万镇万西村陶子自然村		1926年参加农民自卫军，1933年在万全战斗中牺牲	陶子村赤卫队员
陈莲清		男	1905	南万镇万西村岳坑自然村		1925年参加农民自卫军，1928年5月在紫金县南玲战斗中牺牲	岳坑村赤卫队员
陈昌永		男	1906	南万镇万西村岳坑自然村		1925年参加农民自卫军，1928年4月在万东水口战斗中牺牲	岳坑赤村卫队员

（续表）

姓　名	曾用名	性别	出生年月	籍　贯	党团员	参加革命时间、牺牲时间、地点、原因	牺牲前单位、职务
陈云正		男	1901	南万镇万西村岳坑自然村		1925年参加农民自卫军，1928年2月在万西岳坑战斗中牺牲	岳坑村赤卫队员
陈昌胜		男	1907	南万镇万西村梅子头自然村		1925年参加农民自卫军，1933年在五华县大悟战斗中牺牲	梅子头村赤卫队员
陈连川		男	1909	南万镇万西村小岳坑自然村		1926年参加农民自卫军，1928年5月在紫金县庄田战斗中牺牲	岳坑村赤卫队员
陈云甲		男	1889	南万镇万西村小岳坑自然村		1925年参加农民自卫军，1928年5月在紫金县庄田战斗中牺牲	岳坑村赤卫队员
张　添		男	1890	南万镇罗营村上坑自然村		1926年参加农民自卫军，1928年在新田马公山战斗中牺牲	上坑村赤卫队员
陈国中		男	1912	南万镇万全村横坑自然村		1930年参加赤卫队，1932年4月在西南青塘战斗中牺牲	横坑村赤卫队员
叶　雍		男	1902	南万镇罗营村罗庚坝自然村		1925年参加农民自卫军，1927年5月在罗营大坝战斗中牺牲	罗庚坝村赤卫队员

（续表）

姓　名	曾用名	性别	出生年月	籍贯	党团员	参加革命时间、牺牲时间、地点、原因	牺牲前单位、职务
钟　育		男	1892	南万镇罗营村宫背自然村		1925年参加农民自卫军，1927年在新田战斗中牺牲	营背村赤卫队员
李　材		男	1904	南万镇罗营村罗庚坝自然村		1925年参加农民自卫军，1929年9月在海丰县战斗中牺牲	罗庚坝村赤卫队员
张　丙		男	1895	男万镇罗营村上坑自然村		1925年参加农民自卫军，1928年9月在新田马公山被捕遭杀害	上坑村赤卫队员
黄世瑞	黄　瑞	男	1912	南万镇梅角村和平自然村		1930年参加赤卫队，1932年在河口战斗中牺牲	和平村赤卫队员
懒　青		女	1906	南万镇深洋村在顶自然村		1931年参加农会，1932年在万金被捕遭杀害	在顶村妇女会会长
陈娘送		男	1903	南万镇深洋村在顶自然村		1927年参加赤卫队，1933年4月在五华县安流战斗中牺牲	在顶村赤卫队员
陈　防		男	1879	南万镇深洋村杞洋寨自然村		1931年参加赤卫队，1933年4月在紫金县东坑战斗中牺牲	杞洋寨村赤卫队员

（续表）

姓　名	曾用名	性别	出生年月	籍　贯	党团员	参加革命时间、牺牲时间、地点、原因	牺牲前单位、职务
陈锦胡		男	1903	南万镇深洋村杞洋寨自然村		1931年参加赤卫队，1932年12月在万全战斗中牺牲	杞洋寨村赤卫队员
赖锦添	赖锦筹	男	1889	南万镇黄福村广福自然村		1927年参加赤卫队，1933年4月在紫金县青溪战斗中牺牲	广福村赤卫队队长
赖李保	赖锦能	男	1891	南万镇黄福村广福自然村		1927年参加赤卫队，1933年4月在紫金县青溪战斗中牺牲	广福村赤卫队队长
陈火花		男	1907	南万镇深洋村杞洋寨自然村		1931年参加赤卫队，1933年在南万九公埔战斗中牺牲	杞洋寨村赤卫队员
钟敬堂		男	1875	南万镇罗营村宫背自然村		1925年参加农会，1927年2月在南万罗庚坝战斗中牺牲	宫背村农会会长
廖　添		男	1893	南万镇罗营村宫背自然村		1923年参加农民自卫军，1926年在惠阳县高潭战斗中牺牲	宫背村农民自卫军战士
钟　留		男	1911	南万镇罗营村宫背自然村		1927年参加赤卫队，1931年10月在陆丰县城战斗中牺牲	宫背村赤卫队员

（续表）

姓　名	曾用名	性别	出生年月	籍　贯	党团员	参加革命时间、牺牲时间、地点、原因	牺牲前单位、职务
钟李健		男	1906	南万镇桂培村		1926年8月参加农民自卫军，1933年6月在万全战斗中牺牲	桂培村赤卫队员
陈唐生		男	1912	南万镇万全村黄塘江自然村		1931年参加赤卫队，1933年5月在万全马头湖战斗中牺牲	黄塘江村赤卫队员
刘　氏		女	1893	南万镇万全村上笕布自然村		1927年参加农会，1933年在五华县被捕遭杀害	上笕布村妇女主任
陈云祥		男	1898	南万镇万西村上岳场自然村		1926年参加农民自卫军，1928年5月在紫金县庄田战斗中牺牲	上岳场村赤卫队员
赖观南		男	1914	南万镇万全村上笕布自然村		1931年参加赤卫队，1932年在新田激石溪战斗中牺牲	上笕布村赤卫队员
陈石养		男	1907	南万镇万全村黄塘江自然村		1931年参加赤卫队，1933年5月在万全九公埔被捕遭杀害	黄塘江村赤卫队员
陈娘兆	陈干雄	男	1903	南万镇万全村黄塘江自然村		1927年参加赤卫队，1932年在万全九公埔被捕遭杀害	黄塘江村赤卫队员

（续表）

姓　名	曾用名	性别	出生年月	籍　贯	党团员	参加革命时间、牺牲时间、地点、原因	牺牲前单位、职务
汪贵先		男	1896	南万镇万东村石寮自然村		1926年参加农民自卫军，1928年在紫金县苏南被捕遭杀害	石寮村赤卫队员
钟　链		男	1887	南万镇桂培村		1930年参加赤卫队，1933年在九公埔被捕遭杀害	河田区赤卫队员
叶永隆		男	1885	南万镇桂培村		1926年参加农民自卫军，1928年在南岭被捕遭杀害	河田区赤卫队员
李　伸		男	1899	上护镇鸡坑村		1923年参加农会，1927年在河田被捕遭杀害	鸡坑村农会会员
张桂和		男	1886	上护镇付坪村		1928年参加赤卫队，1931年在新田吉溪被捕遭杀害	付坪村赤卫队交通员
郑王汉		男	1887	上护镇付坪村		1924年参加农民自卫军，1927年在陆丰县城被捕遭杀害	付坪村赤卫队队长
黄庭方		男	1886	上护镇护西村上村		1923年参加农民自卫军，1928年在新田吉溪被捕遭杀害	护西上村赤卫队中队长

姓　　名	曾用名	性别	出生年月	籍　贯	党团员	参加革命时间、牺牲时间、地点、原因	牺牲前单位、职务
叶纪兴		男	1902	上护镇护径村桥头自然村		1925年参加农民自卫军，1926年在新田百罗窑被捕遭杀害	桥头村农民自卫军战士
黄其高		男	1887	上护镇护二村下塘自然村		1927年参加赤卫队，1932年在上护被捕遭杀害	下塘村赤卫队员
叶匡春		男	1884	上护镇护二村下塘自然村		1926年参加农会，1927年被捕在河田遭杀害	下塘村农会会长
叶君波		男	1883	上护镇护二村下塘自然村		1927年参加赤卫队，1928年在新田被捕遭杀害	下塘村赤卫队员
叶康双		男	1899	上护镇护二村下塘自然村		1927年参加赤卫队，1927年在新田被捕遭杀害	下塘村赤卫队员
谢玉亭	谢昌明	男	1872	上护镇麻坑村下村		1923年参加农会，1927年被捕在上护遭杀害	新田苏区财政人员
朱坤发	朱子乾	男	1892	上护镇麻坑村		1923年参加农民自卫军，1927年在河口排子埔被杀害	麻坑村农民自卫军战士
李　开		男	1899	上护镇鸡坑村		1927年参加赤卫队，1929年被捕在陆丰县城遭杀害	鸡坑村赤卫队员

（续表）

345

（续表）

姓　名	曾用名	性别	出生年月	籍　贯	党团员	参加革命时间、牺牲时间、地点、原因	牺牲前单位、职务
李　曾		男	1901	上护镇鸡坑村		1925年参加农民自卫军，1928年被捕在新田遭杀害	鸡坑村赤卫队交通员
李　亮		男	1892	上护镇鸡坑村		1926年参加农会，1927年被捕在新田遭杀害。	鸡坑村农会会长
朱卫齐	朱伟实	男	1899	上护镇嶂顶村		1926年参加农民自卫军，1927年4月在海丰县樟树凹战斗中牺牲	嶂顶村赤卫队员
朱长发		男	1902	上护镇嶂顶村		1926年参加农民自卫军，1932年被捕在海丰县遭杀害	嶂顶村赤卫队员
陈照南		男	1872	上护镇樟河村东径自然村		1922年参加农会，1923年被捕在陆丰县城遭杀害	河田区区长
黄玉堂		男	1899	上护镇嶂河村水口自然村		1923年参加农民自卫军，1928年在新田激石溪被捕遭杀害	水口村赤卫队通讯员
彭培轩		男	1879	上护镇径头村埔仔里自然村		1925年参加农会，1927年在河田被捕遭杀害	河田区农会会长
叶　海		男	1899	上护镇护北村竹围自然村		1925年参加农会，1925年在护西被捕遭杀害	竹围村农会会员

（续表）

姓　名	曾用名	性别	出生年月	籍　贯	党团员	参加革命时间、牺牲时间、地点、原因	牺牲前单位、职务
张德奎		男	1905	上护镇麻溪村		1927年参加赤卫队，1930年被捕在河口遭杀害	麻溪村赤卫队员
张德贤		男	1903	上护镇麻溪村		1927年参加赤卫队，1930年在河田高沙被捕遭杀害	麻溪村赤卫队员
张德新		男	1909	上护镇麻溪村		1927年参加赤卫队，1930年被捕在陆丰县城遭杀害	麻溪村赤卫队员
黄祥民		男	1905	上护镇大各村长塘自然村		1924年参加农民自卫军，1927年在新田激石溪被捕遭杀害	长塘村农民自卫军战士
叶末利	叶水永	男	1906	上护镇护东村田心自然村	党员	1925年参加农民自卫军，1925年10月在新田激石溪被捕遭杀害	田心村农民自卫军战士
黄祥照		男	1892	上护镇大各村长塘自然村		1924年参加农民自卫军，1928年在新田激石溪被捕遭杀害	长塘村赤卫队员
叶君光		男	1903	上护镇护二村下塘自然村		1926年参加农民自卫军，1928年被捕在新田遭杀害	下塘村赤卫队员

（续表）

姓　名	曾用名	性别	出生年月	籍　贯	党团员	参加革命时间、牺牲时间、地点、原因	牺牲前单位、职务
黄祥庆		男	1907	上护镇大各村长塘自然村		1926年参加农民自卫军，1927年在河田岳溪头战斗中牺牲	长塘村赤卫队员
李　幼		男	1907	上护镇鸡坑村径里自然村		1926年参加农民自卫军，1927年被捕在新田遭杀害	径里村赤卫队长
叶云浪		男	1885	螺溪镇新溪村塘陂自然村		1926年参加农会，1927年在河田被捕遭杀害	塘陂村农会会长
叶成财		男	1900	螺溪镇新溪村丰林自然村		1926年参加农会，1927年在河田被捕遭杀害	丰林村农会会长
叶贤锦		男	1904	螺溪镇广洋村广化自然村	党员	1925年参加农会，1933年在兴宁县被捕遭杀害	地下党书记
罗裕桥		男	1909	螺溪镇欧西村朱岭下自然村		1932年参加农会，1933年1月在河田被捕遭杀害	朱岭下村赤卫队通讯员
罗欲宗	王宗	男	1884	螺溪镇欧西村甜茶自然村		1927年参加赤卫队，1933年1月在河田被捕遭杀害	河口镇赤卫队小队长
叶匡成	叶名合	男	1891	螺溪镇金坑村鸡爪地自然村		1929年参加赤卫队，1933年在南万万全被捕遭杀害	鸡爪地村赤卫队员

（续表）

姓　名	曾用名	性别	出生年月	籍　贯	党团员	参加革命时间、牺牲时间、地点、原因	牺牲前单位、职务
叶匡炎		男	1909	螺溪镇金坑村鸡爪地自然村		1929年参加赤卫队，1932年6月在南万万全被捕遭杀害	鸡爪地村赤卫队员
叶匡就		男	1894	螺溪镇金坑村鸡爪地自然村		1929年参加赤卫队，1932年6月在南万万全被捕遭杀害	鸡爪地村赤卫队员
叶仕炳		男	1898	螺溪镇金坑村鸡爪地自然村		1929年参加赤卫队，1932年6月在南万万全被捕遭杀害	鸡爪地村赤卫队员
叶匡海		男	1903	螺溪镇金坑村鸡爪地自然村		1929年参加赤卫队，1932年6月在南万万全被捕遭杀害	鸡爪地村赤卫队员
罗　生	罗孝谦	男	1887	螺溪镇欧田村		1923年参加农民自卫军，1926年在水东黄塘被捕遭杀害	欧田圩农民自卫军战士
陈　健	陈华协	男	1909	螺溪镇欧田村高丽自然村		1927年参加农会，1928年在南万万全被捕遭杀害	欧田圩赤卫队员
叶文克		男	1904	螺溪镇沥背村		1929年参加赤卫队，1932年在五华县战斗中牺牲	河口区赤卫队小队长
叶匡春	叶纪春	男	1895	螺溪镇金坑村鸡爪地自然村		1930年参加赤卫队，1932年6月在南万万全被捕遭杀害	鸡爪地村赤卫队员

（续表）

姓　名	曾用名	性别	出生年月	籍　贯	党团员	参加革命时间、牺牲时间、地点、原因	牺牲前单位、职务
叶匡昌		男	1900	螺溪镇金坑村鸡爪地自然村		1930年参加赤卫队，1932年6月在南万被捕遭杀害	鸡爪地村赤卫队员
叶木旺		男	1893	螺溪镇书村新塘自然村		1925年参加农会，1927年4月在河田被捕遭杀害	新塘村农会会长
叶维呈		男	1890	螺溪镇书村新塘自然村		1922年参加农会，1927年在新田被捕遭杀害	新塘村农会会长
叶玉声		男	1901	螺溪镇书村新塘自然村		1925年参加农会，1927年1月在木村战斗中牺牲	新塘村赤卫队员
叶初清		男	1876	螺溪镇书村书田自然村		1925年参加农会，1927年在上砂战斗中牺牲	书田村农会会长
叶佐榔		男	1906	螺溪镇正大村正巷自然村		1929年参加赤卫队，1931年在螺溪被捕遭杀害	正巷村赤卫队文书
黄娘顺		男	1906	东坑镇石塔村石塔自然村		1924年参加农民自卫军，1927年在河田被捕遭杀害	石塔村赤卫队队长
黄义生	黄德纯	男	1892	东坑镇石塔村石塔自然村		1924年参加农民自卫军，1927年被捕在河田遭杀害	石塔村赤卫队事务长

（续表）

姓　名	曾用名	性别	出生年月	籍　贯	党团员	参加革命时间、牺牲时间、地点、原因	牺牲前单位、职务
朱春风		男	1869	东坑镇石塔村石塔自然村		1924年参加农会，1927年被捕在河田遭杀害	石塔村农会会长
黄传发		男	1905	东坑镇石塔村石塔自然村		1926年参加农民自卫军，1926年在河口战斗中牺牲	石塔村农民自卫军战士
陈云锋	陈云歆	男	1879	东坑镇大溪村营里自然村	党员	1922年参加农会，1927年在新田马公山被捕遭杀害	营里村农会会长
廖石泉	廖镜楼	男	1891	东坑镇大路村大路自然村		1923年参加农民自卫军，1923年10月被捕在海丰县遭杀害	大路村农民自卫军战士
廖初权	廖益南	男	1889	东坑镇大路村大路自然村		1922年参加农会，1927年3月被捕在河田遭杀害	大路乡农会会长
彭辉山	彭初光	男	1881	东坑镇福新村磜下自然村		1926年参加农民自卫军，1927年革命失败，藏在山中病故	河田区文书
彭永从		男	1904	东坑镇福新村中心段自然村		1926年参加农民自卫军，1927年被捕在河田遭杀害	河田区文书

（续表）

姓　名	曾用名	性别	出生年月	籍　贯	党团员	参加革命时间、牺牲时间、地点、原因	牺牲前单位、职务
彭旭文		男	1899	东坑镇榕江村上水流自然村		1925年参加农民自卫军，1927年被捕在河田遭杀害	河田区区长
彭晋南		男	1899	东坑镇榕江村		1926年参加农民自卫军，1927年被捕在河田遭杀害	榕江村赤卫队小队长
彭武坤		男	1900	东坑镇富口村富口自然村	党员	1926年参加农民自卫军，1928年被捕在河田遭杀害	富口村赤卫队宣传员
彭显堂		男	1864	东坑镇富口村富口自然村		1926年参加农民自卫军，1928年被捕在河田遭杀害	富口村赤卫队联络员
彭祝三	彭瑞华	男	1897	东坑镇东坑村东墩自然村		1925年参加革命，1928年被捕在河田遭杀害	东墩村赤卫队员
彭晋荫		男	1900	东坑镇东坑村东墩自然村		1926年参加农民自卫军，1928年在水东战斗中牺牲	东墩村赤卫队队长
彭启文	彭胜谦	男	1908	东坑镇东坑村东岭自然村		1925年参加革命，1929年被捕在河田遭杀害	河田区副区长
彭世杰	彭毫夫	男	1882	东坑镇新东村老屋家自然村	党员	1927年参加农会，1928年被捕在河田遭杀害	老屋家村农会会长

（续表）

姓　名	曾用名	性别	出生年月	籍　贯	党团员	参加革命时间、牺牲时间、地点、原因	牺牲前单位、职务
彭王恩		男	1896	东坑镇高树坪村		1925年参加农会，1926年在新东龙坑岗被捕杀害	高树坪村农会会长
彭如草		男	1960	东坑镇大坝圩		1933年在河田被捕遭杀害。	柏树村赤卫队员
彭纪年		男	1907	水唇镇水唇村柏树自然村		1925年参加农民自卫军，1933年在河田战斗中牺牲	柏树村赤卫队队长
彭享书		男	1899	水唇镇水唇村柏树自然村		1927年参加赤卫队，1927年8月在柏树村被捕遭杀害	柏树村赤卫队后勤组长
范　安		男	1907	水唇公社南田大队桃子场村		1931年参加赤卫队，1935年4月在护征被捕遭杀害	桃子场村赤卫队员
彭远煌	彭为勋	男	1877	水唇镇吉龙村兴宁排自然村		1925年参加农会，1927年2月在河田被捕遭杀害	兴宁排村农会副会长
彭世均		男	1879	水唇镇吉龙村山下自然村		1926年参加农民自卫军，1927年2月被捕在陆丰县城遭杀害	山下村赤卫队宣传员
彭朕勋	彭世到	男	1908	水唇镇吉龙村兴宁排自然村		1926年参加农民自卫军，1927年7月被捕在东海遭杀害	兴宁排村赤卫队宣传员

（续表）

姓　名	曾用名	性别	出生年月	籍　贯	党团员	参加革命时间、牺牲时间、地点、原因	牺牲前单位、职务
彭周禹		男	1892	水唇镇吉龙村兴宁排自然村		1926年参加农会，1927年1月在水东欧坑战斗中牺牲	兴宁排村赤卫队队长
范为送		男	1909	水唇镇护硁村岭下自然村		1925年参加农会，1932年在紫金县被捕遭杀害	岭下村赤卫队员
范象微		男	1904	水唇镇护硁村岭下自然村		1922年参加农会，1927年2月在河田被捕遭杀害	岭下村赤卫队通讯员
范象湖		男	1906	水唇镇护硁村岭下自然村		1922年参加农会，1934年在河田被捕遭杀害	岭下村赤卫队员
范　栈		男	1903	水唇镇护硁村黄布寨自然村		1929年参加赤卫队，1933年4月在护硁村被捕遭杀害	黄布寨村赤卫队联络组长
范振南		男	1896	水唇镇护硁村岭下自然村		1922年参加农会，1934年在河田被捕遭杀害	岭下村赤卫队队长
彭天喜		男	1869	水唇镇水唇村柏树自然村		1927年参加赤卫队，1927年8月在柏树村被捕遭杀害	柏树村赤卫队员

（续表）

姓　名	曾用名	性别	出生年月	籍　贯	党团员	参加革命时间、牺牲时间、地点、原因	牺牲前单位、职务
彭金蕉		男	1892	水唇镇水唇村柏树自然村		1927年参加赤卫队，1933年在河田被捕遭杀害	柏树村赤卫队员
叶纪妹		女	1903	水唇镇水唇村柏树自然村		1927年参加赤卫队，1927年在柏树村被捕遭杀害	柏树村赤卫队员
彭逢边		男	1897	水唇镇护砬村大竹园自然村		1926年参加农民自卫军，1927年在陆丰县城战斗中牺牲	大竹园村赤卫队员
彭耀庭		男	1900	水唇镇水唇村		1924年参加农民自卫军，1926年在河田被捕遭杀害	水唇村农民自卫军战士
余述云	余述群	男	1895	水唇镇墩塘村		1923年参加农会，1927年在海丰县东冲圩东塘村被捕遭杀害	墩塘村农会会长
彭真足		男	1905	水唇镇水唇村柏树自然村		1928年8月参加赤卫队，1929年在水东牛皮沥被捕遭杀害	柏树自然村赤卫队队长

（二）抗日战争时期烈士（1人）

姓　名	曾用名	性别	出生年月	籍　贯	党团员	参加革命时间、牺牲时间、地点、原因	牺牲前单位、职务
朱　仁	朱雪辉	男	1906	河口镇高潭村金山祠自然村	党员	1923年参加地下组织，1938年7月15日在河口文词学校宣传抗日时被包围，在战斗中牺牲	地下工作人员，海陆丰回乡服务团工作

（三）解放战争时期烈士（22人）

姓　名	曾用名	性别	出生年月	籍　贯	党团员	参加革命时间、牺牲时间、地点、原因	牺牲前单位、职务
张壁如	张利水	男	1923	上护镇付坪村		1946年参加东江游击队，1947年在海丰县樟树凹战斗中牺牲	海陆丰人民自卫队战士
叶佐换	叶展东	男	1929	上护镇护南村		1949年参加东江游击队，1949年9月在上护战斗中牺牲	粤赣湘边纵队第六团战士
刘林钧		男	1925	上护镇麻坑村嶂仔下自然村		1947年参加东江游击队，1948年10月在惠阳多祝战斗中牺牲	海陆丰人民自卫队战士

（续表）

姓　名	曾用名	性别	出生年月	籍　贯	党团员	参加革命时间、牺牲时间、地点、原因	牺牲前单位、职务
吴娘铨		男	1914	上护镇樟河村野鸭自然村		1947年参加东江游击队，1947年底在樟河田心岗战斗中牺牲	东江游击队队员
叶汉民	叶佐何	男	1916	上护镇护北村竹围自然村	党员	1944年参加东江游击队，1948年在海丰县赤石战斗中牺牲	海陆丰人民自卫队战士
郑　标		男	1918	上护镇上护圩		1948年参加游击队，1948年底在本乡被捕遭杀害	粤赣湘边纵队战士
彭岸辉	彭龙权	男	1905	水唇镇中和村中和田自然村		1948年参加游击队，1948年底在惠阳县高潭战斗中牺牲	粤赣湘边纵队战士
彭越群	彭宗顺	男	1927	水唇镇红星村车田自然村		1948年参加游击队，1949年9月在普宁县被捕遭杀害	粤赣湘边纵队班长
刘石合		男	1917	新田镇横陇村		1948年1月参加游击队，1949年3月中在横陇战斗中牺牲	粤赣湘边纵队战士
林瑞中		男	1900	新田镇新田圩		1926年10月参加农民自卫军，1949年3月在上砂战斗中牺牲	粤赣湘边纵队战士

（续表）

姓　名	曾用名	性别	出生年月	籍　贯	党团员	参加革命时间、牺牲时间、地点、原因	牺牲前单位、职务
叶　杨		男	1925	新田镇横陇村北山自然村		1948年参加游击队，1949年3月在横陇被捕遭杀害	粤赣湘边纵队战士
叶　总	叶德舍	男	1928	河口镇昂塘村老屋下自然村	党员	1948年参加游击队，1949年在海丰县战斗中牺牲	粤赣湘边纵队战士
张玉球		男	1919	河口镇营下村嶂下自然村		1949年参加中国人民解放军，1949年7月在上海战斗中牺牲	中国人民解放军战士
李允波		男	1927	河口镇新华村兵营埔自然村		1947年参加游击队，1949年4月在海丰县公平战斗中牺牲	粤赣湘边纵队战士
谢　慧		女	1932	河口镇麦湖村兆水坑自然村	党员	1948年参加民运队，1949年在上护被捕遭杀害	粤赣湘边纵队民运队员
李伟武		男	1924	河口镇土枝村黄枝塘自然村		1938年参加游击队，1949年6月在海丰县战斗中牺牲	粤赣湘边纵队事务长
朱　炎		男	1918	河口镇河口圩		1948年参加解放军，1948年底在南京战斗中牺牲	粤赣湘边纵队战士

（续表）

姓　名	曾用名	性别	出生年月	籍　贯	党团员	参加革命时间、牺牲时间、地点、原因	牺牲前单位、职务
朱佩光		男	1921	河口镇营下村旱塘自然村		1948年6月被地下党推选为民主政府副乡长，1948年11月在旱塘村被捕遭杀害	南溪乡副乡长
徐　宏		男		河口镇河口圩		1949年在龙门县战斗中牺牲	粤赣湘边纵队战士
叶文区		男	1926	螺溪镇新溪村塘陂自然村	党员	1948年3月参加游击队，1949年7月在海丰县战斗中牺牲	粤赣湘边纵队战士
彭少池		男	1906	东坑镇共光村白石头自然村	党员	1947年参加游击队，1949年在海丰县罗寨战斗中牺牲	粤赣湘边纵队战士
谢国良		男	1905	河口镇麦湖村兆水坑	党员	1942年参队，1949年在博美牺牲	粤赣湘边纵队第六团第三连指导员

（四）社会主义革命和社会主义建设时期烈士（78人）

姓　名	曾用名	性别	出生年月	籍　贯	党团员	参加革命时间、牺牲时间、地点、原因	牺牲前单位、职务	说明
敦文财		男	1917	新田镇参城村		1949年参加解放军，1951年在朝鲜战场上牺牲	志愿军战士	

（续表）

姓　名	曾用名	性别	出生年月	籍　贯	党团员	参加革命时间、牺牲时间、地点、原因	牺牲前单位、职务	说明
刘仁周		男	1929	新田镇参城村		1950年11月参加解放军，1952年在朝鲜战场上牺牲	志愿军战士	
钟帝娘		男	1940	新田镇吉石溪村上完自然村	团员	1960年3月参加解放军，1962年1月在汕头市因公牺牲	解放军副班长	
练火荣		男	1925	新田镇联新村锅底自然村		1949年参加解放军，1952年在朝鲜战场上牺牲	志愿军战士	
练永双		男	1928	新田镇联新村锅底自然村		1948年参加解放军，1953年在海南军舰上遭敌机轰炸牺牲	解放军排长	
叶君禄		男	1949	新田镇参城村	党员	1971年1月参加解放军，1979年7月在陕西韩城因公牺牲	解放军战士	
叶娘吉		男	1923	新田镇田心村		1948年5月27日参加解放军，1951年在朝鲜战场上失踪	三野二十七军八十师二三九团一营一连战士	1981年9月县人民政府追认为烈士

（续表）

姓　名	曾用名	性别	出生年月	籍　贯	党团员	参加革命时间、牺牲时间、地点、原因	牺牲前单位、职务	说明
罗秀华		男	1914	河口镇麦湖村赖庄田自然村		1948年在麦湖参加贫农团，1950年在狮子嶂剿匪战斗中牺牲	赖庄田村贫农团团长	
张元岁		男	1913	河口镇剑门村单竹坑自然村		1948年参加解放军，1953年在朝鲜战场战斗中牺牲	志愿军战士	
朱秉仓	朱呈福	男	1917	河口镇北中村		1949年参加解放军，1953年在朝鲜战场战斗中牺牲	志愿军排长	
朱耿溪		男	1928	河口镇河口圩	党员	1950年参加解放军，1952年在朝鲜战场战斗中牺牲	志愿军战士	
朱石保		男	1916	河口镇云丰村雷公坪自然村		1948年参加解放军，1949年12月在新田何树凹战斗中牺	粤赣湘边纵队第六支队排长	
叶云辉	叶佐稳	男	1918	河口镇昂塘村老屋下自然村		1948年参加解放军，1950年3月18日在上砂围剿反革命暴动战斗中牺牲	粤赣湘边纵队第六团第十连战士	
叶　茂		男	1899	河口镇昂塘村双门滩自然村		1948年参加解放军，1950年3月18日在上砂围剿反革命暴动战斗中牺牲	粤赣湘边纵队第六团第十连战士	

（续表）

姓　名	曾用名	性别	出生年月	籍　贯	党团员	参加革命时间、牺牲时间、地点、原因	牺牲前单位、职务	说明
李永泉		男	1920	河口镇营下村		1949年参加解放军，1951年3月在浙江省战斗中牺牲	解放军战士	
张锡坤		男		河口镇麦湖村深湖自然村		1951年在朝鲜战场上牺牲	志愿军战士	
朱得胡		男	1925	河口镇北二村北笏自然村		1950年在北中参加民兵，1951年7月放哨时被雷击中牺牲	北笏村民兵	
李德光		男	1959	河口镇新华村兵营埔自然村	团员	1978年4月入伍，1979年2月18日在对越自卫反击战中牺牲	五三〇一三部队卫生员	葬于广西那坡烈士陵园，墓号：3区5排22号
朱俊杰		男	1957	河口镇西湖村	党员	1978年4月入伍，1979年2月在对越自卫反击战中牺牲	五三〇一四部队八七分队战士	葬于广西靖西烈士陵园。墓号：2区16排16号
邱玉勋		男	1958	河口镇麦湖村岗子背自然村		1978年4月入伍，1979年2月21日在对越自卫反击战中牺牲	五三〇一四部队八七分队战士	葬于广西靖西烈士陵园。墓号：4区1排9号

（续表）

姓　名	曾用名	性别	出生年月	籍　贯	党团员	参加革命时间、牺牲时间、地点、原因	牺牲前单位、职务	说明
邱左斌		男	1958	河口镇剑门村猪桃沥自然村	团员	1978年3月入伍，1979年2月24日在对越自卫反击战中牺牲	五三〇一六部队七七分队战士	荣立三等功。葬于广西那坡烈士领域，基号：3区5排20号
叶万洋	叶杨	男	1907	螺溪镇正大村大陂自然村		1950年参加民兵，1950年3月18日在上砂围剿反革命暴动战斗中牺牲	正大乡民兵	
叶佐铨		男	1918	螺溪镇螺溪村大中自然村		1949年参加解放军，1950年9月在朝鲜战场上失踪	志愿军战士	1981年9月县人民政府追认为烈士
叶锦伦	叶作明	男	1922	螺溪镇良洞村山下自然村		1948年参加解放军，1950年3月18日在上砂围剿反革命暴动战斗中牺牲	粤赣湘边纵队第六团第十连战士	
叶平安		男	1921	螺溪镇良洞树		1948年参加解放军，1950年在朝鲜战场上牺牲	志愿军连长	
叶子方		男	1906	螺溪镇各安村李坑自然村		1950年参加民兵，1950年3月18日在上砂围剿反革命暴动战斗中牺牲	李坑村民兵	

（续表）

姓 名	曾用名	性别	出生年月	籍 贯	党团员	参加革命时间、牺牲时间、地点、原因	牺 牲 前 单 位 、 职 务	说明
叶天嶂		男	1940	螺溪镇各安村李坑自然村		1958年4月应征入伍，1959年4月在广州部队战备施工中牺牲	解放军战士	
叶云解	叶解	男	1931	螺溪镇新良村上洋前自然村		1950年参加解放军，1950年3月18日在上砂围剿反革命暴动战斗中牺牲	粤赣湘边纵队第六团第十连战士	
叶 生	叶伟钦	男	1924	螺溪镇新良村龙江自然村	党员	1949年5月参加革命，1950年3月18日在上砂围剿反革命暴动战斗中牺牲	粤赣湘边纵队第六团第十连副排长	
叶子京		男	1932	螺溪镇新溪村石角自然村		1950年1月参加解放军，1950年3月18日在上砂围剿反革命暴动战斗中牺牲	粤赣湘边纵队第六团第十连战士	
叶景耗	叶浩	男	1914	螺溪镇新溪村石角自然村		1947年参加解放军，1950年3月18日在上砂围剿反革命暴动战斗中牺牲	粤赣湘边纵队第六团第十连战士	
叶富郁	叶富	男	1926	螺溪镇新溪村丰林自然村		1949年参加解放军，1950年3月18日在上砂围剿反革命暴动战斗中牺牲	粤赣湘边纵队第六团第十连战士	

（续表）

姓　名	曾用名	性别	出生年月	籍贯	党团员	参加革命时间、牺牲时间、地点、原因	牺牲前单位、职务	说明
叶甫保		男	1919	螺溪镇新溪村塘陂自然村		1949年12月参加解放军，1953年6月在朝鲜战场中牺牲	志愿军战士	
范娘星		男	1931	水唇镇南进村寨里自然村		1949年3月参加游击队，1950年3月在上砂围剿反革命暴动战斗中牺牲	粤赣湘边纵队第六团第十连战士	
邱文志		男	1920	水唇镇高塘村田心自然村		1948年参加解放军，1953年7月在朝鲜战场上牺牲	志愿军排长	
罗　河	罗林河	男	1910	水唇镇高塘村官仓自然村		1949年参加游击队，1950年3月在上砂围剿反革命暴动战斗中牺牲	粤赣湘边纵队第六团第十连战士	
邱加稳		男	1951	水唇镇新丰村下庭前自然村	团员	1971年入伍，1972年6月在陕西省临僮县执行任务时牺牲	解放军战士	
邱帝财		男	1954	水唇镇下社村	党员	1977年1月入伍，1979年2月在对越自卫反击战中牺牲	五三五七一部队副班长	葬于广西平祥烈士陵园，墓号：南山7排40号

（续表）

姓　名	曾用名	性别	出生年月	籍　贯	党团员	参加革命时间、牺牲时间、地点、原因	牺牲前单位、职务	说明
范振声		男	1956	水唇镇护硁田心坝村		2000年9月2日，在抗洪抢救群众生命财产时受伤，9月3日牺牲		2001年9月4日被广东省人民政府认定为革命烈士
彭子贺	彭仕群	男	1926	水唇镇吉龙村田心角自然村		1949年参加游击队，1950年3月18日在上砂围剿反革命暴动战斗中牺牲	粤赣湘边纵队第六团第十连战士	
罗烈舍		男	1932	水唇镇高塘村田心自然村		1949年参加游击队，1950年3月18日在上砂围剿反革命暴动战斗中牺牲	粤赣湘边纵队第六团第十连战士	
余家算		男	1941	水唇镇墩塘村墩子自然寨	党员	1962年入伍，1966年8月在抗美援越战争中执行任务时牺牲	广西三七三部队班长	
余胜望		男	1926	水唇镇墩塘村护竹步自然村		1949年2月参加解放军，1951年在朝鲜战场上失踪	志愿军战士	1981年9月县人民政府追认为烈士
罗建忠		男	1928	水唇镇高塘村官仓自然村		1949年参加解放军，1951年在朝鲜战场上失踪	志愿军战士	1981年9月县人民政府追认为烈士

（续表）

姓　名	曾用名	性别	出生年月	籍　贯	党团员	参加革命时间、牺牲时间、地点、原因	牺牲前单位、职务	说明
彭炳新		男	1926	水唇吉龙村田心角自然村		1948年1月参加解放军，1950年在朝鲜战场上失踪	四野一二八师三八四团六连战士	1981年9月县人民政府追认为烈士
彭武监		男	1925	水唇镇护砭村下陂自然村		1949年参加解放军，1950年11月在朝鲜战场上失踪	志愿军战士	1981年9月县人民政府追认为烈士
彭初喜		男	1927	水唇镇吉龙村田心角自然村		1949年参加游击队，1950年3月18日在上砂围剿反革命暴动战斗中牺牲	粤赣湘边纵队第六团第十连战士	
彭金炳		男	1924	水唇镇吉龙村南方口自然村		1948年参加解放军，1950年11月在朝鲜战场上牺牲	志愿军排长	
彭永清	彭武清	男	1927	水唇镇吉龙村田心角自然村		1949年参加游击队，1950年3月18日在上砂围剿反革命暴动战斗中牺牲	粤赣湘边纵队第六团第十连战士	
彭世模	彭仕强	男	1927	水唇镇吉龙村兴宁排自然村		1949年参加游击队，1950年3月18日在上砂围剿反革命暴动战斗中牺牲	粤赣湘边纵队第六团第十连战士	

（续表）

姓　名	曾用名	性别	出生年月	籍贯	党团员	参加革命时间、牺牲时间、地点、原因	牺牲前单位、职务	说明
范永珍	范保星	男	1934	东坑镇大竹园称陀坪自然村		1953年参加民兵，1953年4月在称陀村村水口路放哨时误枪牺牲	称陀坪村民兵	
陈子松		男	1929	东坑镇大溪村营里自然村		1948年5月参加解放军，1950年在朝鲜战场上失踪	志愿军战士	1981年9月县人民政府追认为烈士
彭子远		男	1959	东坑镇大新村	团员	1979年1月入伍，1979年2月20日在对越自卫反击战中牺牲	五三〇四六部队七九分队战士	立三等功，追认共青团员。葬于广西靖西烈士陵园。墓号：2区3排13号
彭景维		男	1938	东坑镇新东村上屋自然村	党员	1959年3月入伍，1959年6月在广州部队因公牺牲	解放军战士	
彭文治		男	1944	东坑镇新东村上屋自然村	团员	1965年入伍，1968年1月在云南省永茶县因公牺牲	解放军战士	
廖志辉	廖文温	男	1930	东坑镇大路村	党员	1948年参加解放军，1952年6月在朝鲜战场上牺牲	志愿军副班长	

（续表）

姓　名	曾用名	性别	出生年月	籍　贯	党团员	参加革命时间、牺牲时间、地点、原因	牺牲前单位、职务	说明
黄娘举	黄文举	男	1923	东坑镇石塔村		1948年参加解放军，1950年在朝鲜战场上牺牲	志愿军战士	
罗清泉		男	1918	河田镇河北村石禾町自然村		1949年参加解放军，1950年在朝鲜战场上牺牲	志愿军战士	
温娘枝	温流顺	男	1922	河田镇河东村营盘自然村		1948年参加解放军，1950年在朝鲜战场上牺牲	志愿军战士	
彭　育	彭育南	男	1914	河田镇溪东村上街自然村		1949年参加游击队，1950年3月18日在上砂围剿反革命暴动战斗中牺牲	粤赣湘边纵队第六团第十连战士	
彭绍茂		男	1925	河田镇河南村对面埔自然村		1951年9月参加志愿军，1953年7月在朝鲜战场上牺牲	志愿军战士	
彭云光	彭狄赞	男	1929	河田镇河田圩		1947年参加解放军，1950年在朝鲜战场上牺牲	志愿军战士	

（续表）

姓　名	曾用名	性别	出生年月	籍　贯	党团员	参加革命时间、牺牲时间、地点、原因	牺牲前单位、职务	说明
彭振桠		男	1959	河田镇岳溪村咸塘自然村	团员	1977年1月入伍，1979年2月在对越自卫反击战中牺牲	五三二四九部队七连战士	立三等功一次。葬于广西龙州烈士陵园，墓号：2区6排7号
罗志明		男	1974	南方镇南告村		1998年1月20日在深圳市南山区追捕持枪杀人案犯时遭歹徒杀害	深圳市南山区公安分局巡警大队三中队分队长	
罗娘财		男	1939	河田镇宝山村揖江自然村	党员	1959年3月入伍，1979年2月21日在对越自卫反击战中牺牲	五三〇一五部队营长	荣立三等功。葬于广西那坡烈士陵园，墓号：3区5排21号
罗应运		男	1926	河田镇河北村布屋自然村		1948年12月参加解放军，1951年在朝鲜战场上失踪	四野四十四师战士	1981年9月县人民政府追认为烈士

（续表）

姓　名	曾用名	性别	出生年月	籍　贯	党团员	参加革命时间、牺牲时间、地点、原因	牺牲前单位、职务	说明
彭东旺		男	1921	河口镇河田圩		1949年10月在厦门战役中牺牲	二七○团三营战士	厦门民政局转入
钱良旺		男	1908	河田镇河田圩		1949年10月在厦门战役中牺牲	二七○一营机枪连战士	厦门民政局转入
陈　茂		男	1923	河田镇河田圩		1949年10月在厦门战役中牺牲	三七四团三营机枪连战士	厦门民政局转入
黄永济		男	1942	河田镇宝金蜈蚣埔自然村	团员	1963年入伍，1964年8月在揭阳县因抢救战友而牺牲	六八九部队战士	
彭宗杏		男	1923	河田镇河东村龙油下自然村		1948年参加解放军，1951年在朝鲜战场牺牲	志愿军战士	
林　传		男	1931	河田镇河北村埔智里自然村		1948年参加游击队，1950年3月18日在上砂围剿反革命暴动战斗中牺牲	粤赣湘边纵队第六团通讯员	
彭　富		男	1930	河田镇河南村方田自然村		1949年参加解放军，1951年12月在朝鲜战场上牺牲	志愿军战士	
张彝深		男	1928	上护镇护坪村罗角田自然村		1951年参加解放军，1953年在朝鲜战场上牺牲	志愿军战士	

（续表）

姓　名	曾用名	性别	出生年月	籍　贯	党团员	参加革命时间、牺牲时间、地点、原因	牺牲前单位、职务	说明
叶汉芝	叶权	男	1921	上护镇护南村水东自然村	党员	1948年7月参加游击队，1950年3月在上砂围剿反革命暴动战斗中牺牲	粤赣湘边纵指导员	
邓志东	邓兆灶	男	1954	上护镇洋岭村塘面自然村	党员	1976年2月入伍，1977年4月在四川省大凉山抢险排石中牺牲	六八一七〇部队战士	
黄现鉴	黄召民	男	1922	上护镇大各村长塘自然村	党员	1949年参加解放军，1952年在朝鲜战场上牺牲	志愿军战士	
郑德光		男	1916	上护镇东村横隆自然村		1948年参加游击队，1950年在上砂牺牲	粤赣湘边纵第六团十连战士	

相关史料

陆丰沿革及其他

陆丰县是在清雍正九年（1731年）从海丰析出三个都设置的。据清乾隆十年（1745年）王之正总辑的《陆丰县志》记载：海丰置县前的疆域，在夏、商、周三代，夏朝时为禹贡扬州（今江南各省）之南部边远地区；春秋战国时为百粤地带。秦始皇并吞六国后，于秦始皇二十五年（公元前222年）遣王翦南征百越，次年设置南海郡博罗县，此隶属一直延续到东晋时期。晋成帝咸和六年（331年），析南海郡沿海地带为东官郡（又称东莞郡），并从博罗县析出海丰县，寓意"南海物丰"，归属东官郡。海丰全县分设兴贤、杨安、金锡、石塘、坊廓、石帆、吉康、龙溪8个都，唐朝武德五年（623年）析海丰县的东部坊廓、石帆、吉康、龙溪4个都为陆安县，县址设在大安屯。唐贞观元年（627年）又撤销，地方仍属海丰县。明嘉靖三年（1524年）析出海丰东部龙溪都，设置惠来县。至清雍正九年析出海丰县坊廓、石帆、吉康3个都设置新县，县址设在东海誊旧圩寨，取陆安的"陆"、海丰的"丰"名陆丰县，隶属惠州府。

乾隆本的《陆丰县志》的沿革依袭《广东通志》，与修成于明嘉靖三十八年（1559年）的《海丰县志》在设置年代上有差异，嘉靖本谓"海丰故邑也""邑自汉始"，对此史志工作者有存疑。

新置的陆丰县辖区：

坊廓都所属：西头、潭冲、上殷、下殷、沙塘、分河、大雾、茅洋、军寨、双堆、下寮、磨海、点头、大洋、超沟、赤坎、沙陂、内湖、东山、乌坎、白沙、大塘、网寮、大寮、小晴、城尾、西林、下坐、南灶、员山、塔兜、焦坑、石寨、八万、洋口、陂沟、产田、马山、棋子埔、钱厝寮、港子尾、溪头葛、高螺乡、陇头乡、深草洋、南海甲、牛冈乡、岩前乡、石头山、洪厝围、花厝寮、莲池乡、大石下、牛母湖、留尾市、俞厝寨、蛟溪甲、将军塘、白藤林、十二冈、燕子埔、大安埔、尚书埔、仰勋寨、安业寨、圩尾寨、西山寨、朱家寨、马路乡、葫芦畬、鹿州。

石帆都所属：南塘圩、蛋家埔、石帆村、黄家寨、龙潭甲、娘子寨、宋厝寮、灯笼山、阮西寮、鱼池乡、上巷乡、茫湖乡、圭湖乡、华清乡、半径乡、后溪乡、大圩乡、乌坎乡、赤岭、长山、蚝潭、东山、白峯、海角、后林、北湖。

吉康都所属：上护东甲、上护西甲、河田甲、五湖圩、南溪埔、南丫头、赖僧屯、狮子嶂、北坑村、北溪埔、大溪畬、田螺圹、吉溪村、罗溪甲、罗溪圩、黄塘约、仑岭村、五云洞、新田、西甲、东坑、吉溪、上砂、下砂。

乾隆本《陆丰县志》未见全县人口数记载，《嘉靖海丰县志上卷》则有海丰（含陆丰、惠来）共8个都的人口，谓：宋（无考），元（朝）户三千二百九十九，口一万一千二百三十六人。国朝（即明朝）洪武二十四年（1391年），户五千一百二十三，口二万三百零一；永乐十年（1412年），户五千五百四十二，口二万九千零二；嘉靖元年（1522年），户四千二百七十四，口一万七千五百七十八；嘉靖十年

（1532年），户二千三十九，口五千四百零七；（时龙溪都已析出）嘉靖三十一年（1552年），户六千七百一十九，口一万六千四百七十二。其他年代俱缺

明嘉靖三十八年（1559年）编修《海丰县志》时，全县地广人稀，该志在记载邑治中，列举了吉康都一部分乡约居民户数，如"新田屯，亦有民户错居其中，约二百余户"，"上护，居民五十余户"，"仑岭，居民百余户"，"五云洞，居民百余户"，"螺溪，居民二百余户"，"上砂，傍有下砂，居民各有二百余户"，"三溪，居民二百余户"等。

至民国10年前后，有史料记载谓海丰人口40余万人，陆丰人口30余万人；1949年陆丰总人口46万多人。从元朝有人口记载（含海丰）至新中国成立，历时六七百年人口变化缓慢，时有增长，时有减少，可能是由战乱和灾荒造成的，如20世纪近百年陆丰人口增长不多，其中就与20世纪30年代国民党的反复"围剿"和1943年发生全县空前大灾荒使人口锐减有关。

海陆丰两县由于地理和历史上的原因，语言、风俗习惯大体相同，兼之远自明清两朝，这个地区广大人民在反对共同敌人的多次斗争中，并肩作战，互相支持，互相影响，至20世纪20年代中共海陆丰地方组织建立后，又合多分少，两县革命斗争形成不易分割的整体，人们习惯于把这两个县统称"海陆丰"。因穷困谋生或因革命失败，流散在外地，特别是在香港和南洋诸岛国生活的海陆丰人，大都组织有海陆丰同乡会等，以及开办学校，如香港的海陆丰籍同胞就开办有海陆丰公学。

附录五 **文件选登**

中华人民共和国国家发展和改革委员会

发改办地区〔2016〕347 号

国家发展改革委办公厅关于
广东海陆丰革命老区贫困县纳入国家
贫困革命老区扶持范围有关问题的复函

广东省人民政府办公厅：

　　国务院办公厅将你省人民政府《关于广东海陆丰革命老区贫困县纳入国家贫困革命老区扶持范围的请示》（粤府〔2015〕125号）批转我委商有关部门研究办理。经商民政部、财政部、国务院扶贫办，现函复如下：

　　一、海陆丰革命老区是土地革命战争时期重要的革命根据地之一，为中国革命胜利做出了重要贡献。改革开放以来，海陆丰革命老区发展建设取得了明显成就，但由于受区位、自然、历史等因素影响，部分老区市县发展还相对滞后，部分老区人民生产生活还比较困难，如期全面建成小康社会的任务依然繁重艰巨，应统筹各方面力量，进一步加大对海陆丰革命老区开发建设和脱贫攻坚工作的支持力度。

　　二、党中央、国务院历来高度重视革命老区开发建设工作，在社会主义现代化建设的不同历史时期,都对老区给予了格外关心和大力支持。为贯彻落实习近平总书记、李克强总理等中央领导同志关于革命老区的重要批示精神,我委会同有关部门研究起草了《关于加大脱贫攻坚力度支持革命老区开发建设的指导意见》(以下简称《指导意见》),已于2015年底以中办发〔2015〕64号文件印发实施。《指导意见》提出了支持革命老区脱贫攻坚与开发建设的主要目标、建设任务,特别针对革命老区面临的突出困难和问题,在财政、投资、金融、土地、生态补偿、干部人才等方面,明确了一系列特殊支持政策。下一步,我委将认真履行牵头职责,会同有关部门认真贯彻落实中央扶贫开发工作会议和全国革命老区开发建设座谈会精神,结合《指导意见》有关要求,进一步加大支持力度,做好指导协调和督促检查工作,推动包括海陆丰革命老区在内的欠发达革命老区加快振兴发展。

三、2011年5月印发实施《中国农村扶贫开发纲要(2011-2020年)》后,国家相继调整确定了592个国家扶贫开发工作重点县名单和14个集中连片特困地区分县名单,由于你省没有国家扶贫开发工作重点县,也没有县市纳入国家集中连片特困地区范围,因此没有实施国家相关扶持政策。但是,按照中央新一轮扶贫开发工作部署和精准扶贫精准脱贫的基本方针,海陆丰革命老区内建档立卡贫困户、贫困村仍可执行精准扶贫相关政策。下一步,我委将会同有关部门在安排基础设施、农林水利、社会事业等领域中央预算内投资和相关资金时,商你省发展改革委进一步加大对海陆丰革命老区的支持力度；在"十三五"规划编制工作中，积极指导你省发展改革委帮助海陆丰革命老区谋划一批关乎长远发展、关系民生改善的项目。国务院扶贫办、民政部等有关部门也将在实施产业扶贫、转移就业、教育扶贫、健康扶贫、低保兜底等精准扶贫措施时，商你省相关部门进一步加大对海陆丰革命老区建档立卡贫困村、贫困户的扶持力度。建议你省充分发挥经济发达省份优势，完善省以下财政体制，继续加大省本级财政对海陆丰革命老区的投入力度，加快老区脱贫发展。

特此函复。

国家发展改革委办公厅

2016年2月5日

抄送：国务院办公厅，民政部、财政部、扶贫办办公厅（行政人事司）

广东省人民政府
转发国务院关于广东省调整部分行政区划的批复的函
粤府函〔1988〕16号

各市、县、自治县人民政府，各地区行政公署，新设市筹备组，省府直属各单位：

现将《国务院关于广东省调整部分行政区划的批复》（国函〔1988〕6号）转发给你们，请按照执行。望有关市、县抓紧做好交接工作。有关市辖区设置等问题，将另行下达。

一九八八年一月十六日

国务院关于广东省调整部分行政区划的批复
国函〔1988〕6号

广东省人民政府：

你省一九八七年十二月十九日《关于调整我省部分行政区划实行市领导县体制的请示》收悉。同意你省：

一、撤销肇庆地区，将肇庆市升为地级市；设立肇庆市端州、鼎湖两个市辖区；将原肇庆地区的高要、四会、广宁、怀集、封开、德庆、云浮、新兴、郁南、罗定十个县划归肇庆市管辖。

二、撤销惠阳地区，将惠州市升为地级市；设立惠州市惠城区；将原惠阳地区的惠阳、博罗、惠东三个县和广州市的龙门县划归惠州市管辖。

三、撤销梅县地区和梅县市，设立梅县、梅州市（地级）和梅州市梅江区；以原梅县市的松口等二十七个乡镇的行政区域为梅县的行政区域，梅县人民政府驻扶大；将梅县和原梅县地区的兴宁、五华、丰顺、大埔、平远、蕉岭六个县划归梅州市管辖。

四、设立陆河县，以陆丰县的河田、河口、新田、上护、水唇、螺溪、东坑、南万八个乡镇及吉溪林场的行政区域为陆河县的行政区域；陆河县人民政府驻河田镇。

五、设立汕尾市（地级）和汕尾市城区，以海丰县的汕尾、田墘、遮浪、东涌、捷胜、红草、马宫七个镇的行政区域为汕尾市的行政区域；汕尾市人民政府驻原汕尾镇，将陆河县和原惠阳地区的海丰县、陆丰县划归汕尾市管辖。

六、撤销河源县，设立河源市（地级）和河源市源城、郊区两个市辖区；河源市人民政府驻原东埔镇，将原惠阳地区的紫金、连平、和平、龙川四个县划归河源市管辖。

七、撤销阳江县，设立阳西县、阳江市（地级）和阳江市江城、阳东两市辖区，以原阳江县的织篢、程村、上洋、儒洞、溪头、沙扒、塘口、新圩、蒲牌九个乡镇及织篢农场的行政区域为阳西县的行政区域；阳西县人民政府驻织篢镇。以原阳江县的其余部分为阳江市的行政区域；阳江市人民政府驻原江城镇，将阳西县和江门市的阳春县划归阳江市管辖。

八、撤销清远县，设立清远市（地级）和清远市清城、清郊两个市辖区；清远市人民政府驻原清城镇，将广州市的佛冈县和韶关市的英德、阳山、连县、连山、连南五个县划归清远市管辖。

九、将东莞、中山两个县级市升为地级市。

十、将广州市的新丰县划归韶关市管辖。

中华人民共和国国务院

一九八八年一月七日

1957年陆丰县评定老区统计表

附录表（陆河区域）

镇别	村（个）	户数（户）	人数（人）	时期
河田	10	264	1 274	第二次国内革命战争时期
水唇	10	495	2 254	第二次国内革命战争时期
东坑	23	784	3 926	第二次国内革命战争时期
南万	22	295	1 297	第二次国内革命战争时期
螺溪	16	168	3 052	第二次国内革命战争时期
上护	31	941	4 795	第二次国内革命战争时期
河口	33	770	3 607	第二次国内革命战争时期
新田	38	1 035	4 916	第二次国内革命战争时期
合计	183	4 752	25 121	

关于请求建置广东省吉康县的

报　　　告

河田镇、河口镇、新田镇、上护镇、水唇镇、
螺溪镇、东坑乡、南万乡、吉溪国营林场

一九八七年九月三十日

关于请求建置广东省吉康县的

报 告

（一）

位于陆丰县北部山区的河田、河口、新田、上护、水东、东坑、螺溪、南万区和国营吉溪林场（下称八区一场），是陆丰、海丰、紫金、五华、揭西、普宁六县交界处。陆地面积１００５平方公里，占陆丰县陆地总面积２６８６平方公里的五分之二。省办装机三台拥有４５０００瓩的南告水电厂和陆丰县办装机两台６０００瓩的九京岭水电站（最大）均在北部山区境内。地势高峻，山峦起伏。陆丰三大山脉——火山嶂、五马归槽、罗经嶂均在"八区一场"边沿，三山鼎立。新田乌凸山海拔１２３３米，为陆丰群山最高峰。螺河是陆丰县最大最长的河流，全长１０２公里，流域１３５６平方公里，占陆丰县陆地总面积的４７．２％，发源于螺溪区与紫金县交界的三神凸山，贯穿陆丰县境南北，流入南海，把北部山区分成东西两岸。

清雍正九年（１７３１）以前，八区一场原属惠州府海丰县辖，后从海丰县析出坊廓、石帆、吉康三都设陆丰县，北部山区称为吉康都。解放后曾先后两次归汕头管辖，一九八三年九月归属惠阳地区。二十至四十年代，革命老前辈彭湃、周恩来总理和古大存同志等均来过这一带指导革命运动，传播革命种子，点燃星星之火。一九二五年至一九二七年，周总理三到陆丰，曾有两次到新田、河田、水东等地指导革命运动。因此，这里的人民对党无限忠诚,对革命事业充满胜利信心，而且勤劳、勇敢、俭朴，和睦相处。

八区一场现辖61个乡一个镇一个管理区，有1117个自然村，现有人口20万，土地面积12万亩，共有山地面积156万亩，占陆丰县山地总面积230万亩的68％，人平土地面积0.61亩，山地面积 7.8 亩，属山多地少老边穷地区（革命老区、边远地区、穷山区）。

（二）

解放后，党中央，省、地、县和上级老区办等有关部门对这个老边穷地区十分关怀，尽力帮助山区建设，使山区发生了较大变化，粮食年亩产突破了千斤，群众温饱基本解决。八区一场的宜林山地基本绿化，这里的杉、赤黎、苗竹等在粤东山区早已盛名，菠萝、香蕉、青柿、吊梨、龙眼、桃李等佳果闻名各地，并且成为左右山区经济发展的一大主轴。交通事业有了较大发展，陆河（陆丰至揭西县城河婆镇）公路穿越八区境内，以河田为中转站，东经水东通揭西，西经上护、新田通海丰，北经螺溪通紫金，南通陆丰县城。南万至紫金公路也在筹划中。八区一场道路四通八达，为振兴老边穷山区创造了条件。

但是，由于诸多主客观因素的制约和区乡级体制的局限，北部山区经济的发展远远跟不上邻近县区乡经济发展步伐，与沿海相比差距更大。农业生产经济单一，山区果树产品直流价值低；地下蕴藏丰富的锡、铅等矿藏无法大力开采；上护温泉、燕子岩，水东观天嶂及南告水库等优越的旅游避暑胜地无力开发，还有装机二万多瓩的水力资源尚未开发利用，第二、三产业起步迟，发展困难。由于区乡级规模小、底子薄，形成不了较大规模企业或县级经济实体，造成海外十多

～2～

384

万华侨、港澳台同胞不敢回家乡投资办企业。农村产业结构调整受到制约，众多劳动力输出困难，长年累月只好"软禁"在几分地上混饭吃，山区的政治、经济、文化、技术和服务中心始终无法形成。在这一千平方公里的山窝里，二十多万老边穷的山区人民的事业始终无法兴旺发达。

（三）

胡耀邦同志指出：发展小城镇"是发展社会主义商品生产，促进农民富裕的一大政策"，"是社会生产力的又一次大解放"。因此，加强对城镇工作的领导，建立山区县，建设好小城镇，已是当前加速商品生产，调整我国城乡经济结构和人口布局，搞好经济改革的当务之急。它不仅关系到国家四化的早日实现，也关系到建设具有中国特色的社会主义。为有利上级对边远山区加强领导；为有利开发山区水电、矿藏等资源优势，发展山区旅游事业，提高林果产品和山货价值，加速商品集散；为有利劳力输出，挖掘民间传统技艺，开创多业结构的新局面；为使众多华侨、港澳台同胞更加热爱家乡，热诚为山区、为本乡本土投资，招商进门上山；为使山区人民真正享受到国家对老边穷地区的优惠政策；为使长期落后的边远山区具有组织商品流通，开发地方经济，传递经济信息，调节城乡人口，开发农村智力的基本功能，真正把山区建设成为工农结合、城乡渗透、发展生产、促进流通、繁荣文化、方便生活，带动山区农村物质文明建设和精神文明建设的经济文化中心。依据本地的自然地理、经济、社会等条件，以及人民群众长期的生活习惯和多年来迫切愿望要求，我们反复认真探索研究考虑，并受各区各战线各界人民代表的委托，故特起报告，请求上级批准在北部山区"八区一场"从陆丰县划出，建置新的山区县（邻近的兄弟区五云、上砂如若愿意，欢迎划回合并）。择清雍正九年"吉康都"的"吉康"为名，建置吉康县，县机关所在地设在河田区河田镇。

以上报告妥否，敬请上级批示！

河田区、河口区、新田区、上护区、水东区、东坑区、螺溪区、南万区、国营吉溪林场

一 九 八 六 年 八 月 八 日

报送：全国人民代表大会常务委员会、国务院、民政部、中央老少边山穷办公室，广东省委、省人大、省人民政府、省民政厅、省老区办、省委林若书记、叶选平省长、谢非书记,惠阳地委、地区行署、地区民政处、地区老区办，陆丰县委、县人大、县人民政府、县民政局、县老区办。

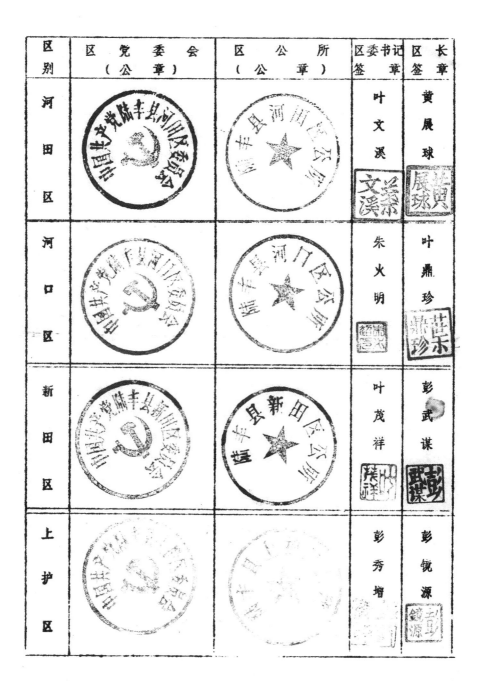

区别	区党委会（公章）	区公所（公章）	区委书记签章	区长签章
河田区			叶文溪	黄晨球
河口区			朱火明	叶鼎珍
新田区			叶茂祥	彭武谋
上护区			彭秀增	彭镜源

区别	区党委会（公章）	区公所（公章）	区委书记签章	区长签章
水东区			叶汉民	彭子眉
东坑区			曾俊英	罗伦国
螺溪区			彭世河	杨廉
南万区			徐国栋	陈晋文

附录六

大事记

1911年

10月，陆丰同盟会组织的领导人罗觉庵（水唇镇人）、曾享平、马桐轩、叶德修等人，以农民抗清组织三点会的遗留势力为骨干，在大安、河口、博美、甲子等地组成各路民军，先后攻占了碣石卫城和陆丰县城，夺取了陆丰的统治权。

1919年

5月，北京学生发起"外争主权，内除国贼"的五四爱国运动，并迅速席卷全国，在中国革命史上开创了新的时代，形成一股新的革命潮流。陆丰亦不例外地受到新潮流的冲刷。

1920年

是年，以郑重、彭翊寰、李云阶等进步分子为首，发起组织了陆丰社会促进社。

1921年

是年，彭翊寰任陆丰县教育局局长。任职4年间，采取了一系列措施，卓有成效地发展了陆丰教育文化事业。

1922年

3月初，中共海陆丰支部成立。

3月，共产主义青年团分别在海丰、陆丰成立特别支部。

4月1日，中共海陆丰支部改为中共海陆丰特别支部。

6月中旬，彭湃顶住社会和家庭压力，从自己的地主家庭走出，深入到农民群众之中，以一颗赤诚之心，经历了千辛万苦，终于感动了有苦无处诉的贫苦农民。

7月29日，成立"六人农会"。

10月25日，赤山约农会成立。彭湃和杨其珊两人走到了一起，马克思主义与中国传统的"除恶扬善立正义"走到了一起。此后，海丰农民运动便迅猛发展。

10月29日，中共海陆丰特别支部改为中共海陆丰地方委员会。

1923年

元旦，海丰总农会正式成立，彭湃为总会长，杨其珊为副会长，成为全国第一个县级农会。

4月初，彭湃、杨其珊来到陆丰组织农会，在老同学郑重等的大力支持和不少热心农民运动的同志的帮助下，建立了陆丰县总农会筹备会。彭湃任筹备会会长，郑重任副会长。

6月23日，在彭湃、杨其珊主持下，陆丰农民代表大会在县城林氏宗祠隆重召开。大会通过了彭湃起草的农会章程，具体内容与海丰总农会相同。农会民主选举出陆丰县总农会执行委员9人，彭湃兼任会长，郑重任副会长。农会公章为圆形，表示与官府的四方印有区别。

1924年

1月，陆丰原先农运积极分子为了继续坚持斗争，组织了"十人团"或"贫人党"等秘密组织。

秋，彭翊寰主动协助县长创办陆丰县立中学。陆丰从此有了中学。

1925年

1月，广东革命政府为统一和巩固广东革命根据地，确定了进行东征、讨伐陈炯明的决策。

3月，彭湃建立了中共海陆丰支部，任支部书记。

3月2日，周恩来率黄埔军校教导团及校本部官兵到达新田，校本部官佐宿于新田圩天主堂，并指导农会开展工作。

3月3日，周恩来及校本部官兵宿营水唇镇黄塘村。吴振民在新田文祠开办训练基地，从各地招收农军先进学员，将其集中在新田训练。

4月，中共海陆丰支部扩大为以彭湃为书记的海陆丰特别支部，杨其珊加入中国共产党。以彭湃为首的海陆丰共产党组织，领导党员、团员和进步分子带头积极贯彻以扶助农工为主要内容的国民革命政策。

4月12日，成立陆丰县农会，由庄梦祥、郑重、张威、黄振新、林水其、陈谷荪、黄依侬、吴祖荣、杨子明等人担任执行委员，以庄梦祥为委员长。

5月初，中共海陆丰特支调李劳工到河田、新田负责组建农民自卫军，成立了陆丰农军总队，李劳工任总队长，这是在新田区诞生的第一支农民自卫军。

5月1日，广东省第一次农民代表大会在广州召开。陆丰县农民协会选派了朱作民（河口人）等人赴省参加代表大会。杨其珊作为代表海丰县的三人之一参加，并当选为广东省农民协会的执委。

11月，新田杨子明、罗子和、张荣华、肖河源、叶春合、范照南等人在杨其珊的介绍下，加入中国共产党，并成立新田党支部。

1926年

3月，共青团海陆丰地方委员会成立。

3月12日，陆丰县农会派出农军拘捕屯寨乡"黄色农会"头子丘子波、刘春风，缴枪40余支，宣布取消该农会组织。

春，经广东省政府核准编制与供给，海陆丰农民自卫军大队设2个中队，代替驻防军分驻海丰、陆丰两县，维持社会治安。

6月，海陆丰地委根据中共中央修改通过的党章，决定改原部委为区委，陆丰分别在附城、东南、西北设立3个部委，部委上属地委，对下领导各支部。

8月5日，陆丰召开全县第二次农民代表大会，讨论通过了扩大农会组织，扩大农民武装力量，剿灭逆党，推翻地主豪绅的统治，以及全面开展减租、兴办农村教育等决议。

1927年

4月20日，农军大队长吴振民接到国民党广东省特别委员会的电报，要吴振民率部"清党"。

4月27日，中国共产党第五次全国代表大会于当时的革命中心武汉召开，出席大会的有陈独秀、瞿秋白、蔡和森、李维汉、毛泽东、张国焘、彭湃、李立三等82人，代表全国57967名党员。由于海陆丰的彭湃、杨其珊领导的农民运动，敢于在极端的白色恐怖下向国民党反动派进行第一亮剑行动，海陆丰的彭湃和杨其珊当选为中央委员。

4月下旬，杨其珊、张善铭、吴振民到紫金指导刘琴西举行"四二六"武装起义，夺取紫金县城。

5月1日，举行海陆丰第一次武装起义。

5月中旬，成立"惠潮梅农工救党军"，由吴振民担任总指挥，杨石魂任党代表。

9月初，杨其珊和海陆丰党组织决定举行第二次武装起义。

9月，为实行抗租及发动第三次起义，海丰、陆丰分别把原来常备的农民自卫军改编为工农革命军团队部，陆丰团队长谭国非。

10月，南昌起义部队到达新田，在党的领导下整编为中国工农革命军第二师（中国工农红军第二师）。

10月3日下午，前委书记周恩来在流沙天主教堂主持召开起义军领导人的最后决策会议。他在报告中首先检讨了起义军打了败仗的原因，随后提出向海陆丰撤退，今后要做长期的革命斗争。

10月下旬，海陆丰进行第三次武装起义。

11月13日，在中共中央临时政治局委员彭湃和中共第五届中央委员会委员杨其珊的领导下，陆丰全县工农兵代表大会在陆丰县城孔庙隆重开幕。

11月16日，陆丰各界民众在龙山中学的操场上举行了庆祝陆丰县苏维埃政府成立大会。宣布陆丰县苏维埃政府正式成立。

12月初，广东省委积极准备广州起义，指示海陆丰向惠州发展。

12月11日，在中共广东省委书记张太雷和叶挺、周文雍、叶剑英等领导下，举行了广州起义。广州苏维埃政府宣告成立，在海陆丰的彭湃被选为人民土地委员。

1928年

1月，由广州起义部队整编的中国工农红军第四师与第二师胜利会师，两支部队成为海陆丰红色苏维埃政权的主力军，与海陆丰工农武装并肩战斗，为建立巩固苏维埃政权和扩大海陆丰革命根据地作出了巨大牺牲和重要贡献。

1月18日，红二师按计划进攻南岭，南岭农民武装及距离南岭较近的陆丰新田区、海丰公平区及高潭区的赤卫队踊跃上阵参战，攻破南岭和黄布地主堡垒，使第三区与海陆丰革命根据地连接在一起，达到了扩大革命根据地的目的。

6月，由海丰县委发起，正式成立了海陆惠紫暴动委员会，作为公开的指挥机关，推选杨望为暴动委员会主席，领导四县的夏收暴动，决定于夏收期间在各地农村发起抗租斗争。

11月，彭湃奉命离开大南山前往上海，担任中共中央农委书记兼江苏省委军委书记。

1929年

1月初，广东省委派省委常委陈郁来到海丰山区，参加海陆紫特委召开的党代会。出席这次代表大会的陆丰代表有40人，此次代表会议主要议题是听取陈郁传达中国共产党第六次全国代表大会的精神和广东省委1928年11月扩大会议决议。

1月，反动派对人民群众的摧残更为严重。国民党十六师集中所属部队及海陆丰两县警卫队联合进行"冬防会剿"。

8月30日，彭湃与中共中央政治局候补委员杨殷，原工农革命军第二师党代表、江苏省委军委秘书颜昌颐及邢士贞等4人被国民党反动派杀害，彭湃就义时年仅33岁。

10月，红军四十九团在杨其珊等领导下，于海丰朝面山正式成立，宣告海陆丰的武装斗争停顿了半年后又揭开新的序幕。

冬，陆丰县苏维埃政府已在新田山区激石溪恢复办公，海丰县苏维埃政府也在山区恢复，海陆丰于是形成了中共领导的红色政权与国民党领导的白色政权并存的对峙局面。

1930年

春，在全国工农红军和农村革命根据地有很大发展的形势下，海陆丰人民和东江各地人民迎来了第二个革命高潮。

12月，海陆紫县苏维埃政权在新田激石溪成立。

1931年

5月，海陆紫县和陆惠县在中共广东省委和东江特委直接领导下，开展所谓反"AB团"和"社会民主党"的斗争。

1932年

12月，中共陆丰县委委员、陆丰县苏维埃政府委员、海陆紫县委员、东江特委委员范照南在今陆河县南万罗庚坝山门仔游击斗争中病逝。

1933年

9月，中共第五届中央委员会委员杨其珊在激石溪不幸被叛徒杀害壮烈牺牲，海陆丰红色苏维埃政权在国民党反动派的"围剿"下也暂告失败。

1937年

7月7日，卢沟桥事变爆发，日本侵略军大举进攻中国。第二次国共合作正式建立，抗日民族统一战线正式形成，陆丰县也开展了积极的抗日民主运动。

1938年

是年，日军为封锁东南沿海，先后多次派飞机轰炸陆丰城镇和交通线。

3月，海陆丰旅港同胞回乡抗日服务团在香港成立，团长吴禄是海丰人，副团长朱荣是陆河人，他们组织人员回海陆丰抗日救亡。

1939年

11月5日，由郑建文组建的陆丰县动员委员会直属工作团正式成立。

1941年

4月1日，日军占领陆丰县城后，向海丰田乾方向撤走。

1943年

3月，陆丰县开始出现延续三个月的旱灾，在天灾与统治阶级无限制的掠夺、盘剥下，发生了席卷全县的大饥荒。

1945年

1月，日军第二次攻陷陆丰后，日、伪、顽互相勾结，镇压抗日力量。

9月，为了粉碎国民党当局的"清剿"计划，加速实现中共广东区委建立海陆惠紫五根据地的部署，区党委和东江纵队设立东进指挥部，又称海陆惠紫五指挥部。

1946年

春，中共陆丰中区委员会正式建立，书记朱靖祥，组织叶勇。

6月底，东江纵队北撤，暴露的党员骨干奉命随军北撤，另一部分人员到香港隐蔽。此时，中共中央的战略决策已转为争取控制东北，对广东的方针已转变为分散活动、坚持斗争，根本点是立足长远打算，保存革命力量，等待革命高潮的到来。

1947年

10月10日，海陆丰人民自卫队东北大队正式成立，县委任命彭克明为大队长。这时候的东北大队是由自卫队主力临时抽调20多人组成，没有单独形成建制，实际上是海陆丰人民自卫队的两支主力部队以此名义在陆丰地区开辟新战场。

1948年

是年，随着地下交通线随着革命形势的发展逐步扩大，已分布到全县各个地区。

2月，自卫队陆丰东北大队整编进中共江南地委所属的江南支队。

2月14日，海陆丰第四次干部会议于海丰大安洞召开，会议结束时，中心县委为了加强陆丰武装斗争工作的领导，决定调整东北大队领导班子，免去彭克明的大队长职务，任命叶左恕为大队长，郑万生为政委（两人均在河口未公开参队），高志平为副大队长。

7月，陆丰县人民自卫委员会在激石溪成立，郑达忠任主任委员，郑万生、叶左恕、彭克明为副主任委员。

1．叶左能、邱海洲著，中共陆丰市委党史研究室和中共陆河县委党史研究室编：《陆丰革命史（1919—1949）》，中共中央党校出版社2003年版。

2．广东省社会科学学会联合会、广东省中共党史学会、中共陆丰县委党史办公室、中共海丰县委党史办公室编：《海陆丰革命根据地研究》，人民出版社1988年版。

3．《海陆丰革命根据地》汕尾市革命老根据地建设委员会办公室、中共海丰县委党史研究室、中共陆丰县委党史研究室编，叶左能主编：中共党史出版社1991年版。

4．叶左能著：《海陆丰革命根据地史》，中共中央党校出版社2000年版。

5．中共陆丰县委党史办公室编：《陆丰三年解放战争》（内部资料），1989年。

6．中共陆丰县委党史研究室编：《中共陆丰党史大事记》（内部资料），1991年。

7．中共海丰县委党史研究室编：《苏维埃之光》，广东人民出版社1997年版。

8．中共陆丰县委组织部、中共陆丰县委党史研究室、陆丰县档案馆编：《中国共产党广东省陆丰县组织史料》（内部资料），1994年。

9．中共陆河县新田镇委员会、政协陆河县委文史工作委员会合编，杨瑞生主编：《红色新田》（内部资料），2017年。

10．中共陆河县河口镇委员会、政协陆河县委文史工作委员会合编，杨瑞生主编：《红色河口》（内部资料），2017年。

11．林奕生主编：《红色军魂·奔向海陆丰》，中国国际出版社2017年版。

12．刘林松、江铁军著：《红军第二师第四师史》，广东人民出版社1989年版。

13．陆河县地方志编纂委员会编：《陆河县志（1988—2004）》，方志出版社2012年版。

后
记

　　《陆河县革命老区发展史》的编撰，历经一年多时间，数易其稿，终于可付梓出版了。

　　本书的编撰和出版，是陆河县革命老区贯彻落实习近平总书记关于"发扬红色资源优势，深入进行党史、老区革命史优良传统教育，把红色基因代代传下去"重要指示的具体体现。2017年6月，中国老促会决定组织编纂革命老区县发展史丛书，作为中华人民共和国成立70周年的献礼。陆河县是全国1599个革命老区县之一，有着光辉的历史和优良的革命传统。《陆河县革命老区发展史》的编纂有助于进一步整理陆河历史资料及红色文化，为社会各界更好地了解陆河和支持陆河提供一部有参考价值的学习研究资料。

　　中共陆河县委、陆河县人民政府高度重视本书的编纂、出版，为此专门成立了陆河县革命老区发展史编委会。县委书记陈德忠、县长陈壮勇任编委会顾问，县委副书记李招军任编委会主任，县委常委、组织部部长林明，副县长林锡清，县老促会会长林玉红任编委会副主任。他们对本书的编纂提出了很多指导意见。本书由县政协文史办主任杨瑞生任主编，县委办副主任彭国泉、政府办副主任罗陈李任副主编，县老促会副会长彭金颂任主审并统稿。参加本书编写和搜集资料的成员还有周耀华、胡蝶、刘德康、林志宏、林少坚、彭敬宛等同志。

　　在一大批革命烈士后裔和众多东江纵队及韩江纵队老战士及离退休老干部的指导支持下，深入调研、多处走访，编委会历经一年多的辛勤编纂，从拟定提纲、搜集资料、分工编写、形成初稿、研究核对、征求意见到定稿成书，得到了县委办、县府办、县委宣传部、县委组织部、政协陆河县文史办、县志办、县党史研究室、县档案局、县发展改革局、县民政局等部门的鼎力支持。他们积极提供文史资料和图片，提出宝贵意见，为本书的编纂和顺利出版起到了积极的推动作用。在此，对支持和关心本书编纂工作的领导和社会各界人士表示衷心的感谢！

　　由于本书内容时间跨度大，涵盖范围广，加上篇幅所限及历史资料不全，编纂时间紧、任务重，而且编写水平能力有限，在内容、结构、史料组织等方面还存在诸多不足，错漏在所难免，恳请专家读者批评指正。

《陆河县革命老区发展史》编委会

2019年3月

微信扫描二维码　◀◀◀
图书获取资讯
《陆河县革命老区发展史》获取资讯